致敬为新中国汽车工业发展做出贡献的人们!

责任与担当

新中国70年汽车工业发展纪实

《中国汽车报》社有限公司◎组编

主编◎桂俊松

汽车工业是国家经济发展的重要板块。70年前，我们没有自己的汽车，70年后，我们的汽车企业遍地开花。70年，中国汽车工业经历了从无到有，从弱到强，几十年风风雨雨铸就了今天我国汽车工业的强大版图。在新中国成立70周年之际，老一辈汽车人和新生代汽车人共同记录在不同时期我国汽车工业发展的点点滴滴，并通过相关数据的回顾来展现我国汽车工业发展的壮举。

本书适合汽车产业相关人员阅读。

图书在版编目（CIP）数据

责任与担当：新中国70年汽车工业发展纪实/《中国汽车报》社有限公司组编；桂俊松主编.

—北京：机械工业出版社，2020.4

ISBN 978-7-111-65101-7

Ⅰ.①责…　Ⅱ.①中…②桂…　Ⅲ.①汽车工业-工业发展-成就-中国　Ⅳ.①F426.471

中国版本图书馆CIP数据核字（2020）第044624号

机械工业出版社（北京市百万庄大街22号　邮政编码100037）
策划编辑：赵海青　　　　责任编辑：赵海青
责任校对：常筱筱　　　　责任印制：孙　炜
北京联兴盛业印刷股份有限公司印刷
2020年4月第1版·第1次印刷
169mm×239mm·25.75印张·4插页·363千字
标准书号：ISBN 978-7-111-65101-7
定价：138.00元

电话服务　　　　　　　　网络服务
客服电话：010-88361066　　机　工　官　网：www.cmpbook.com
　　　　　010-88379833　　机　工　官　博：weibo.com/cmp1952
　　　　　010-68326294　　金　书　网：www.golden-book.com
封底无防伪标均为盗版　　　机工教育服务网：www.cmpedu.com

《责任与担当：新中国70年汽车工业发展纪实》编委会

编委会主任	辛　宁
编委会副主任	桂俊松
编委会成员	谢志杰　胡轶坤　张向东　刘晓冰　朱志宇 杜　娟　张彦武
主　　　编	桂俊松
编审组成员	刘碧磊　芦海燕　张　健
主要执笔人	王　璞　吴　戈　张忠岳　马　鑫　赵建国 焦　玥　庞国霞　万　莹　李　卿　施芸芸 张海天　韩　冬　陈　萌　郝文丽　齐　萌 赵玲玲　李争光　孙伟川　姚会法　王金玉 袁孝尚　李亚楠　张　玉　武新苗　葛帮宁

序

新中国成立 70 年来，中国经济实现了历史性飞跃

70 年间，经过不断探索和实践，今天的中国，已经蜕变成全球第二大经济体和全球第一大工业产品制造国。作为集中代表国家工业制造综合能力和水平的中国汽车工业，在新中国成立的 70 年中，一路成长为已连续 10 年蝉联全球新车产销量第一的汽车生产和消费大国。

70 年间，改革开放创造了中国经济的奇迹。中国汽车产业，也"因改革开放而生，因改革开放而兴"。36 年前，中国第一家中外合资汽车企业诞生，中国汽车产业正式迈出对外开放的第一步；如今，越来越多的中国车企活跃在全球汽车市场的舞台，中国汽车产业在国民经济中的分量和地位愈加举足轻重；如今，汽车进入家庭已经从遥不可及变为触手可及；如今，几乎没有哪家跨国车企敢轻易忽视中国市场、中国合作伙伴和中国消费者的需求，专为中国市场和消费者量身打造的、具备全球水准的产品和服务层出不穷；如今，吉利、长城等中国自主品牌汽车的佼佼者，以后起之势参与到开放的全球化合作竞争中，彰显中国制造的活力和潜力；如今，以新能源、智能网联核心技术为重点突破的中国汽车产业，也正在探索尝试着掌握更多的主动和把握更多机遇。

回首 70 年，自主创新一直是中国汽车产业发展的初心。1953 年 7 月 15 日，长春第一汽车制造厂的破土动工；1956 年，第一辆汽车解放 CA10 下线。新中国的汽车产业从此起步。从中国汽车工业诞生的那一天起，中国汽车人

自主创新、打造自主品牌的初心一直未变。自主造车的梦想在一代代中国汽车人中传承、发扬。

回首70年，中国汽车产业在对外开放中实现腾飞巨变。36年前，第一家中外合资车企诞生；36年间，全球几乎所有主流跨国车企都在中国成立了合资公司。对外开放，为中国汽车工业打开了一扇门，在合资合作不断深入的推进过程中，中国的合资车企从最初的"加工车间"逐渐向"全球研发中心""全球标杆工厂"的角色转变。越来越多的"中国方案"和"中国智慧"被合资车企采纳并推广至全球各个工厂。

在开放中，中国汽车市场迅速壮大，在开放中，自主品牌汽车也实现了茁壮成长。吉利、长城、比亚迪、宇通、福田等中国自主品牌汽车的领军者，在全球化合作中彰显"中国制造"的实力。包括福耀玻璃、法士特变速箱、宁德时代等本土汽车零部件供应商中的佼佼者，也在向全球汽车产业链展示"中国制造""中国研发""中国创新"的力量。

在开放中，中国汽车工业收获的不仅是简单的市场销量规模的扩大，更是从整车到零部件，中国企业、中国品牌与世界汽车产业链的接轨和融合。随着汽车行业外资股比的进一步放开，中国汽车产业正步入开放的新时代，与此同时，"中国制造"也成为活跃在全球汽车产业链中颇具创新力和成长性的新兴力量。

当下，中国汽车产业在由大到强的转型中继续乘风破浪。在全球汽车产业加速重构、市场连续下挫的多重压力下，中国汽车市场也结束了多年来的连续高速增长，自主品牌汽车市场份额下降、新能源汽车产销量下滑，两极分化愈加明显。更加深度、触及核心的结构调整正在产业内部酝酿。

中国汽车业正在逐步摆脱简单化的规模扩张和数量叠加，取而代之的是高质量增长。市场销量增速放缓、企业竞争加剧、消费升级加快等迹象预示着中国汽车产业已经进入到降速调整、动能转换的新时期，行业的结构调整和优胜劣汰在提速。这种调整是实现由大到强转型的必经阶段。

在市场从以总体规模快速扩张为主向结构优化和质量提升为重的阶段，中国汽车产业需要把握电动化、智能化、网联化、共享化的转型趋势，同时要从产业的全生命周期把汽车产业发展与国家能源安全和环境友好等重大方向结合起来，立足国家资源禀赋，注重煤炭清洁利用，发展甲醇汽车。在行业转型的过程中，我们要根据产业发展的具体情况，持续完善产业政策，为汽车产业的健康、有序、可持续发展营造良好氛围；破除制约整个产业发展的"非理性"扶持和限制政策，以及"一刀切"的"懒政"，实现简政放权、放管结合；为企业主体营造更有序的竞争环境，让市场在资源配置中真正地发挥决定作用。只有在这种政策环境和氛围中成长起来的汽车工业和市场，才更符合客观规律，也更具备全球化竞争力。

围绕电动化、智能化、网联化和共享化的转型大势，已在全球汽车产业界达成共识。中国汽车产业则成为这一轮全球汽车产业颠覆性变革的弄潮儿。在电动化方面，目前，我国新能源汽车已经连续数年年产销量突破100万辆，成为全球第一大新能源汽车市场；在智能化、网联化、共享化方面，中国车企的研发积极性和研发能力水平、中国用户和市场对智能化和网联化的诉求都很高。随着5G商用牌照的发布，全球首个5G汽车生产基地也在不久前落地中国。自动驾驶路测牌照的发放，也使自动驾驶的商业化之路似乎渐行渐近。基于电动化、智能化、网联化、共享化的各种车企联盟、跨界组合屡见不鲜。

回顾过往，展望未来。不忘初心，砥砺前行。全球汽车产业"百年不遇"的大变革已不可抗拒地到来。中国汽车产业的转型升级与新一轮改革开放也已经启动，置身其中的中国汽车产业，参与竞争的环境更加开放畅通，竞争的秩序更加井井有条，通过竞争收获的硕果也更有分量。

在希望与矛盾、压力与挑战的交织中，中国汽车产业的深化改革与转型升级已从容按下快进键。满载着成绩与收获和对未来的思索，中国汽车产业在迈向产业强国的路上加足马力、再度启程。这是一场持久战，考验的是中国汽车产业发展的定力和耐力。

何光远
二〇一九、十二月

原机械工业部部长

目 录

序

第一部分 七十载车史"口述"

陈祖涛：投身汽车事业是我一生最大的快乐	002
郭孔辉：我的心始终与中国汽车事业一起跃动	011
付于武：半个世纪的汽车情缘	017
李 刚：我与解放汽车的四件往事	022
厉有为：二汽建设中的"拓荒牛"	036
林水俊：最早的试验场	049
范恒光："长子"的荣光与艰难	063
徐兴尧：被逼出来的垂直转产	076
刘经传：鲜为人知的解放汽车产品规划	083
邱文超：北戴河会议是一汽转折点	090
崔明伟：20年不落后的工厂这样建成	097
王法长：二轮定律是集体智慧	104
黄振华：我们是大型客车底盘设计国家队	111
李大开：筚路蓝缕启山林，45年情未了	116
瞿汝彪：无轨电车与铁皮桶的故事	122
李维谔：以提高全民用车水平为己任	126

第二部分 七十载产业集群纵览

广东：务实开放，后来居上	134
上海：中国汽车工业的排头兵	142
吉林：砥砺七十载，阔笔写华章	151
湖北：聚焦新能源，汽车大省再出发	160
广西：异军突起，低调成长	167
重庆：支柱产业扬帆再启航	175
北京：忆往昔砥砺前行，看未来志在高端	183
江苏：加码汽车新四化，聚焦高质量发展	190
河北：汽车工业四轮驱动全省经济飞跃	197
浙江：民营车企的摇篮	203

第三部分 七十载汽车行业发展

改革开放是做强的不二选择	212
万钢：为全球汽车业转型贡献中国智慧	216
胡汉杰：解放属于一汽，更属于中国汽车业	226
付于武：自主创新是中国汽车技术发展的永恒话题	236
70年，砥砺前行，铸就产业崛起之路	240
70年，汽车社会波澜壮阔成长史	250
70年，中国汽车内燃机产业风雨向上敢担当	257
70年，砥砺奋进，商用车凭自力担重任	262
70年，乘用车流通向用户靠拢	270
70年，中国汽车代表性品牌纵览	277
70年，中国汽车经典车型纵览	287
70年，数说汽车工业发展	295

第四部分 七十载汽车风云综述

红旗汽车：融入骨子里的复兴梦	299
江淮汽车：坚守产业报国初心，"实·现未来"	302
吉利汽车：李书福的汽车创业传奇	306
长城汽车：从中国汽车工业"参与者"到"领航者"	313
广汽自主：阔步前行的"传祺模式"	318
福田汽车：与盛世同行，红色巴士"刷屏"首都街头	321
一汽奔腾：开启自主发展新篇章	324
中国重汽：走进新时代，与国同梦	327
宇通汽车：中国制造的"宇通样板"	332
红岩汽车：厚重红岩，薪火相传	337
南京依维柯：敬畏市场，进中求稳，用企业文化铸造铁军	340
北京越野：引领"硬核国潮"	343
金龙客车：以变革促发展，国内海外花开并蒂	346
一汽-大众：二十八载初心不改，再启新篇	350
上汽大众：35年砥砺奋进，与中国现代汽车工业共同前行	352
华晨宝马：与时偕行，践行本土化战略	355
北京现代：磨砺与挑战中成长的十七载	358
上汽通用：连续15年"中国最受尊敬企业"获得者	361

第五部分 数说《中国汽车报》社35年发展历程

《中国汽车报》发展历程简述	364
35年报道发展"大数记"	367

附 录 　　　　　　　　　　　　　　　　　　　　**379**

"第一"汽车影像　　　　　　　　　　　　　　　　379
乘用车销售模式演变大事记　　　　　　　　　　　388
二手车行业发展大事记　　　　　　　　　　　　　391

后 记　　　　　　　　　　　　　　　　　　　　**393**

奋进勇担当　聚力启新程　　　　　　　　　　　　393

第一部分

七十载车史"口述"

陈祖涛：投身汽车事业是我一生最大的快乐

陈祖涛 / 口述 ‖ 赵建国 / 整理

陈祖涛是中国汽车工业奠基人之一。生于 1928 年的陈祖涛，见证了中国汽车从零起步，从无到有，从小到大的历史征程。1951 年 2 月，陈祖涛毕业于苏联莫斯科鲍曼高级技术学院。1955 年，他担任一汽生产准备处副处长、工艺处副处长，后任一汽设计处处长兼总工程师。20 世纪 60 年代初，他参与设计和建设"红旗"轿车、越野车两个生产基地。1962 年至 1965 年，他参加川汽、北汽、南汽、济汽、沈汽、北内、长拖等大型项目的规划设计等工作。1964 年起，他参加二汽建设，先后担任二汽总工程师、技术副厂长。1981 年，他参加筹建中国汽车工业公司，历任总工程师、副总经理、总经理。1982 年，他担任中国汽车联合会理事长。曾任国家科委专职委员，第八届、第九届全国政协委员。

陈祖涛

与汽车结缘
成为一生从未改变的志向

与汽车结缘，虽然十分偶然，但却成为我一生始终从未改变的志向和事业。

我从 20 世纪 40 年代起，就在当时的苏联最高学府——鲍曼高级技术学院学习机械专业。从大学三年级开始，我每年都到苏联最大的斯大林汽车厂实习。汽车是涉及机械类别最齐全的一个行业，几乎包罗万象，所以我对汽车最有感情。

我还在大学四年级时，就凭借专业知识与良好的俄文水平，先后参与了当时苏联援建新中国的 156 个项目的谈判。当时，新中国刚刚建立，俄文翻译屈指可数，除了国家层面，地方和行业领域的俄文翻译相当少，所以当时的机械工业管理部门通过使馆找到了我。客观上看，当时苏联援建的这些项目，给成立不久的新中国机械工业打下了良好基础。

1951 年，我大学毕业后回国，遇到周恩来总理。总理问我想做什么，我说我想做汽车方面的工作，总理说好。当时我们国家正在筹建长春第一汽车制造厂，我被安排参加一汽的筹建工作。于是，作为筹建工作人员，我再次回到苏联，负责一汽筹建期间两国相关合作的一些工作。

1954 年，一汽厂长饶斌赴苏，由我担任他的翻译。1955 年初，我与饶斌回到长春。时值一汽基建高潮，我坚决要求去基层，担任了一汽生产准备处的负责人。生产准备的首要任务就是翻译文件。一汽全部生产设备的资料都是俄文，要交给施工安装和生产单位，需要全部翻译成中文。苏联提供的产品图纸和技术资料共有 5409 张，工艺设备图纸 16942 张，非标设备设计图纸 4085 张，还有工序卡和工艺技术资料等。

这么多的资料要在最短的时间内准确无误地翻译出来，这对我们来说是一个巨大的压力。首先的问题就是人员不够。我们国家当时刚刚解放，大学里开设俄语也只是刚刚开始，还谈不上大规模的俄语人才培养，即使能找到一些学过或者懂俄语的人，他们又没有多少人懂得机械方面的知识。那时凡是调到一汽来的技术管理干部，第一任务就是学习俄语，一时间一汽成了俄语学习的大课堂，无论走到哪里都能听到学俄语的声音，那种学习精神真是难得。

生产准备工作是一项复杂而细致的工程。在整个一汽建设中，我们中国自制的汽车零部件有2335种，涉及13个生产车间，为此订购了7900多台设备、22524种工艺装备，以及配套的工卡模具和相关资料。生产准备就是要把这些集中堆放的成千上万套设备工装定位到每一个车间，把工卡模具及相关资料定位到每一台设备，还要使生产所需的水电气油路全部配套。我们是第一次建汽车厂，没有经验，要使成千上万台设备准确无误地安装到位，可不是一件容易事。

在这里的工作，我得到了锻炼，为以后的工作奠定了基础。到1956年，一汽正式投产，生产出了解放牌卡车。

开发红旗车
有荣耀时刻也有落寞时分

说起红旗，这里有一个小插曲。1972年，美国总统尼克松来中国访问，周恩来总理带了一批红旗车在机场接他，而他自己带了一辆凯迪拉克。周总理请尼克松乘坐我们的红旗车，他答应了。但谁都不知道，那时的红旗车还有很多问题没有彻底解决，白天在路上跑一天，晚上一大批人就要围着车进行维修。

1956年，一汽投产。1958年，自主研制的红旗轿车也诞生了。造卡车是小学水平，造小轿车则是大学水平，一汽投产两年就开始造小轿车了，可想难度有多大。当时一汽管技术的是竺培耀，为了造一台V型八缸发动机，他从铸造分厂生产的铸件里面挑，几百个当中才能挑出一个合格的，就这样把发动机做出来了。

第一辆红旗车的外壳是手工制作，是一汽从上海请了10名八级钣金工一点点敲出来的，前脸设计成中国的扇形，车后灯是宫灯造型，车灯盖是雕刻的，座椅料子是丝绸的。1959年，我们生产出了一批红旗车，大概有几十辆，后来在北京参加了国庆十周年的游行活动，当时的场面让人十分振奋。

后来，有一名当时的驻外大使对我说，特别想坐我们自己生产的轿车。于是，我们就送了他们几辆红旗车，但是反响不佳。我们听了以后脸都红了。1981 年，红旗轿车停产。

尽管红旗轿车已经停产，但我仍然放不下那份红旗情结。于是，我认真调查了解后向上级报告，指出红旗轿车的问题主要是零部件的问题，一部轿车有上万个零件，只是一汽自己造肯定不行。

当时，我已经担任了中国汽车工业公司总经理，红旗的质量问题让我脸上无光。那时也已开始改革开放，我认为，既然汽车出问题的都是一些零部件，那么不如去买国外的零部件。经过请示上级同意后，我们开始采购国外的零部件，由此，把这些采购来的零部件装配到了过去生产的红旗车上，就这样，红旗车又一次获得新生。

出现在新中国成立 35 周年国庆庆典上的红旗车，极大振奋了人们的信心，开放合作、面向全球采购优质零部件的思路也得到了广泛认同。在接下来数年时间里，尽管红旗一直没有复产，但伴随着改革开放的步伐，中外车企合资合作却进入了一个新时期。1995 年，以奥迪 100 为参照的红旗车涅槃重生。

筹建二汽
一座汽车城于山沟里拔地而起

1964 年，国家决定建设二汽，我是二汽第一任总工程师。根据那时的要求，二汽不能建在城市，而要建到山区。当时，我们前期工作组到湖北寻找二汽建设地址，沿着山区跑了很多地方，最终发现顺着武当山脉有一片断断续续较为平坦的地方，虽然荒凉但是可以改造建设，于是就在那里开始了二汽的建设。那时，那里几乎什么都没有，完全是靠人工一点点整地面、建厂房、搭建简陋的宿舍。很多年后，那里逐渐形成了一座新的城市，这就是湖北十堰市。

之后，我还参加了南汽、重汽的建设，所以我对新中国的汽车工业发展比较熟悉。

我从二汽离开的时候，写了一篇很长的文章。大意是将来我如果再选址建汽车厂，绝不选在山沟里，因为耗费的人力物力太大了。

二汽厂址曾经两次更改，先后三次上马。20世纪50年代，我作为筹建主要负责人之一去湖北选择建厂地点。1953年，我们把厂址选在了武汉青山，但后来没有成行。第二次是在1958年，刚刚选好厂址的二汽再次迁移。上级领导还建议我们到湖南去考察，我们从韶山，到湘潭，再到常德、芷江，几个地方都考察过，但都没有"落地"。

当时，二汽选址要考虑的因素很多，既要考虑地势、气候，还要看历史、环境等。后来选择十堰，是我们做了很多调查和实地勘察后才最终确定下来的。随后，我们就在山沟里开始了二汽的建设，将23个专业厂建在23条支沟里。但是，将工厂建在山沟里意味着铁路、公路、饮水、电路等全部都要配套，这是一项非常大的投资，耗费太大了！

1988年，二汽与雪铁龙合资，我又去选址，这次选在了武汉汉口，这里交通便利，铁路、公路都很发达，且是中部的大城市，建设相对容易一些。

在二汽，我们也通过多种方式培养了很多人才。尽管有些人离开了二汽，但他们也为很多地方的汽车工业贡献了价值。

我在二汽担任总工程师时，领导着12名副总工程师和几千名工程技术人员，负责从基建、安装、调试到投产的全部技术工作。二汽正式投产的1978年，年产量5000辆，成为我国当时规模最大的汽车制造厂。1978年，经上级批准，美国通用汽车公司高级工程师代表团作为第一批外国专家赴二汽参观，代表团十分惊叹二汽的建设，曾多次询问兴建工厂时有多少外国专家参与？我告诉他们，你们是第一批到这里来的外国人。参观后，二汽让美国人十分佩服。

总结经验
不能自主研发必然受制于人

作为总工程师，在二汽开始建设的时候，我考虑最多的是自主创新。

西方汽车厂的规模比我们要大得多,但他们的产品多元化,80%是轿车,其余的是卡车。为改变我们不太合理的产品结构,针对当时二汽建设的现实,我们经过认真讨论,制定了二汽建厂方针14条。其中主要包括:

一是产品系列化。多品种生产满足国民经济多方面的需求。产品要好用、好造、好修、省油。材料要立足国内,技术先进,坚固耐用,且成本低,系列化解决大批量生产和多品种需要之间的矛盾。

二是生产专业化。在二汽的大框架下不搞综合厂,而是分别成立专业厂。专业厂既是独立的生产单位,又是设计试制和实验的阵地,具有一定的独立性,可以自主开发、自主经营。产品除供应二汽外,也可以供应别的厂家,当企业转产的时候,各专业厂可以在自己的生产范围内进行调整,有较大的灵活性。

三是大力开展研发工作。我们的汽车生产从一开始就是引进仿制,没有自己的研发能力,这意味着要永远跟在别人后面走,人家给什么,我们就得生产什么。没有自主知识产权,必然受制于人。要改变这种现状,就要有自己的研发机构,培养自己的研发人才,锻炼自己的研发队伍,创建自己的品牌。要搞研发,首先要有基础,所以在二汽我们建了汽车模具厂、设备制造厂、通用铸锻厂,能够自己生产模具,自己生产组合机床,以及研发新产品所必需的设备。汽车研发人才的培养锻炼是需要时间和实践的,没有十几年到几十年,没有几个到十几个产品的生产实践,研发就无从谈起。后来我们又建立了一个具有相当规模的技术中心,盖了一栋十几层楼的技术中心大楼,专门负责汽车的研发试制等工作。到 20 世纪 80 年代初期,二汽的综合工艺水平大致相当于世界汽车先进国家 60 年代末的水平,部分达到 70 年代水平。

当年二汽所在的十堰市,被称为"光灰城市",下雨满街泥,晴天一身土,公路只有一条,公共汽车只有两辆,等几个小时也难坐上。每到星期天,几乎家家户户都在捏煤球,文化娱乐生活极度缺乏,孩子没地方上学,很多人都不安心在这里生活。因此,城市建设成了保障二汽建设的大事。为了尽快将城市建设好,我们加快了十堰市的城市建设。20 世纪 80 年代以后,十堰市已经建设成全国闻名的汽车城、文明城、小康城。

今天的十堰市，街道宽敞整洁，商业网点密布，公共交通便利，是一座真正意义上的城市。当年我们在山区建设二汽是为了避开城市，但几十万人的生活现实又逼着我们重新建设了一座城市。

从二汽建设我们得出了很多经验，一是大型汽车厂或大型企业的建设，一定要尊重科学，尊重人才，遵守企业建设发展的内在规律；二是建设之初，自力更生和适当引进相结合，尤其要针对国内技术薄弱环节，引进国外先进技术，逐步壮大本土汽车工业，增强国际竞争力；三是汽车厂要有较强的设计研发力量，包括研发人员的储备和研发人员的知识更新，研发设备的购置和利用，研发手段的多样化，以及和国际一些先进研发机构的合作，以随时应对生产发展的需求和产品的改型换代。

举办展会
向全社会展示汽车工业成果

1980 年，中央决定成立中国汽车工业公司，将原来用行政手段管理经济，转变为用经济手段管理经济。我奉调北京，筹建中国汽车工业公司，历任总工程师、副总经理、总经理。1982 年，我担任中国汽车联合会理事长，主持全国汽车工业发展工作。当时，我主张更新观念，提出把汽车企业联合起来形成专业化、大生产格局，遏制小而全、落后与重复的中国汽车发展战略。经理事会的广泛宣传，汽车工业 20 多年来形成的传统观念得到扭转。

除了扭转汽车行业的传统观念外，还得更新全社会对汽车的认识。

汽车工业是国民经济发展的一个重要行业，也是一个影响面极大的行业，是钢铁、机械、电子、化工、纺织等行业的用户，它的发展必将带动这些行业，并与这些行业互相推动，共同发展，最终形成国民经济的支柱行业。

要发展汽车工业，就要让更多的人了解中国的汽车工业，了解汽车工业最直观的办法，就是让他们多看汽车。当时我就萌生了举办全国汽车展的想法，这一想法得到了班子成员的赞成，大家认为举办一次汽车展，对外可以展示中国汽车行业 30 多年的建设成果，引起全国上下的关注，扩大影响，对内可以给汽车厂一个崭露头角的阵地，还可以鼓舞汽车行业的士气。

1983 年 7 月，北京晴空万里，艳阳高照，北京农展馆彩旗飞舞，人头攒动，宽大的露天展馆里停满了各家汽车厂的汽车。这是我们中国汽车工业第一次向全国人民集体亮相，基本展示了我们的真实实力和水平，引起了全国人民和世界汽车业的关注。展会大获成功，达到了预期的目的，更重要的是开创了中国举办汽车展的先河。

1988 年，中国汽车工业公司理顺体制，更名为中国汽车工业联合会。当年 10 月 9 日至 15 日，我们又筹备了第二届全国汽车展，这次比上一次的规模更大，展会上的汽车品种和质量都比上一届要更多更高。之后，汽车展就形成了规律，每几年举办一次，以后形成了北京、上海、广州、长春等几个重要的汽车展，并形成了车展经济。

打造宣传阵地
创办《中国汽车报》

20 世纪 80 年代，我在中国汽车工业公司工作期间，到处呼吁宣传发展汽车工业，每次开会必请媒体记者，要他们帮助宣传汽车工业。随着工作日益繁忙，需要宣传的内容也越来越多，天长日久，我萌生了自己办一张报纸的想法。

我提出的这一方案，在中国汽车工业公司党组会上获得一致通过。1984 年，由我负责，我和我们公司调研室的主任吴法成同志，带着研究室的三位同志开始尝试着办报，名字就叫《中国汽车报》。

我是《中国汽车报》第一任社长。因为是初创，还没有刊号，又没有发行渠道，也没有定点的印刷厂，更为难的是没有钱。第一期报纸初稿完成后，我们没有地方印刷，吴法成急得到处跑，最后找到《解放军报》印刷厂帮忙，才解了燃眉之急。办报纸，一是需要人，二是需要钱，两者缺一不可。人好办，中国汽车工业公司的秀才多，但钱就难了，当时报纸是我管，吴法成找到我诉苦说缺钱。我灵机一动告诉他，可以想办法登广告，自己挣钱补贴报纸。我带着大家，找到了几家在华的外国汽车公司，请他们在《中国汽车报》上刊登广告。没想到，他们都很支持，满口答应。

当时有意思的是，人家愿意登广告，可是我们自己连广告的收费办法都不知道。于是，到处去找广告的收费办法。就这样，我们的报纸开始了创业。就这样，在各方面的全力支持下，我们办起了新中国汽车行业的第一张报纸《中国汽车报》。

深深挚爱
牵挂中国汽车产业是责任

在汽车行业奋斗几十年，我始终坚定认为，中国汽车工业的发展必须要自主研发，没有自主研发就没有发言权。当时，汽车业界有个说法叫"十年一贯制"，指的就是一汽，一辆从苏联引进的老型号车30年没有改进。

虽然我们的汽车工业发展还有很长的路要走，时至今日，在关键技术上自主研发还缺少突破，同时跨国车企也已经涌入，竞争压力加大，自主品牌向上的道路愈发艰难，但只要重视研发，掌握竞争话语权，就有希望。目前新能源汽车的技术进步十分迅速，自主研发显得更加紧迫。

从事汽车工作数十年来，我的切身感受就是，自主研发已经迫在眉睫，不能再等下去，包括人才、资金、设备等都要同步跟上；中国汽车产业分布还是较为分散，应该参照发达国家的做法，对汽车产业进行集中，集中优势力量搞自主研发，这是解决产业发展瓶颈之道。我国已经成为汽车大国，产销量连续多年位居世界前列，必然要走向汽车强国。

值得骄傲和自豪的是，我这一辈子一心一意做好的一件事，就是汽车事业。从事汽车事业，是我一生最大的快乐。我今年已经91岁了，还是很关注汽车产业发展，十分乐意为汽车产业的发展出谋划策，祝愿中国汽车产业兴旺发达！

郭孔辉：我的心始终与中国汽车事业一起跃动

郭孔辉 / 口述 || 赵建国 / 整理

郭孔辉，1935年7月出生于福州，教授、博士生导师。1994年当选为首批中国工程院院士。1956年毕业于吉林工业大学汽车拖拉机专业，分配到第一机械工业部北京汽车拖拉机研究所，1958年随单位迁到长春。1993年10月调任吉林工业大学副校长。先后主持完成多项中国汽车行业的重要基础性科研项目和一汽新型汽车的开发研制工作。被汽车界誉为将系统动力学与随机振动理论引入汽车振动与载荷研究的领先学者，中国汽车轮胎力学的主要奠基人，中国汽车操纵稳定性、平顺性领域的主要开拓者和带头人。现任吉林大学汽车学院名誉院长、汽车动态模拟国家重点实验室名誉主任。

郭孔辉

责任与担当
——新中国70年汽车工业发展纪实

4年读4所大学
从学航空改为学汽车

1935年,我出生在福州一个家境富裕的家庭。新中国成立时,我正在读中学,当时我不太喜欢学习,是两位优秀的数学老师改变了我的命运。他们的循循善诱,使我喜欢上了学习,并立志要当一名为新中国工业化做贡献的科学家。中学毕业后,我以优异的成绩考取了清华大学航空专业。入学第二年,该专业并入北京航空航天大学。读到大三时,忽然有一天晚上,学校通知我和另外几位同学转学,原因是我们有海外关系。无奈,我转学到了华中科技大学汽车拖拉机系,该系后来并入长春汽车拖拉机学院(吉林工业大学前身)。大学4年,我读了4所学校,由学航空变为学汽车。也正是因为这不寻常的经历,才使我得以走进汽车领域,从此一生与汽车结下不解之缘。

学习期间,我喜欢提出质疑。大学三年级时,我做的课程设计题目是"汽车传动中应用自由离合器的设计",这是汽车上不多见的结构。当时我能看到的资料只有苏联楚达科夫院士著的《汽车设计》。可正当我准备以该书的公式作为课程设计的依据时,却发现公式所计算的结果和我自己推导的结果差别相当大。"是不是公式错了?"起初,我觉得楚达科夫院士推出的公式不能轻易否定,但经过反复推导以后,我还是相信自己是对的。于是,我向指导老师报告。指导老师很年轻,表示不相信我。于是,我只好去找我一直很崇拜的力学老师荆教授。没想到,几天后荆教授对我说,他推导出的结果与我的相同。虽然这只是一个小小的创新,但给了我很大激励,激发了我钻研问题的兴趣和信心。之后,我不止一次对当时的教科书提出修正建议。

拒绝出国继承父业
立志做出一番成绩

1956年,我大学毕业后分配到当时位于北京的第一机械部北京汽车拖拉机研究所(以下简称"研究所")。后来,又跟随研究所搬到长春,直到1993年调到吉林工业大学任副校长。算起来在这个单位工作了37年。

现在的一汽技术中心,就是由原来的北京研究所(搬到长春成为长春汽车研究所)、一汽设计处在1980年合并而成的。合并后的第一任所长是耿昭杰,他两年后调任一汽厂长。

研究所搬到长春后,在现在的吉林工学院(吉林大学)内。先后研究过空气悬架、农用车、40/60吨的矿用车、上海1吨半汽车、北京130轻卡设计分析与试验、黄河牌载货汽车、太脱拉林业用车等。研究时间最长的要算空气悬架、农用汽车等项目,以及几个有关"操纵稳定性"的课题。

20世纪60年代初,我的父母从马来西亚回国,希望我能跟他们一起去马来西亚,继承家族生意。当时父亲年龄大了,身体又不好,但商量再三,我还是违背了父母的意愿。1972年,我的母亲再次回国,含着眼泪拉着我的手说:"孔辉,下决心跟我走吧。"结果,我还是让老人一个人回去了。我觉得,国外的生活是比国内好,但我更热爱自己的祖国和自己选择的汽车事业。我认为,既然从事了汽车研究,就要做出一番成绩。

一切从零开始
突破汽车空气悬架难题

空气悬架(早期称"悬挂"),是研究所最早的研究课题之一,研究工作可追溯到1956年。当时,我们有几个长春汽车拖拉机学院的第一届毕业生,在北京南池子的第一机械工业部汽车局汽车实验室做毕业设计,其中有4人做悬架的题目,两人做空气悬架、两人做油气悬架。

当时的空气悬架是针对解放牌载货汽车进行研究的,目标是希望每车节省100公斤弹簧钢。那时,空气悬架在国外也是刚刚兴起,可参考的资料很少,更没有样车样件,我们就凭着敢想敢干的精神大胆创新,当时可以说一切从零开始。

1958年，我们研究出的空气悬架新产品，得到各方的支持。在"北京一号"无轨电车上进行了改装，并在北京朝阳门到阜成门的1路无轨电车线路上正式营运，历时6年，行程最多的几辆车都超过10万公里。我们也从无轨电车空气悬架运行中得到了一些经验，在此基础上又对空气悬架进行了改进，在解放牌汽车上应用空气悬架时改用挠性纵向单臂结构，整车性能得到重大改进。但结构简单的传统钢片弹簧悬架，仍然不能被结构较复杂的空气悬架所代替。

在空气悬架研制和试验中，我作为悬架组组长，及时总结所遇到的问题，写了几篇总结报告，其中《悬架稳定性及其分析方法问题的探讨》及《空气弹簧特性理论初步研究》，曾在当时《汽车与拖拉机》杂志和《汽车工程》杂志发表。还有一篇《挠性单臂式悬架的基本问题分析》和《空气悬架开发应用中的几个基本问题》都曾在不同的学术会议上进行了交流。

改进车辆操纵稳定性
成功驯服红旗这匹"野马"

1956年，汽车操纵稳定性研究课题被列入国家12年科学规划中。1963年，研究所的员工已经增至约900人，当时的研究所分为整车研究室和底盘研究室。整车室负责汽车操纵稳定性研究，而底盘室分为传动组、悬架组、转向组、制动组和部件试验组等，从事有关底盘总成零部件的研究。当时我在底盘室，任悬架组组长。

1971年，我奉命带领一个研究小组到一汽轿车厂参加红旗轿车改型设计，轿车厂提出要重点解决高速操纵稳定性的要求。轿车厂认为我的理论基础好，要求我在参加悬架系统设计时，能够重点协助解决红旗轿车的操纵稳定性问题。

当时，红旗轿车最大的问题是在运行时跑不快。原因不在于动力不够，而在于我们不敢踩油门，车速快了它就像一匹未驯服的野马，你不知它会往哪儿跑。于是，我在参加红旗车设计分析的同时，接受了《红旗轿车高速操纵稳定性》课题研究任务。研究工作首先从试验评价方法和研制测试仪器入手。

在解决了陀螺测试仪研制之后，又遇到了一大难题，即高速试验问题。当时美国 ESV（"实验安全车"）有一个试验规范，规定要做 112 公里/时的"阶跃转向"试验。这种试验需要在长宽均不少于 500 米的专用试验场上进行。当时，我国国内根本没有这么大的试验场地。

通过近一年时间的试验与理论探索，我们终于找到一种在宽度不超过 60 米的试验场条件下，可以进行满足美国 ESV 规范要求的高速操纵稳定性试验的方法。接着，我们又提出一系列评价分析方法。

1978 年，正值第一次全国科学大会召开，《汽车高速操纵稳定性试验评价方法》课题获得全国科学大会奖。与此同时，我们开始转入汽车操纵稳定性的计算仿真理论评价方法和设计方法研究。在研究中，我深切体会到轮胎特性对汽车高速操纵稳定性的重要性，并着手设计研制我国第一个轮胎六分力特性试验台。1983 年下半年，这个试验台研制成功，推动了我国汽车动力学理论的研究，并使汽车操纵稳定性研究取得了重大进步。

仍将继续努力
为建设汽车强国尽自己所能

1981 年初至 1983 年初，我受机械部选派，带着课题到美国密歇根大学公路安全研究所进行为期两年的访问研究。两年中，我在汽车运动相平面分析方法、驾驶员行为模型与人－车闭环系统动力学仿真研究方面取得了显著进展。回国后，继续完成原机械部下达的《汽车操纵稳定性的计算机动态模拟》课题。当时，课题组用我从美国带回来的"苹果Ⅱ"型计算机夜以继日进行计算，对加速完成该课题起到了重要作用。1986 年，该课题获部级科技进步一等奖，轮胎试验台研究获部级科技进步三等奖。

随后，结合一汽新产品开发，我们要研究解决CA141的过渡转向问题和轮胎偏磨问题，并开展了"汽车转弯制动稳定性研究"。经过各种抢救措施和几轮修改，基本解决了制动甩尾问题。这个课题的直接效益是避免了整个生产准备的返工，因而获得一汽科技进步一等奖，中国汽车工业公司科技进步二等奖和国家科技进步三等奖。

与此同时，为了将已有的研究经验成果分享给国内其他汽车企业，研究所与清华大学等单位共同制定了六项操纵稳定性试验方法标准，其中除了吸取ISO标准的基本内容外，还加上了我们自己在高速操纵性试验方法与评价方法的成果。后来又由研究所负责，清华大学等单位参加，提出了操纵稳定性限值，成为指导各汽车企业评价和提高汽车操纵稳定性的依据。

我始终认为，要自主开发核心技术，推进科研产业化；研发高端试验设备，强化开发能力；加强关键零部件自主创新和产业化，培育核心技术创新能力。我也将继续努力，尽我所能，为我国从汽车大国向汽车强国的转变尽自己的一份力量。

付于武：半个世纪的汽车情缘

付于武 / 口述 ‖ 施芸芸 / 整理

2017年底，在中国汽车工程学会为行业服务了18年后，付于武正式卸任理事长一职。次年8月，他又将汽车人才研究会理事长这根"接力棒"交给汽车人才研究会执行副理事长兼秘书长朱明荣，只挂两家行业组织"名誉理事长"的头衔。为表彰这位"中国汽车业的追梦人、好朋友和探路者"对中国汽车工业做出的贡献和成绩，中国汽车工程学会特别授予付于武"终身成就奖"。正是在他的带领下，中国汽车工程师首次登上世界舞台，中国汽车工程学会成长为世界顶尖的专业学会，协同创新成为跨产业的共同行动……

如今，这位为中国汽车行业奋斗了半个世纪的长者，仍然奔波在第一线，为自主品牌的进步鼓与呼，为行业的发展建言献策。从最初在机缘巧合下弃文从理进入汽车业，到现在已经与汽车结下"不解之缘"，付于武感慨万千："我这一生，可以说已经与汽车产业融合在了一起，无法分开。能成为中国汽车工业的一份子，并且为之奋斗，我感到非常荣幸和骄傲。"

我出生于机械世家，可以说从小就与汽车结下了不解之缘。虽然曾经一度想要打破这一传承，但阴差阳错，最终还是进入了汽车行业。算起来，从业至今差不多快50年了。

责任与担当
——新中国70年汽车工业发展纪实

付于武

想用压岁钱买一辆玩具车

我祖父三兄弟、父辈三兄弟和我这一辈三兄弟全是机械工程师，从我有记忆起，我的生活就被齿轮、发动机和车床等各类机械产品包围，车、铣、刨、磨、钻等基本加工程序更是司空见惯。我祖父曾在法国驻中国大使馆任职，主要工作是维护柴油机，后来他自己开了一家做机械加工的工厂，生产大型柴油机配件，这家厂后来一度成为华北最大的机械工厂。

在这一时期，令我印象最深刻的有三件事。第一件事发生在我四五岁的时候，有一年除夕，因为变速器的一个齿轮坏了，我的叔叔和哥哥需要重新制作一个，但当时他们没有加工齿轮的复杂刀具，只能先用锉刀在毛坯件上划出渐开线，再进行制作，我则在一旁好奇地看着他们加工。直到后来自己踏上了工作岗位，才了解到当时加工的难度和复杂度有多高。

另一件事则是，虽然我家生产汽车配件，但当时汽车属于稀罕物，我接触汽车的机会并不是很多。有一次家中来了客人，门口停了一辆小轿车，我非常好奇，想要上前近距离观察一下，结果开车的司机马上喝止了我，生怕我把汽车摸坏了。在那个年代，外出时司机不会离开车半步，一定是在四周照看着，这也可以想见当时汽车的金贵。

在这种环境中耳濡目染的我，自然也非常想要一辆属于自己的小汽车。记得我家门口有一个家具厂，门口摆了一辆木制的小汽车，需要用脚踩着前进，虽然这并不是真正意义上的汽车，只能算是玩具，但还是令我心驰神往，心里盘算着过年拿了压岁钱正好可以买一辆。但是很遗憾，家长"没收"了我的压岁钱充作生活费，并没有满足我这个小小的心愿。这是第三件令我记忆深刻的事。

弃文从理投身汽车业

其实在最初面临从事哪个行业的时候，我并没有选择汽车，甚至都没有选择理工科，我的理想是考取中央戏剧学院戏剧文学系，高中时期还与其他几位同学一起进行剧本创作。遗憾的是，20世纪60年代，我国开始"反修防修"，中央戏剧学院不招收应届毕业生，意志坚定的我为此休学了一年，但第二年等来的仍然是不招生的消息。无奈之下，我才做出了弃文从理的决定，最终被北京机械学院机械系录取。我还记得，奶奶曾经劝我不要再从事机械工作了，洗了一辈子工作服的她，不想再看到我与上一辈人一样，还穿着脏兮兮的工作服。但没有想到的是，最终我还是进入了机械行业，尤其是在工作之后，潜移默化中，汽车慢慢成了我生命中最重要的一部分，挥之不去。

毕业时，我被分配到一汽哈尔滨齿轮厂，也就是现在的一汽哈尔滨变速箱厂。当时人事处的工作人员看我一直担任学生干部，就想让我负责筹建团委。革委会主任找我谈话时给了我两个选择，除了筹建团委，还可以去技术部，我毫不犹豫地选择了技术部。

事实证明，这个选择是正确的。到了工厂以后，周围的一切都充满了熟悉感，从机床到各类零部件，甚至包括空气里的味道都和小时候记忆中的一样。或许那个时候99%的人都不熟悉汽车，但对我来说，工厂里的一切我都似曾相识。

当然，尽管对环境很熟悉，但作为当时第一个到技术科的大学生，没有实战经验的我还是什么也不懂。于是，我从每一个工序入手，到各个车间和部门去实习，在工人师傅和工程师们的无私帮助下，终于把工厂的所有设备和工艺流程都弄清楚了。这段时期，我每天最多的工作就是画图纸，从早上7

点一直画到半夜 12 点，最多时一天画过 200 多张图纸。有个从事锻造工作的师傅看着我说："付于武，你可真能画，这一天就没见你挪过地方。"那时没有计算机，所有的图纸都需要手绘，尽管很累，但我感受到了无限乐趣。

就这样，在图纸的"淹没"下，我没有时间也没有心思再想起自己的"文学梦"，一头扎进了汽车行业，并决定从此与之终身相伴。

被严谨的工匠精神所震撼

我在哈尔滨齿轮厂工作了 20 年，从一名普通的技术员干起，历任车间技术员、车间技术副主任、技术科长、设计科长、产品开发科长、厂长助理，直到总工程师、第一副厂长兼总工程师。在被提名为总工程师时，我只有 30 余岁，是当时最年轻的。

汽车行业越干越觉得复杂，在哈尔滨齿轮厂工作期间，让我印象最深的是德国精湛的工艺，这是我最初体会到的工匠精神。哈尔滨齿轮厂当时被称为"万国博览会"，因为当时在国内不管哪个国家的汽车，它的传动系统，包括齿轮、变速器、车桥等，都由这个工厂生产。记得为了给奔驰生产变速器和车桥，我们购买了奔驰的产品，拆开之后进行了清洗，研究其内部结构，没想到这辆已经行驶了上百万公里的汽车内部，配件加工的痕迹都还清晰可见，德国严谨的工匠精神深深地震撼了我。

在哈尔滨齿轮厂工作时，让我印象深刻的还有捷克的卡车太拖拉（TATRA），当时这款卡车广泛应用于林区，我们负责生产其传动系统。这款产品的传统系统并不十分复杂，但设计非常精妙。首先，它的发动机采用风冷技术，完美解决了严寒地区水冷可能会结冰的难题；其次，它采用了中央脊管式车架，传动轴和差速锁全部封锁在管梁内，左右车轮错位布置，并配备了独特的摆动式车桥，这些都保证了太拖拉有着强劲的转矩输出，即使在全车断气刹制动的情况下仍然可以起步行驶；第三，从 T138 到 T148，产品更新迭代很快。

到了 1989 年前后，在"熊猫项目"告吹之后，我被调到哈尔滨全力负责"一号工程"。为了帮助哈飞汽车,我们咬紧牙关,建立了自己的模具中心,在当时的历史背景下,哈飞模具的制造能力处于全国领先的地位。这一做法现在看来也是极有前瞻性的,中国自主品牌汽车企业要形成自己的创新力,没有模具怎么行?

进入工程学会为行业服务

1999 年,因为家庭原因,我回到了北京,正式进入中国汽车工程学会(以下简称"工程学会"),担任理事长。我是企业出身的,自然非常关注汽车企业亟须解决的难题。在我看来,具体产品的设计和研发,必然是由车企自身来完成的,而工程学会可以提供的,是解决共性技术的难题,以及搭建广泛的产学研合作平台,这也是我们先后牵头成立汽车轻量化技术创新联盟、电动汽车技术创新联盟、车联网技术创新联盟和汽车装备技术创新联盟等组织的初衷,这也让我们成为中国科协旗下最具特色的学会之一。

关于工程学会自身的发展,当时我们经过讨论,提出了两大目标:一是成为国内一流学会,二是打造国际知名学会。现在看来,这两大目标可以说都已经达到了。

回首过去,汽车行业已经成为我生命中不可或缺的一部分,甚至改变了我的思维逻辑和处事风格。前段时间,我参加了一次高中同学的聚会,受班主任影响,我们班上 50 多位同学至少有一半以上选择了文科,我也曾是其中一员。但如今大家在交流中却发现,我已经彻彻底底成为一个工科生,思维逻辑都很严谨,行为作风也非常踏实。

中国已经进入了汽车社会,很少有一个产业能像汽车这样,与人们的生活息息相关;也很少有一个产业能像汽车这样,对于从业者有如此大的吸引力。我本人已经成为汽车产业的一部分,而做强汽车产业,也是我从过去到未来,始终为之奉献、奋斗的不变方向。每念及此,我就感到很自豪,也非常感谢这个伟大的时代。希望未来我们都能不忘初心,继续让汽车为中国人民的美好生活增光添彩。

李刚：我与解放汽车的四件往事

李刚 / 口述 || 葛帮宁 / 整理

92岁的李刚答应为我讲述他参与筹建一汽，参加解放汽车生产准备和年产6万辆工程，以及领导解放CA141换型改造的过程，但他同时在电话中表示，由于时间久远，他需要重新查找资料。

李刚，1926年出生，福建福州人。1944年进入西南联大机械工程系学习，1948年毕业于清华大学。曾任一汽技术副厂长及第四任厂长，原中国汽车工业公司第一任总经理、第二任董事长。

1952年初，李刚调任重工业部汽车筹备组，随即被派到莫斯科驻苏大使馆商务参赞处，协助孟少农工作，由此成为一汽驻莫斯科5人工作小组中的一员，从此开始汽车生涯。

"从20世纪50年代到80年代这30年间，正是我26岁到56岁风华正茂、投入工作的时期。除红旗轿车外，我与解放卡车有过四次紧密接触。"李刚说，"这四件往事我铭记至今。"

李刚

五人筹建小组

第一件事情是参加筹建一汽。

1952年初,我在天津汽车制配厂时,突然接到北京重工业部汽车筹备组的调令,从此开始与解放汽车难解难分的缘分。

到北京后,即将上任一机部(原第一机械工业部)汽车局副局长的江泽民同志找我谈话,要我到莫斯科驻苏大使馆商务参赞处协助孟少农同志工作。他首先嘱咐我要在短期内学好俄文。

和我同行的俄文翻译是窦英伟同志,他因此成为我的俄文启蒙老师。在他的耐心辅导下,我日夜苦学俄文。大约用了半年多时间,从死记硬背字母开始,到能掌握一般技术词汇和简单的生活用语。

当年12月2日,我们两人从北京乘火车去苏联。经过九天九夜的长途旅程,12月11日到达莫斯科。

孟少农同志组建了"驻莫斯科第一汽车制造厂工作小组"。这是一个专门处理苏联援建一汽项目的办事机构,是两国间人员、物流和信息流的重要互通渠道和枢纽。

工作小组由重工业部授权成立。它的任务是保证按照援建进度和要求,及时转达两国间各种有关解放汽车和一汽建厂设计的文件和资料,沟通协调设备、材料等的供应以及专家、实习生的派遣等。

小组共有5人,组长是孟少农同志。他1941年留学美国,获麻省理工学院硕士学位,后在美国福特和斯蒂贝克等汽车厂任工程师,掌握了西方汽车制造技术和理论精髓。1946年他毅然回到祖国,担任母校清华大学教授,并加入中国共产党。

在清华大学期间,孟少农同志教过我,是我汽车专业毕业论文导师。1948年北京解放前夕,他奔赴冀中解放区参加革命。新中国成立后受命组建重工业部"中国汽车工业筹备组"。1952年7月,他以苏联援建一汽项目总订货人的身份来到莫斯科,同年被任命为一汽副厂长。

第三位是陈祖涛，即将毕业于著名的苏联鲍曼高级技术学院。他自幼在苏联长大，精通俄语，熟悉苏联风土人情，擅于打通苏方人际关系。第四位是潘承烈，1950年毕业于清华大学，很有文学功底，且有志于企业管理。第五位是窦英伟，他曾就读于北京人民大学外语系俄语专业，是一位难得的青年翻译家。

我们5人志同道合，各有所长，相互配合，热情投入到一汽筹建之中。

在莫斯科直接领导商务参赞处的是外贸部副部长兼大使馆商务参赞李强，他是一位无线电专家，帮助我们协调与苏联各级政府的关系。

1950年，中苏两国政府签订中苏友好互助同盟条约，苏联政府和人民真心诚意地帮助我们搞经济建设。

斯大林汽车厂和"A3-1"

当时，苏联援助我国的建设项目共45个，来自我国各工业部的总订货人代表有30多人，都住在商务参赞处集体办公。项目最大的是鞍钢和一汽，鞍钢是老厂扩建，一汽则是平地起家建新厂，更为复杂艰巨。

一汽是一座投资6亿元、年产3万辆4吨卡车的大规模综合性汽车厂，除少数化油器和配件在京沪等城市生产外，其余3000多种零配件全由一汽制造。此外，一汽还有一片供四五万名职工居住的住宅区和相应的中小学校、医院等配套设施。在规模和技术水平上超过日本，位居亚洲第一。

苏联采用全方位的成套交货方式。他们提供全套产品图纸、工艺、土建等设计资料；提供组织设计等工厂运行、管理资料；提供全部关键设备和工艺装备；提供我方土建、自制设备和工艺装备用的特殊钢材。

苏联还派遣100名专家到一汽指导施工建设和调试生产，并接纳培训600名（实为518名）不同专业和岗位的我国实习生。这比当今西方援建的交钥匙工程还要详尽，即使是分给我们制造的设备，对方也要负责审查、挑选，或者交付设计图纸。

苏联政府对援建的组织工作安排得很周密，他们指定苏联汽车拖拉机工业部对项目全部负责。该部对外联络司司长古谢夫作为总交货人代表，和孟少农同志对接。

设计由苏联汽车工业工厂设计院总承包，苏联汽车、外贸、电站、机器、铁道等8个工业部所属的工业、建筑、城市建设、热电、弱电等26家设计院单位分包。斯大林汽车厂负责实施，向全国设备制造厂订货。真是一项庞大的系统工程。

我至今仍清楚地记得，孟少农同志把苏联援建项目和美国对应的工厂建设做对比后感慨地说："援建这样一个大规模的综合汽车厂很不容易，俄国人对我们算是尽力了。现在我们一穷二白，什么基础都没有，开始时只能如此。以后我们汽车工业发展了，还是要走专业化分散建设的道路。"

为专门对口包建一汽，斯大林汽车厂（1956年改称利哈乔夫汽车厂）总工艺师茨维特科夫成立了一个叫作"A3－1"（一汽处）的单位。成员有二三十人，大多是专业知识和经验丰富的各车间技术科长。

"A3－1"和我们关系最密切，是我们小组最关心的单位。他们会经常提出一些建设性意见，并要我们向苏方正式提出。比如车间厂房必须要留出扩建面积；自制工、夹模具时需要苏方提供二级工具；试生产5000辆卡车所需第一套工装要由苏方提供等。

在郭力同志的支持下，我们和古谢夫签订了组织设计补充协议。历史证明，该设计虽然源自美国的"一长制"，但结合我国国情做适当修改后，奠定了一汽科学管理的基础。后来传到二汽（现在的东风汽车公司）和洛阳拖拉机等厂，影响十分深远。

三年建成一汽

我到莫斯科之前，1951年11月，我国重工业部和苏联汽车拖拉机工业部已签订00831号工厂设计合同，确定设计任务和进度时间表。1952年4月，我国政府批准了苏方的工厂初步设计，技术设计已开始编制。

我原以为小组工作十分简单，只要向国内转交施工设计资料就可以了，但事实并非如此。由于双方工作系统和关系都很复杂，配合之间的节点过多，无论在工作内容还是衔接进度上都需要动态地改进和补充。

经双方协商和政府授权，我们要和苏方补充签订各种协议书和合同，同时还要不断地向对方以书面或口头方式，转达我国政府和工厂所提出的各项业务咨询和催交设计资料等。

由于项目本身的综合性、成套性、政策性强，再加上中苏双方以前都没有这方面的经验，所以小组工作牵涉面广，几乎涵盖建设汽车厂的各项业务和专业技术知识。因此，我们不仅是和总交货人打交道，还要和许多相关设计专家打交道。

1953年3月底，小组向国内转交第一批木工车间建筑施工图设计。4月初，一汽开始组织翻译，积极备料施工。这时全厂工作都是按照原定4年完成建厂任务安排，但随着苏方施工设计展开，他们经过分析和评估，苏联政府认为争取3年建厂条件已具备，应该加快进度，这对中苏双方都有利。

古谢夫以苏联政府名义提出建议，要求我们提出3年完成建厂的进度表。我们小组经与苏方有关单位咨询，也认为此建议积极可行。但像这样大规模的汽车厂要在3年内建成，难度很大，实属罕见，势必牵动国内工业建设的整体部署。

我们随即通过驻苏大使张闻天和一机部汽车局这两个渠道，向党中央和我国政府反映请示。时任汽车局局长的张逢时1983年在《历史的壮举》一文中回忆说："我感到这个建议非同小可，及时向时任原一机部部长黄敬和副部长段君毅汇报。由我起草，部长们亲自修改，于1953年5月27日以部党组名义上报毛主席和党中央。"

"报告被提到政治局会议上进行讨论。会上，毛主席和刘少奇、周恩来、朱德、邓小平等同志都发了言，一致支持3年建成一汽。（1953年）6月9日，毛主席亲自签发了《中共中央关于力争三年建设长春汽车厂的指示》，并要求全国支援一汽……"

从我们小组提出报告，到中央下达指示，中间仅仅隔了12天，这是多么快的速度啊！

中央文件的指示精神给我们极大鼓舞，6月中旬我们工作小组书面通知苏方总交货人："我们同意贵方意见，本厂将于1955年建筑施工完毕，1956年出车，确定3年的总建厂期限。"

苏方随即编制新的设计交付总进度表。1953年7月11日，孟少农同志把总进度表带回长春，作为重新安排建厂工作的依据。他也因此结束了一年的莫斯科生活，回国前，他把驻苏一汽项目总订货人代表的任务交给我。

为准备每年一次的对苏贸易订货，一汽还要求苏方提前估算出下一年度所需钢材和建筑器材清单。这些逆程序和详细的进度要求，往往使我们在和总交货人谈判时遭到婉言拒绝，但国内又确实需要。

情况紧急时，孟少农和饶斌同志还从现场打电话来催办。怎么办？一方面，我们据理力争，尽量说服对方；另一方面，大家分工想方设法，分头深入到各设计院、斯大林汽车厂等单位疏通，将第一手资料寄回国内。

从3万辆到6万辆

第二件事是参加解放汽车的生产准备。

1954年，在饶斌和郭力等同志领导下，一汽土建工程已基本完成。随着孟少农同志和苏联总专家希格乔夫的到来，中苏双方配合得更加紧密，生产准备工作开始齐头并进。

这时各职能处室和车间（后改称分厂）已成立，人员大体到齐并开始运转。1954年底，我到发动机车间报到，担任技术科工程师，车间主任是周瑞锦。

不久苏联专家组长梅德韦杰夫和其他专家到达，车间工艺资料陆续到齐。

生产准备工作加紧进行，我们开始设备安装、清洗、试运转和零部件的试制加工，终于在1956年7月生产出第一批解放牌发动机，完成了任务。

这一时期，技术科有29多名工艺师（员），大都是刚毕业的大学生，其中包括10多名刚从苏联培训回来的调整工（大多是有经验的老工人）。在艰苦的生活环境中，他们夜以继日，努力学习俄语，努力跟随苏联专家学习掌握技术，得到很大提升。

第三件事是参加解放卡车年产6万辆工程。

1956年解放卡车投产，当年生产1654辆。由于缺油限产，直到1960年，才生产22547辆，在我国交通运输线上大显神威，受到国人喜爱。车辆由国家统一分配，急用的单位都要经过特批。

社会上要求一汽增产，但全面增产难度很大，主要难在不大量扩建改造就下达此目标。这时我已调到一汽总厂规划室任主任，负责全厂生产发展规划工作。这个增产任务自然而然就落到我头上。

在一汽副厂长王少林的领导下，规划室与各处室、各分厂技术人员深入调查实际生产能力，并与工厂设计处处长陈祖涛研究商量，大家一致认为，按照中央"调整、巩固、充实、提高"的方针，我们在两三年内发展到班产百辆，即由年产3万辆增产到6万辆较为现实，把班产250辆作为长远发展目标。

即便如此，还需要增加少量建筑面积和设备，需要一笔国家投资。我们把这种想法向段（君毅）部长汇报后，得到他的赞同，他还授意我们向一机部写申请报告，他在后面推动。

1965年2月24日，一汽上报一机部文件。2月28日，一机部上报国家计委主任余秋里。4月8日，国家计委报国务院。经周恩来总理签批后，李富春、李先念等副总理圈阅，复一机部。

4月14日，一机部以（65）基密字626号文向一汽通报国家批准该项目，并要求一汽上报6万辆扩建实施具体方案。以上行文前后共40多天，可见国家对该项目的重视程度和工作效率之高。今天回想起来，这个项目能快速地被批准，假如没有作为一汽上级领导的一机部，以及段君毅部长在政府高层的长袖善舞，是万万做不到的。

"扩散"是组建专业厂第一步

根据一机部的要求和一汽长期酝酿的结果，我们拟定了项目实施方案。1965年8月7日，由规划室副主任李龙天拟稿，经主任李刚核稿，一汽总厂副厂长王少林签发。

需要的外部条件包括：一是，国家投资7000万元，1967年将解放汽车产量翻一番，达到年产6万辆，包括CA10B型4吨载重车5.7万辆，CA30A型2.5吨越野车3000辆，以及相应17%的备品；二是，新增主要设备1239台，其中厂内自制870台；三是，新增面积3.4万平方米。

我们的主要改造措施要求尽量少建新厂房。根据国家精简节约方针，不允许大规模扩建厂房，怎么办？在一次技术座谈会上，一汽铸造分厂技术科长、曾留学美国的资深专家孙以鋆同志提出，干脆我们"扩散"吧。

其实，"扩散"就是厂房搬家。这为今后组建专业厂迈出第一步，同时也符合孟少农对苏方建厂模式的评价：今后我们应该建专业化的厂，而不是像一汽这样大而全、综合性的厂。

为了组织扩散，王少林带着规划室和有关车间人员，在东北地区物色可利用的闲置厂房，近到长春北部的宋家崖子，远到辽宁省的辽阳、沈阳，吉林省的辽源、四平、吉林、桦甸。

寒冬腊月到桦甸石油化工厂，给我留下深刻印象。那里没有像样的旅馆，晚上我们睡在火炕上，白天在室外上厕所冻得要死。最后我们选中8个地方的厂房，后来实现了6个，把设备修造分厂和标准件、钢板弹簧、机油泵、水泵、空气压缩机等加工设备搬迁出去，变为分厂。

扩散的难度和阻力不是很大，只要付出少许搬迁改造费，聘用当地职工，

责任与担当
——新中国 70 年汽车工业发展纪实

我们配备骨干力量,很快就能组建起来。当地政府非常欢迎,我们也节省了大量投资。

在 6 万辆技术改造中,郭力发动全厂职工大搞增产节约活动,成果丰硕。全厂实现 3000 多项技术创新,其中最主要的有 32 项。如在铸造分厂用机械化热芯盒代替手工制芯,机械化清理笨重的气缸体毛坯代替手工清理;微震造型代替高压造型等,减轻了劳动强度和空气污染,提高了效率。

实施 6 万辆改造项目后,增产节约效果逐年显现。1965 年生产 34115 辆。1966 年生产 46605 辆。1967~1969 年因为受"文化大革命"干扰,产量有所下降。1970 年恢复至 50302 辆。1971 年生产 60010 辆,实现计划产量。

原计划投资 7000 万元,实际花费 6700 万元,达到产量翻番。与当年一汽建厂投资 6 亿元相比,应该说达到了既增产又节约的目的。

自己动手省下 23 亿元

第四件事是开启第二代解放 CA141 换型改造。

1976 年,党中央工作转移到拨乱反正和经济建设上来。邓小平同志提出"对内搞活,对外开放"和"工业企业要全面整顿"的号召。

社会上有些舆论对一汽不满,认为解放车型陈旧,老面孔不改,几十年一贯制等,这对我们造成很大压力。当时有管理经验的饶斌、郭力、孟少农等都已调离,一汽厂长是刘守华,我是第一副厂长,换型改造任务自然就落在我们两人肩上。

当时一汽确实面临产品落后,设备老化,后方技术薄弱,环境污染严重,职工生活困难,住房问题长期得不到解决等问题。我和刘守华商量怎么办。

正好 1978 年应日本三菱汽车公司社长久保的邀请,我们得到一个按部门和专业集体到日本 11 家汽车厂学习取经的机会。在半年的学习时间里,我们大开眼界。

1979年我们又邀请丰田汽车副社长大野耐一先生到一汽现场传播丰田精益生产方式，大大提高一汽管理水平。接着又邀请三菱汽车、丰田汽车、日野汽车、五十铃汽车这4家日本汽车公司先后到一汽考察，请他们提出一汽产品改型换代的投资方案，但最后报价竟都高达23亿元以上。这么大的投资，一汽无法承担，于是我们痛下决心自己动手干。

编制方案时，我们遇到的困难是没有新的换代产品，缺少人才，也没有政府资金。我们自己准备换型的CA140已在1968年移交给二汽，从1966年开始到1970年，又支援了二汽技术和管理骨干1539人，就连开发CA140的工程技术骨干都跟随产品而去。怎么解决？

留下的人也无心恋战，纷纷要求调往重汽和上汽、南汽等单位。加之国家财政紧缩，对像汽车工业这样的民用企业不给基建投资。向政府要求给予特殊筹资政策也是未知数。如何自筹？

幸好我们得到一机部部长周子健的鼓励和支持。1979年7月，他到一汽蹲点一个多月，详细了解换型改造情况。8月17日，他在厂级干部大会上做出增产指示，他说，一汽要挖潜改造，用最经济的办法把8万辆搞上去，为向15万辆发展打下基础。

当我向他提出，为加强一汽研究开发能力，请求将部属长春汽车研究所划归一汽时，他当场拍板决定。1979年，他回北京后，有几位副部长和司局长对划拨提出反对意见，他讲了四个理由。

一是，一汽研发任务急需增加力量；二是，研发工作与制造紧密结合，才不脱离实际；三是，研发人员在企业中接触用户，满足用户需要，这是研发的大方向；四是，汽研所的行业工作还可以继续做，不受影响。

1979年9月21日，一机部正式下文。1980年5月20日，一汽汽研中心挂牌成立。

周子健部长这种超时代的观点至今仍是汽车人的座右铭，1979年他就向国务院及有关部委提出"加速第一汽车厂产品换型和生产发展"的报告。

一汽立即响应，按照中央领导的指示进行方案修改，并上报一机部。一机部于1981年7月邀请国家计委、机械委、经委、建委到一汽做进一步调研。10月9日，国家机械委副主任吕东召集我们听取补充汇报。后来一机部和一汽多次商讨修改方案，于当年10月14日提出四点意见后上报。

各部委随后纷纷表态。国家经委表示同意，并在国家节约能源措施费中提出折旧费6000万元。财政部提出可将折旧费从3.8%提高到5%。建设银行提出，一汽所需资金可向建行贷款。一机部财政司提出，新产品试制和科研费可在成本中开支。

国务院以（81）国函字193号文下发国家计委、国家经委和一机部。全文大体意思为：能源是一个突出问题，要抓紧以节能为中心的技术改造，汽车是耗能的主要设备，一汽要抓紧产品换型和技术改造；要利用成熟的技术与工艺降低油耗，节约材料；以专业化为原则，充分利用机械工业现有力量，组织协作生产，提高经济效果，摸索出一条路子来。

1981年国家计委做了大量工作，牵头有关部委联合上报国务院。报告由国家计委柴树藩、国家经委范慕韩、一机部马仪签发。宋平、李人俊、顾秀莲、金熙英、吕东、谢明、武博山、李纪章等联合圈阅。

报告大体有六个方面内容：其一，工厂改造的原则以节能为中心。围绕产品更新技术，更新改造落后工艺，不扩大生产能力，以降低油耗、节约材料、提高综合经济效果为目标。其二，从原解放牌4吨载重车改进为5吨车。其三，重点改造发动机、车身，并以加强科研测试手段、治理三废为重点。严格控制面积的增加，尽量利用原有设备，以节约投资。其四，投资定为2.14亿元。其中建设银行贷款1亿元，国家技术改造措施费6000万元，其余工厂自筹。其五，5吨车油耗5.4升，比原来减低25%，"七五"期间可省油80多万吨。加上节约金属、木材、橡胶等，预计可节约资金8亿多元，两年可回收。其六，原则批准一汽进行产品换型和技术改造，争取1986年左右完成。

至此，1979年至1981年两年间，由周子健部长同意一汽上报国务院有关部门开始，经各方调查、汇报、磋商，两上两下的文件转送，终于做出决定下达执行。一汽规划室也做了大量汇报、反复修改方案和上报工作。

垂直换型再造 CA141

在这两年多时间里，一汽厂内的改造工作也在加紧进行。1979 年 1 月，一汽在增产方面提出充分挖潜向 8 万辆进军的口号，当年 8 万辆薄弱环节有 200 多个，经过组织日本企业管理经验学习班，培训 300 名处级干部和 500 多名政工干部，形成 120 项现代化管理方式变革。在没投入多少资源的背景下，1984 年一汽产量达到 7.8 万辆，1985 年达到 8.5 万辆。

在换型改造方面，我们在 1979 年就对汽研中心下发设计任务书。由于当时政府不允许使用柴油机，但为了将来使用，一汽就自己开发大马力 CA6110 柴油机。我们任命从美国回来的发动机专家陆孝宽同志全权负责。

CA6110 柴油机完全自主开发，性能先进，开发工作也很顺利。1982 年定型，通过一汽鉴定后，委托长春 636 军工柴油机厂和无锡柴油机厂试制生产，之后在第二代和第三代解放车上使用，大获成功。

CA141 整车在原生产线上改造生产，涉及问题很多。我们学习日本汽车厂的主查制，任命田其铸为整车主任设计师，冯建全为 CA141 汽油机的主任设计师。这样做的好处是，他们不但能得到汽研中心领导和专家的支持与指导，还可以调动中心所有资源。

由于受项目资金限制，我们不可能增加很多厂房和设备。尤其是多工序组合机床加工线，比如气缸体加工线，不能按常规方法移地重建、平行换型，而要不停产就地改造老线垂直换型。

世界上只有斯大林汽车厂使用过这种方法，一汽是第二次使用。这样可大量节省资金，但对新产品设计会添加很多限制，要求新老产品结构有很大的继承性，以便工序稍加调整就可加工换型。

同时，新产品还必须把性能提高到当前先进水平，这对设计师们是极大挑战。我和设计师及相关工艺师们多次研究后，两次下达设计任务书的设计原则。

第一次是1980年7月,大体内容包括:

一是,5吨车要在老产品基础上进一步挖潜改进。总成和零部件在满足5吨车主要性能指标下,尽量不改或少改。

二是,充分考虑换型过渡的可能性和现生产工艺的继承性,充分利用现有设备和工装。

三是,通过设计改进使整车性能指标在动力性、燃料经济性、可靠性、使用寿命、操控灵活性、舒适性等方面赶上和超过二汽EQ140(即原CA140)型5吨车水平。

四是,规定新车指标为最高速度90公里/时,百公里油耗28升,载重5吨、自重4.1吨、拖挂9.1吨,大修里程不少于20万公里。CA6102D柴油机最大功率为135马力(约99.3千瓦),最大转矩为38公斤米,最低油耗为235克/马力·时,这在当时已经是很高的水平。

第二次是1980年11月,根据国家节能方针的要求和设计工作中遇到的问题,采纳田其铸的建议,设计书做了以下修改和补充:

一是,为简化模具制造,新5吨车和6吨车的车架与老车相同。汽车的轮距、轴距及长度不变,车架材料和厚度可略有不同,或采用加强辅板以适应不同载荷和轴距的变化。

二是,新车架可装配6102顶置气门汽油机、6102D柴油机和朝柴动力生产的柴油机。

三是,轮距和轴距可以根据变型车要求进行适当变动。

四是,6102D柴油机的曲轴应与6102汽油机通用,保留加强的可能性,气缸体的龙门不加高,气阀导管中心线与气缸底平面柴油机为垂直结构,汽油机为斜置。柴油机采用四点悬置,汽油机为三点。

6102D柴油机功率为120~125马力,转矩不小于353牛·米,重量不大于475公斤,油耗不大于170克/马力·时。

1981年,我与一汽发动机分厂技术科科长臧名堂、设计师冯钊等到美国万国汽车厂考察对方汽车的性能和结构，发现大体和CA141相同，这更增强了我们的信心。

五是，进度方面，汽油机1982年上半年完成，柴油机1982年下半年完成。

经过设计师和一汽职工的日夜奋战，1981年10月7日，一汽试制出第一辆CA141样车，台架和行车测试完全符合设计要求。当年12月30日，通过第一次厂内鉴定，开始准备第二轮鉴定。CA6102D柴油机试制成功，最后没有进行鉴定。

1982年5月，我调离一汽，担任中国汽车工业公司总经理。但总体看，我在第二代解放汽车自主开发上做出了自己的贡献，甩掉了一汽产品三十年一贯制的帽子。

此后，在厂长黄兆銮的领导下，1981年12月CA141进行第二次厂内鉴定。1983年完成第二轮道路试验，跑完5万公里。CA6102发动机通过1000小时强化试验。中汽公司发去贺电。9月下旬通过国家鉴定。

此后在厂长耿昭杰的领导下，一汽进入垂直转产实施阶段。在极其困难的条件下，投资项目和预算有所调整和增加，他们用3年时间终于在1986年如期完成换型改造工作。

1993年，中汽公司为此奖励一汽一个1吨重的石雕奖章，由国务院副总理李岚清和全国人大常委会副委员长王光英揭幕。1991年4月，CA141在创国优产品中以总分第一名获国家优质产品银牌奖。

厉有为：二汽建设中的"拓荒牛"

厉有为 / 口述 ‖ 葛帮宁 / 整理

厉有为，辽宁新民人。1937 年生于农村，从小牧牛。1949 年辽宁解放后开始读书，毕业于吉林工业大学机械制造管理工程专业，供职于一汽和二汽二十余年；继而在十堰市政府、市委，湖北省政府，深圳市人大、市政府、市委，广东省委和全国政协从政二十五个春秋。

退休后以民为友、以牛为友、以诗为友、以球为友。

厉有为

求学生涯

我今年 81 岁。1937 年我出生在沈阳市新民县（新民市），离沈阳市约 60 公里。我家祖祖辈辈都是农民。父母就我一个孩子，我从小放牛。1949 年辽宁解放后开始读书，那时我已经 13 岁。在这之前，我只跟外祖父念过几天的私塾。

4年后，我考上新民四中，离我家约20公里，要住校。1956年进入高中，正赶上大跃进，寒冬腊月要修水库。然后大炼钢铁，我们一个高中班办了两个厂。一个是造纸厂，做黄色的"马粪纸"；另一个是滚珠轴承厂，把钢筋截成一段一段的，然后加热，用人工模子打成滚珠。因为修水利要推车子，要轴承化。

我是优秀学生干部，高考前，校长和老师找我谈话，意思是今年高考政策和去年一样，像你这样学习好的学生干部都保送，你不用准备高考了，你最后再给学校做个最后贡献吧。

我一听，还挺高兴。做什么贡献？筹办思想展览会。于是，我就绞尽脑汁、千方百计筹备这个思想展览会。现在听起来可笑，怎么思想还能展览？但当时大跃进年代就是这样！一个多月后，展览会筹备得差不多了，校长又找我谈话。

他说，有为，对不起，今年国家政策有变化，除师范生保送外，其他专业都要考试。这样吧，你报北京师范大学吧，我们保送。

我当时还有些口吃，说话不太灵光，所以我就说，我自己都说不好话，当老师去给人讲课肯定不行，我还是参加高考吧。

时间很紧，我把同学的复习提纲拿过来赶快复习，一个礼拜都不到，就去参加考试。吉林工业大学（2000年合并为新的吉林大学）是第五志愿，最早叫长春汽车拖拉机学院，后改名为吉林工业大学，结果吉林工业大学提前发放录取通知书，让我提前5天去报到。到学校后才知道，要委任我做团支部书记，其他4个团支委也都提前到校进行培训。

从一汽到二汽

1959年，我进入吉林工业大学机械制造系读管理工程专业，学制5年。当时正是困难时期，大家都吃不饱饭，我全身浮肿。

困难时期长春也修水库，现在的新立城水库就是我们那时候修的。同学们都愿意去，为什么？能吃饱饭，这一个月基本没饿着。后来我到长春，还喜欢去新立城水库看看，树林已长得非常漂亮。

大学期间读书倒没受太大的影响。1964年大学毕业，那时候国家分配，分你去哪里就去哪里。我希望分到铁路部门，一门心思想全国跑。

结果被分到长春第一汽车制造厂（一汽）。后来才知道，一汽是与吉林工业大学结合最紧密的企业，也是吉林工业大学的实习基地，很多同学毕业后都分到一汽，尤其是那些学汽车专业的。虽然我学的是机械制造工业经济，但学校想派一个学生干部到一汽，成为学校的内线，便于实习，而一汽也想选懂管理的人才，就这样我就分到一汽了。

我想到车间学习，到基层锻炼。但分配时刚好相反，把报厂部管理的同学分到了车间，我被分到厂部管理。具体来说，就是"三室"，这是一汽领导的核心科室：总规划室、综合计划室、总调度室。我在总调度室做综合调度员，也在综合计划室当过综合计划员。

后来，毛主席号召三线建设（1964年起在中西部地区的13个省、自治区进行的一场以战略为指导思想的大规模国防、科技、工业和交通基本设施建设），准备打仗，一汽要支援建设二汽。一汽人被分成三部分。其中1/3留在一汽，维持生产；1/3到吉林省，筹建吉林省内的小三线；1/3去大三线，到湖北十堰筹建二汽。其实最后并没有这样完全照办。

申请筹建二汽的人要有四个条件：一是自己表现好；二是没有海外关系；三是祖辈三代出身好；四是自己申请，组织批准。我是佃农出身，没有海外关系，表现也还可以，于是第一批报名要去大三线。红榜公布时，我被批准，就这样去了二汽。

辗转去十堰

都说湖北十堰很苦，又热又潮，蚊子比苍蝇大，蛇会钻被窝，全是大山，但再困难也要去。1966年确定去二汽，1967年5月23日进山，这个日子我一辈子都忘不了。你想想，人生一大转折，到大南方去筹建一个新厂，而且又是第一批人，能不印象深刻吗？

跟我一起进山的有几十个人。我分在生产准备处，处长张明忠是个老干部，调任一汽时就是团级干部。我们从长春坐火车，晚上到锦州火车站。经过北京，到襄樊（现在的襄阳）后，我们提了二汽订的第一辆襄樊产大客车，全车七八个人，坐着往山里开。

到十堰后，我们都非常失望。这里怎么能建厂？我们继续往张湾走。

山里没有试制条件，我们就到武汉搞生产准备。生产准备室有20多人，因执行不同任务分散开。武昌有个关山发动机厂，我们就依托它来搞试制。二汽在汉口买了房子，位于中山大道1075号，汉口的制高点，旧社会老工商联的房子，我们就住在那里。

这期间正好赶上武汉"7·20"事件。没办法，我们就到关山发动机厂，住新搭建的芦席棚招待所。后来，我们十几个人就坐船去南京。南京汽车厂包建二汽，我们住在南汽招待所里躲起来。等事态平息后，再回到关山搞发动机试制。

"你们要造反啊？"

我从武汉进山后，参加了选厂址，已经排到第23个分厂。分厂怎么布置？山里没有整片平地的地方，就一条沟里建一个厂，现在号称的百里车城，在当时沿着老白公路，100里范围内都是山沟。

基建领头人叫徐家宽，我们一起讨论怎么建厂。十堰条件太差，没有公路，汽车进不来。没有砖瓦灰沙石，就一条水路，得用船从丹江口运到邓湾码头。建这么大一个汽车厂，钢材设备怎么运？

我们研究后认为这里不行，没法建工厂，需请示中央另选地方。就打电话向国家建委副主任谢北一请示。谢的答复是：你们不一定在十堰这棵树上吊死。

我们说,汉江边上既有铁路,又有公路,山的相对高度和十堰差不多,也能隐蔽。谢说,可以考虑到那里去。他还提了两条意见:第一,不要和五机部坦克厂争地盘;第二,不要在丹江口水库的水线以下,要选择高的地方,否则泄洪就给淹没了。

接到这个电话指令,我们非常高兴,感觉有救了。这样,我们就跑到襄阳谷城县选厂址。选了两个镇:盛康和庙滩。这两个镇离铁路、公路和水路都近,山的高度和十堰差不多,树比十堰长得好,隐蔽性应该更好。我们拿着军用地图开始研究,总装厂摆哪里,车桥厂摆哪里,发动机厂摆哪里。

筹建二汽国家计划投资16个亿,我们在给中央起草的报告里就写过,要是把二汽建在盛康和庙滩,最少可节省1个亿,这还是比较保守的算法。此外,运输也更方便,挡墙护坡会少建,因为从沟脑到沟口坡度没那么大。相反,要是在十堰建厂,从沟脑到沟口,一条沟里摆五六个车间,地势高度相差较大,电瓶车爬不上去,平整工程量非常大。

军代表批判我们说,这1个亿你们是怎么算出来的?纯粹是唬人,欺骗中央。

跟他们说不清楚,什么帽子都有。我写了很厚的检讨书,虽然心里不服气,但还得检讨。二汽政工组军代表是个团长,名叫左鼎森,平常和我接触较多,对我印象不错。他就说,小厉出身好,素质好,表现也好,怎么成反革命了?把他解放了吧。

二汽建设中发生过三大反革命事件,这是其中之一。第二个是反军乱军反革命事件,因为和军代表意见不一致,有人给军代表提意见,就被定为反军乱军反革命事件。

第三个是产品设计反革命事件。产品设计也出反革命事件,这就怪了。当时对发动机设计方案分两派,一派主张采用直列六缸发动机,说马力够用了,而且有经验;另一派主张用V8型发动机,结构更新,水平更高。

主张V8发动机这一派被打成反革命,要到襄樊农场劳动。俞云焕(曾任二汽副总工程师，已去世）是反动权威，被派到襄樊去养鸡。因为他工资高，养鸡生的蛋叫作金蛋。他抽烟抽得厉害，后来因肺癌去世。

为二汽调干

我被左鼎森调到政工组下面的干部组，开始负责调干。调干的流程是：先发函，然后调档，通过审查后，经过考核，再调用。二汽筹备缺人才，缺干部，我每天晚上发联系函，至少发 100 封以上。

我先后被派到一汽和富拉尔基重型厂去调干。到一汽时，我从他们管人事的部门里抽调两个人来当我的助手，组成工作小组，让他们提供名单。挨批斗的都是技术骨干、共产党员和老工人这些保守派，也正是我们想要的人。最后我调了 50 多名人员到二汽，其中包括富拉尔基重型厂的总工程师和总动力师。他们本来也想到二汽。我说，我这关没问题，你去做军代表的工作，做通了才放你。

还有两个特殊调令也值得一说。一个是陈清泰，一个是马跃。

陈清泰从清华大学毕业后，因为学业优秀被留校。"文化大革命"期间，他和马跃都被下放到江西南昌鲤鱼洲（地处鄱阳湖）农场劳动。他们的太太都先期被调入二汽，陈清泰的夫人楼叙真在二汽产品设计处，马跃的夫人胡绍梅在二汽发动机厂。

楼叙真先来找我。她说，老厉，你把清泰给调过来吧。他现在很危险，肚子要大起来了……

我一听挺奇怪。我说，只有你肚子大，你先生怎么能肚子大？

她说，你不知道，鄱阳湖农场稻田插秧都在水里，血吸虫病相当严重。你再不把他调来，他可真就危险了。

江西鄱阳湖血吸虫病声名远播，毛主席不是还写过诗词吗？受楼叙真委托，取得左政委的同意后，我就到清华大学去调干。

清华大学当时也很乱，一些人造反，没人上课，也没人管。我又回到二汽，跟楼叙真说，还得让清泰发挥作用，动用他在学校的关系，否则我调不来，找不到人决策。

最后还是陈清泰疏通关系，清华大学才同意调出。他离开农场时，马跃开着拖拉机送他到南昌火车站。紧接着，胡绍梅又来找我，让我调马跃。马跃调来后，被安排到发动机厂管技术。

陈清泰呢？一看档案，他有思想，能写文章，就把他分到二汽政工组，政工组下有组织组、干部组和宣传组，他被分到宣传组。

但他不想搞宣传，就来找我说，老厉，我干这个事不合适，你让我归队，去搞产品设计吧。

我说，我得请示。我请示干部组和政工组领导后，把他调到产品处。陈清泰和马跃都干得很出色，后来成为二汽领导。

"你不要丢二汽人的脸"

1983年，十堰市要选市长，省委组织部派人来考核。二汽提名了4位候选人：二汽副厂长庄咸昌、计划处处长刘进福、发动机厂厂长马跃和我。这是后来知道的。

说实话，我条件还不够。我当时是处级干部，还不是二汽厂级干部，而十堰市市长是正厅级干部。

庄咸昌年龄偏大。马跃比较符合条件，清华大学毕业，又在发动机厂干，表现也不错。有群众反映，马跃开汽车把腿摔坏了，膝盖骨做过手术，有点瘸。考核组想找他本人聊聊，结果他正好出国了，否则就很可能是他，反正这事阴差阳错的。

考核我时，他们分别到政工组干部组、化油器厂和张湾医院了解情况，据说反映都还不错。

最后就只剩下我。二汽党委书记黄正夏找我谈话。他拿来一份传真件给我看，他说，你作为市长候选人，这是省里发来的传真件，过了十一你就去报到。从处长提为市长是跨一级了，应该高兴。

但我是坚决不同意去。我跟黄书记说，我从来没干过地方工作，我又不懂党政军民学那一套，十堰与二汽矛盾又很深，我干不了！你别让我去了。

他说，这是湖北省委决定的，我可做不了主，你说的我替你反映反映。接着他又说，我们推荐你，这是好事，是重用你。

我说，重用我，我知道。但我干不了。还有一层意思我没说，虽然职务提两级，属跨级提拔，但是工资待遇只有原来的一半。黄书记想到了这一层，他说，你去当市长，工资留在二汽，二汽厂工资还有你的份。我说，你让我去当市长，我吃二汽的饭，市里怎么看我，那市长能当好嘛！要是你一定要我去，我就一定要转工资关系。最后黄书记说你再考虑考虑，明天再谈。第二天我拿出我写给湖北省委组织部的信给他，我说，请你帮我转交，请省委组织部另选他人吧。

结果他一看我写的信，直接就给撕掉。他说，你不要丢我们二汽人的脸。这样吧，你干不了再回来，我还要你。

我说，书记啊，干不了，我还有啥脸回来？

停了一会，黄书记无奈地说，我给你反映反映吧！

他真去找了湖北省委副书记王全国反映，王全国当时管干部。王说，这是省委常委会的决定，你要反映意见，我们开常委会时你去说。

黄正夏说，算了，还是做他的工作，让他去吧。

就这样，1983年10月初，我离开了二汽。

1982年4月，湖北省委决定二汽和十堰市政企分开，之前是市厂一体化，一套班子，二汽领导兼任十堰市领导。1983年10月机构改革，不再设第一书记。分开后，我是十堰市第一任市长。

怎样为二汽服好务

到十堰市后,我的思想就是为二汽服务。怎样才能服好务?只有关系密切才能服好务,我又采取了一些措施。

第一个措施,从二汽调一批干部。但要调干部,像我一样把工资降下来,谁还愿意来?因此,除我以外,从二汽调来的干部,工资全留在二汽。二汽也同意。支援了一批干部。好几个副市长都是从二汽调来的。

第二个措施,我请李惠民(曾任二汽常务副厂长,已去世)和李广智(曾任十堰市市长,已去世)两人做我的特别顾问。一位是二汽的,一位是市里的。重大项目我要给他们汇报,每个月我要听他们的意见。

第三个措施,我、陈清泰、马跃每月聚会一次。我们不叫顶层设计,而叫顶层协商。有什么事情我们先协调,定下来就办,避免在底下老搅矛盾。

这三个措施非常有效。我和地区也建立了联系。

十堰山区穷,有些地方群众没房子住,只好住岩屋,住岩洞。大川小川(十堰市茅箭区大川镇小川村)我去看过,真苦,怎么办?我就让二汽帮着扶贫。

当时还没有希望工程,我们也不叫希望工程。就是二汽拿出一部分资金,十堰市拿一部分资金,群众再帮助一部分,解决住房问题。凡是没房户的建两间,就地取材,山里有树,有木头,建了2000多间房。

然后再由二汽出资金,每个村建一个文化活动室,由二汽各个分厂承包各个村。每个活动室要有电视机,有图书。确实解决了群众问题、民生问题。

我们也帮助二汽解决问题。十堰市里没蔬菜吃,山区没地种菜,二汽这么多职工,连吃菜都困难,那怎么行?

我找到郧县,打算在那里给十堰市建个蔬菜基地。对方说,这是好事,我们都赞成。但有困难,我们从来没种过菜。没技术,没种子,没化肥。种菜就不能种粮食,连口粮都没了。

我说,这些问题我们都考虑过,只要转为蔬菜基地,农民转为菜农,3年内种子、化肥、农药和口粮全补齐,最少补3年。

他们很高兴，立刻领我们去选地。我们上午到郧县，吃完午饭就去看地，最后在柳陂镇选了3000亩地。3年下来，他们把大田改为蔬菜基地，转得非常好。十堰蔬菜基地确实起了大作用，农民也富了。

此外，我当时做决策，在茅箭区建立汽车工业园区，为二汽配套。现在已成气候，乘用车和重型车都有。以前十堰市的工业产值，二汽占70%~80%，现在刚好相反，二汽只占20%~30%。

"除非让中央特批"

我当十堰市市长时，有两件事很挠头。

先说第一件。建二汽时，由于要急着出"政治车"，由军代表决策，从河南、湖北等省招收15000名复转军人，把他们培养为二汽生产骨干。

这些人大都30多岁，已成家，家属都在农村，这是一方面；另一方面，一个分厂工作人员往往都是从一个县招来的，全是老乡，不好管，问题一大堆。

这样每到春种秋收时节，这些复转军人都要回去帮家里干农活。但汽车生产具有连续性，不能停，他们一回家，对汽车生产造成很大影响。

另外，这些复转军人家属来十堰与职工团聚的很多。他们就在山边或者草地上搭个窝棚，老少三代挤一个棚户，吃一个人的口粮，生活十分困难。孩子不能上学，家属不能就业，有些家属没办法，就当拾荒者，捡厂里不要的东西去卖。

这倒也罢了，更有甚者，像二汽传动轴厂，车间里的电机都被拆下来卖掉。工具箱的成套工具也被拿出去卖掉。因为他们确实生活太困难。

按照当时政策，职工家属必须要有城镇户口，才能分配家属宿舍，孩子才能入学。十堰市公安局每年有一些"农转非"指标，但只能解决个别家庭问题。二汽这15000人，恐怕100年也解决不了。

我当十堰市市长后，深感二汽要这么下去，职工人心涣散，势必影响生产。怎么能为二汽服好务？解决他们的后顾之忧？于是就去找十堰市委书记王清贵商量，想从改革户口制度上寻找突破口。但这个题目太大，涉及全国问题更不好解决。

怎么办？那就缩小范围，先进行中小城镇户口改革试点。通过调查研究，我提出了具体改革方案。王（清贵）书记让我去给黄知真省长汇报，请省政府批准试点，分批解决。

省长想解决，但政策不允许。想批准试点，又担心越权和引起连锁反应。他对我说，湖北省这类问题不少，要解决你们的问题，除非让中央特批。

于是，我又找王清贵书记商量，经他同意，以十堰市作为中小城镇户口改革试点为题目，以书记和市长个人名义，我起草了一封给胡耀邦总书记的信。我在信中汇报了二汽和十堰市的情况，提出把十堰市作为中小城镇户口改革试点的请求。其中一个核心内容是，在不增加国家财政负担的前提下，解决二汽复转军人家属的"农转非"问题。具体来说就是，这部分"农转非"人吃议价粮（比计划内供应口粮价格要高一点点的米、面等粮食），高出的粮价由职工个人负担。

我就带着信赶到北京，去找中办主任王兆国同志。兆国同志在二汽干过，对二汽和十堰情况非常了解，也很支持我们的请求。他说，不但会把信转给胡耀邦同志，还要做工作。

材料报上去不到10天，就得到中办通知：让我去北京。总书记有批示。

想不到胡耀邦同志在信上批了430多个字。信不能复印，但为了向省委汇报，可以手抄一份。抄完后，我就给王清贵书记和黄省长打电话，向他们汇报。黄省长在电话里说，你赶快乘飞机来武汉给我汇报。我立刻飞到武汉，马不停蹄就跑到省长办公室，把抄来的批示给黄省长看。批示是这样写道：

"启立、兆国同志：

"我们的户口政策必须按照新的情况加以改变，过去的户口政策，严格限制农村人口转入城镇，是按照过去的粮食情况制定的，是适应于过去的情况的，是不得已的办法。现在情况变了，因此不能再沿袭过去的办法，延缓了中小城镇的发展。

"我们现在要放手让一部分有专长的农村能工巧匠和城镇职工的农村家属进入城镇来就业……问题是一个吃粮的补贴问题,即如果将这些人完全转为城镇人口,国家要拿出一笔钱补贴这些人,因此,要说明这批人的口粮只能是由国家供应的议价粮。这一部分'议价'没有几个钱,说清楚了,这些人是能够接受的。

"这个政策中央许多同志都同意,也都理解。但下面的一些同志不理解,因此不执行。现在我们许多事办不通,往往是没有把道理讲清楚……"

黄省长读完后,兴奋地拍着桌子站起来了,叫道,这回好了,可解决了大问题了。我们省的遗留问题都可以参照总书记的批示解决了!太好了!太好了!

十堰市成立户口改革试点领导小组,我担任组长。试点方案包括任务和目标、解决范围、政策界限、办法与措施、审批手续和组织领导等。十堰市4155 户、14415 人的农转非问题,就这样得到了圆满解决。

"二汽是国宝,冲垮了不得了"

第二件事与防洪有关。

二汽建厂时有设计规划、建厂规划和生产规划,但没有防洪规划,也没有防洪投资。1982 年 7 月 29 日,十堰市遭遇洪灾,24 小时连续降雨带来巨大损失,造成 14 人死亡,重伤 7 人。

二汽有 12 个厂、36 个车间全泡在水中。其中,车桥厂挡墙、围墙多处被冲垮,洪水从门窗进入车间,把从美国进口的格里森齿轮加工机床全埋在泥里。厂区房屋倒塌,供水、供电、通信、交通中断,道路、桥梁、水管、高压线被冲毁。

为彻底解决防洪问题,湖北省做过可行性研究,但需要投资 1 亿多元,十堰市与二汽各分担一部分。但当时十堰与二汽刚刚政企分开,十堰市的防洪经费没有着落。经请示湖北省,省里请示国家立项资助。

我就去找水利部部长钱正英。她说,有为啊,我们长江、黄河都还没治理好,黄河是悬河,河床高出地面十几米。最大的隐患都没钱治理,你十堰排不上队，列不上国家计划，你去找（湖北）省委吧。

我说，二汽是国宝，毛主席、李先念同志都说是国家重点建设项目，不保行吗？况且已经有了教训，山洪相当厉害，14个人死了……要不然也不会找你。

她说，这也排不上队啊，没办法，你谅解我。其实我也越级了，她完全可以不见我。

回来我就找当时的二汽厂长陈清泰。我说，听说李先念同志前几年来视察二汽讲过防洪的事，能不能把记录拿给我看看？

我一看，早在20世纪70年代，先念同志就做过批示。但批了8年还没解决。我就与王清贵书记商量，决定以十堰市委书记和市长的名义，给李先念主席写封信，请求帮忙想办法，尽快解决十堰防洪问题。

1984年9月1日，我们把信送到北京。结果没多久，李先念同志的秘书就打电话传达：先念主席对你们的信做了重要指示……主席说，他曾在鄂西北打过仗，晓得那里暴雨的厉害。二汽是国宝，冲垮了不得了。防洪是百年大计，千年大计，应该抓紧落实。

接着，钱正英给我打电话，她说，有为，你来一趟吧。

我在她办公室里看到了先念同志的批示。钱正英说，有为，你真有办法，找到主席那里去了。你说吧，你要多少？

3000万元。我说。

好。这3000万元列入国家计划。每年1000万元，列3年。她说。

那时候的1000万元不是小数。就这样，在李先念同志的关心下，我们治防洪治了3年。现在十堰的防洪，百年洪水都不怕。

总之，当十堰市长期间，的确给二汽、给十堰解决了一些问题。但好多事情都是越级的，都是逼出来的！是在被逼得没办法时想出的办法。

1989年我到湖北省当副省长，管综合这一摊，包括计划和金融等。

当时二汽很困难，我负责给二汽筹集资金。到湖北省里后，也是千方百计给二汽创造条件。二汽有困难，也来找我，我就成了湖北省的二汽代理人。

林水俊：最早的试验场

林水俊 / 口述 || 葛帮宁 / 整理

林水俊，印尼归侨，祖籍福建省龙海市。

1928年11月，林水俊出生在印尼爪哇岛文池兰镇，1950年7月乘太古轮船公司的岳州号回国。同年考取清华大学机械工程系，1953年毕业被分配到一汽。

在为一汽效力41年间，他在生产科做过技术员、计划员，在设计处担任过工程师、道路试验室副主任和主任，"文革"期间被下放到总装配分厂劳动两年。

1980年，林水俊任长春汽车研究所整车研究室主任。1982年后，历任长春汽车研究所副所长、海南汽车试验站站长、中国汽车质量监督检验测试中心主任。1986年任长春汽车研究所副总工程师。1993年底退休。可以说，他这一生都没离开过整车试验。

林水俊

踏上归国路

1928年11月,我出生在印度尼西亚(以下简称"印尼")爪哇岛文池兰镇。小学和中学都在华侨学校念书,因此一直是念"中国书"。学校有外语课程,所以当地话我会讲,英语也会讲。印尼以前是荷兰的殖民地,我也大致了解一些荷兰文单词。

1950年我决定回国。为什么?我对中国历史非常关心。不夸张地说,我学到的历史知识和所了解的事情,国内很多人都不知道,这主要得益于马来西亚和印尼当地的华侨报纸以及一些中国历史演义和书籍。

我们这些海外华侨都希望中国强大,这样在国外才有社会地位。1945年抗日战争胜利后,很多华侨,包括第二代华侨和一些青年学生都先后回国。当年我18岁,很羡慕那些能回国的人。但后来回国同学写信讲,他们在国内很失望。抗战虽然胜利,国民党却没感觉到我们是战胜国,美国人仍在中国作威作福,大家都感到很彷徨。

上大学时我年龄偏大,大多数同学出生在1931年前后,比我晚三四年。其实我入学很早,中间还跳过两次级。到1948年才插班念高二,正赶上国内解放战争,1950年毕业。为什么抗战胜利了,又要打内战,很多在国外的人都不理解。

有件事情使我下定决心要回国。解放军打渡江战役时,两艘英国军舰帮国民党,却被共产党的大炮打跑。这在国外对青年学生影响很大,用中国武器把外国军舰打跑,在历史上还是第一次,大家都非常振奋。

1950年7月12日,我们79名学生乘坐太古轮船公司的岳州号离开雅加达海港,7月30日抵达天津港,前后共18天。

我们坐船直接到达天津,时任天津市长的黄敬接见并亲自宴请我们。我们一行人大约十八九岁,还比较幼稚,受到市长出面接待并宴请,真是受宠若惊,感到非常温暖。我们在天津待了两天。

8月5日，我们在北京参加高考，根本来不及做任何准备，只能凭借原来基础参加考试。除我们外，还有从香港到北京的一批华侨学生，他们来自马来西亚、印尼和泰国，以及中国香港地区。我们两班人马在北京会师，200多人参加北京地区统考。

我的同班同学基本都考上了大学，考上清华大学有十来人，占一半左右，我也在其中。清华大学很重视实际教育，不管学什么，都要多实习，多接触，多动手。1952年8月，我们到天津修配厂实习，主要看他们怎么铸造发动机最难的缸体，跟他们学习修配厂怎么造发动机。

机械工程系有80多人，从大二开始分专业，我选了汽车专业，人数最多，有30多人。清华大学后来通知我们提前一年毕业，参加1953年中国第一个五年计划建设，听到消息后大学里热闹非凡。但另一方面，大家也有些担心，因为只学了3年，参加工作后到底能不能跟上，心里有些紧张、矛盾。

到一汽

毕业分配时，一汽建设需要人，1/3同学被分到一汽，1/3同学留校，还有1/3同学被分到全国各地。作为第一个五年计划的参与者，我们感到非常光荣。分配到一汽也正合我意。

到一汽再分配，我被分到生产部门，科长是支德瑜，他给大家讲，生产科的任务就是搞生产准备，翻译从苏联运过来的资料，包括工艺路线等。我们学过俄文的就直接工作。接着又被分到生产准备办公室，由一汽副厂长孟少农直接领导。我在生产准备办公室干了3个多月，这期间对汽车厂整体了解较多。

1956年工厂三年建成，这要感谢苏联专家。生产过程中，苏联派来技术工人，基本是一对一指导。我们照搬苏联技术，开始50%毛坯铸件从苏联运过来，1957年后才能自己生产。

生产准备办公室后来被撤销,成立生产处。我在生产处担任计划员、小组长,这期间学到汽车厂如何编排计划和组织生产。

黄敬当一机部部长后,提出一汽不仅要生产载货车,还要生产更多车型,如军用越野车和轿车。汽车厂要扩大生产,需要更多技术人才搞设计和制造,一汽也提出要从外面招人。趁这个机会,我要求到设计处。但我不喜欢坐在办公室里画图,我喜欢和整车打交道,因此要求去试验室工作,而试验室也的确需要人,我就被分到汽车道路试验室。从此后,我再没离开过整车试验工作。

汽车道路试验室隶属于试验车间。当时,试验车间主任是何赐文,后来到汽车局当副总工程师。道路试验室下面分为解放、轿车和越野车三个小组,我被安排在轿车组。设计处副处长史汝辑负责轿车设计,再往上,领导生产轿车总规划的是孟少农。庄群担任道路试验室主任后,开始搞轿车设计。

怎么搞?首先要有样车。史汝辑和孟少农商量,要找两个主要样车参考,后来选了德国奔驰190和美国福特西姆卡。

我们参考美国福特标准,确定参照奔驰190发动机,西姆卡底盘、车身加以修改,试制了几辆样车。从1957年下半年开始到1958年,大家夜以继日地干,根本没有休息的概念,完成轿车设计试制和初步鉴定。

试验轿车性能方面主要有三:一是经济性,二是动力性,三是制动性能。是否舒适就要靠人来感觉,这些我很快就学会了。汽车技术性能要在一定条件下才能做,不然没有可比性。

到哪里做符合技术要求的鉴定试验?我们找来找去,在去吉林市的半路上有个岔路河镇,数公里外大概有一公里多的直线路,路面还不错,但比较荒凉。离这段路不远,有个福利院可住宿。除对路面有要求外,还要看天气,风速每分钟不能超过两米,有风时也不能做,做一次试验要花很多时间精力。

轿车试制出来后,有一天,清华大学教授宋镜瀛正好到一汽。孟少农陪他到设计处参观轿车,宋问,轿车取名什么?

孟厂长说,正在考虑。

宋教授说，毛主席说过"东风压倒西风"，就叫东风好了。

孟厂长接受了建议，经一汽厂委会通过后，取名东风牌小轿车，送到北京去报捷，这就是后来传遍全国的毛主席乘坐东风小轿车的消息。

正当我们要根据试验结果解决东风轿车存在的问题时，我们听到消息，中央要求制造高级轿车，供中央领导乘坐，而且北京准备接受这个任务。但一汽认为，既然我们有制造东风轿车的经验，造高级轿车也不在话下。

在大跃进形势下，一汽群情激昂，厂领导也同意做高级轿车，并取名红旗。红旗轿车试制出来后，因为能力有限，鱼和熊掌不可兼得，两者取其一，最后确定舍东风而做红旗，东风轿车也就昙花一现。

我参加了东风轿车的选型和鉴定试验，也部分参与红旗轿车的鉴定试验。后来红旗轿车另立门户，离开设计处，我就没再参加红旗轿车的试验。

舍东风，孟少农不赞成。他话中有话，他说，卡车是小学生水平，轿车是大学生水平，我们小学还没毕业，就要做大学生。

新中国10周年，我们把试制出的红旗轿车带到北京，当时红旗轿车还没正式生产，仅仅是把样车送给中央领导看，样车跟产品车是两码事。

说实话，我很怀念东风轿车严格按照科学设计程序推进的过程。如果东风轿车能成功生产，一汽的历史可能会有所不同。但历史不能假设，这就是规律。

第一条试验跑道

一汽由苏联援建，苏联在国内没有建试验场，因此建一汽时也没有试验场项目。计划经济时期，项目计划里没有试验场，我们就拿不到建设经费。

没钱怎么办？早在造东风轿车时，孟少农找到何赐文和庄群一起筹备建汽车试验场。他们决定在一汽附近找地段自己建，前后找了好几个地方，后来在一汽西边（现在的东风大街）找到一个废弃的加工厂。这条路不平，不算太好，但因经费有限，孟少农决定在这里建试验跑道。

所谓试验跑道，就是只能做某部分性能试验。能做所有验证试验的才叫试验场，试验场我们做不了。即使这样，这也是中国第一条试验跑道。

这条跑道比二汽建的试验场早得多。二汽当时有很多争议，有人问花那么多钱去建一个试验场到底有什么用？只有真正懂汽车试验的人才知道试验场的重要性。

二汽建试验场也是孟少农到二汽任职后的建议，孟在其中起到关键性作用。二汽确定建试验场后，又搁置了一段时间，原因是土质（膨胀土）问题，上级反对。但孟少农一直坚持，黄正夏（曾任二汽厂长）也坚持，最后才被批准。

孟少农设计出一汽试验跑道后，他想到一个最省钱的办法：利用一汽的剩余能力来建，可以不花国家的钱。比如一汽运输处出几辆车，让设计处出司机，由基建处施工队施工，找长春市政处做土建设计。

1959年底开始干，1960年初建成，试验跑道长5公里。可以说，如果没有孟少农，这条跑道根本不会建起来。因此我很敬佩他，从那时我才认识到，汽车厂必须要有自己的试验场。

也可以说，中国的汽车试验场是孟少农首创。有了一汽试验场的设想，才有后来各个试验场的诞生。

试验场设计期间也出过问题。原本按照苏联试验规范，路面平直度控制在3‰以内，即1000米距离抬高不能超过3米。但这条路上正好有个洼地，要填平成本就得提高，实在拿不出钱，结果就超过了3‰。

但这个3‰本身就是错误的，正确的试验结果应该是汽车往返试验的误差不能超过5%。打个比方，以结果是100为例，往返不能超过105~95范围，这样试验结果才可信。我们做试验时，来回结果都超过7%以上，因此这条跑道不能用于性能试验。

从这方面看，我们是失败的。但除性能试验外，其他测试都能用。

后来钱还是不够，就去找老汽研——从北京搬到长春的汽车研究所（合并前称老汽研,后来跟设计处合并,叫汽研所)。那是1960年初,陈全处长去找老汽研主任,希望对方出些钱来建。试验跑道建成后,老汽研、质量处、设计处可共用。

到了1965年,我们攒下些钱,想改造试验跑道,便于做快速试验。什么是快速试验?汽车要跑2.5万公里才能判定可靠性的好坏,要完成这个试验需要很长时间,也等不及。于是考虑怎么集中起来在一个区域跑,既能达到试验效果,又能省钱省时间。

道路试验室开始研究这个问题,结果"文化大革命"开始,打乱了所有计划。这时孟少农已调到陕汽,庄群被派到海南,要跟苏联合建一个试验站。道路试验室的计划落空。

军代表进驻一汽后,合并设计处和工艺处成立科技部。我们这些科长都靠边站,基本不上班,上班也没事干,每天学习毛泽东思想,这样持续了两三年。

1969年底,我被下放到总装配厂当工人。工作虽然很辛苦,但我喜欢当工人,没有太多思想包袱,就是干活。我干了一年多修配工,接着被派去当检查员,就比较轻松了。

1972年底,形势基本稳定,陈全和庄群回到设计处,但实际掌权者还是军代表。上面让我回设计处,我不愿意。干部处处长说,这是厂领导、厂党委的决定。要改变必须向厂党委汇报,重新开会讨论。没办法,我只好服从组织安排。

后来,军代表说科技部下面要设一个大试验室,总共有一两百人,包括道路试验室、发动机试验室、底盘试验室、车身试验室、电器试验室等。大试验室主任是李昌群,让我当副主任。李昌群原是试制车间的一般干部,中专毕业,出身较好,后来升任总厂调度室主任。

1973年军代表撤退,陈全和庄群重新掌权。我提议不要搞大试验室,让各试验室回归,我也回道路试验室。设计处领导讨论后表示同意,这样设计处又恢复原来机构。

一天解决十年遗留问题

回试验室后我就专心搞道路试验，着手解决原来考虑过但没解决的问题。比如快速试验，发动大家去找能做快速试验的样板路段，把 500 米路段按 25 厘米宽分成 5 条路，定一个定点，每隔 25 米用水平仪测试高低点，5 条路就有几百个数据。坑洼高低都用水平仪测量，这就测了几千个数据。

数据怎么用？我们参考英国 MIRA 试验场，其中有条比利时路，由方块砖筑成，时间长后变得凹凸不平，这条路被移到试验场里面。假如汽车按照 30 英里/时的（1 英里 =1609.344 米）速度，在这条路上跑 300 英里就能确定可靠性。

但我们的数据没有根据。一位吉林大学数学系老师告诉我，在数学上这叫路面谱，可用计算机做一个随机路面谱，把数据导入得出谱值，再据此修路去做人工测试。冬天可在厂里用砖头铺路，一结冰就变硬，看看汽车在上面跑时人的感觉。

从 1973 年到 1977 年，我们花了近 3 年时间才弄清楚该用的路面谱值。1978 年初，我们确定建一条试验跑道，专门用来做可靠性试验，之前那条试验道路就不再用了。

1978 年，李刚担任一汽总工程师后，让我们移地再建试验跑道。要把试验场移地，我回设计处时就听说过，其实早在 1973 年，我们就有意识再找一个可建试验场的地方。

这时老汽研根据我们研究快速试验路的结果，派很多人到海南试验站找地建可靠性道路。他们找到的那块地属于当地生产队，10 吨以内的载货车都可以用。我们派王秉刚和王湘海参加，王秉刚是我的接班人，他们在研究可靠性道路时出过大力气。

1978 年我第一次去海南考察建可靠性试验路的情况。刚来两个礼拜，对海南情况稍微有些熟悉，就被徐兴尧一个电报给叫回去，让我参加去日本的考察团。

一汽派出 19 人代表团去日本。在日本先参观卡车厂和轻型车厂一个月，然后是三菱、五十铃、日野、日产和丰田。一个厂一个月，加起来正好半年，180 天，收获很大。我主要看试验场，日本有大大小小试验场 20 多个，其中四分之三我都看过。

从日本回国后，我们一直在找能建更大试验场的地方。如果从 1973 年算起，前后花了近 10 年时间，到 1983 年还没找好。

我们选的地方吉林省不批。我去过内蒙古乌兰浩特，告诉他们一汽要建试验场。他们带我到离乌兰浩特一两百公里的地方，有个日本人废弃的飞机场，那里三面环山，一面出口。冬天山上下着雪，下面的草还是绿的。

我给一汽做汇报后，很多厂领导都去看过。他们认为地方很好，但是太远，离一汽有 500 多公里，运输各方面都不方便，就给否定了。

吉林省委书记赵修到一汽视察，一汽总设计师刘传经抱怨说：我们在吉林找不到地方建试验场。赵修便告诉吉林省副省长，让他批个地方给一汽。

过了 10 来天，副省长真来电话，要找一汽厂长黄兆銮。

黄兆銮通知我一起去找地方。我看过那么多地方，哪里最合适也说不清楚。但我灵机一动，冒险说出最近的地方，在农安县烧锅镇。

我们一队人马浩浩荡荡去看地，约 11 个局级干部陪着副省长，包括公安局长、农业局长，以及一汽副厂长等。到烧锅镇后，副省长一看，地方挺好，空旷没人，差不多有 100 公顷，是公社养羊养马之地，不种庄稼。

副省长对陪同的县长说，你们就支援支援一汽吧。既然副省长都发话了，县长只能表示同意。我们赶紧回去写报告，趁副省长出差前做完审批，一天就解决了 10 年都没解决的问题。

找地 10 年，施工 10 年

接着做试验场的设计，黄兆銮和李刚的意见是让一汽基建处承包。基建处不懂汽车试验技术，处长交给基建技术科负责，但把土填平后，技术科也说干不了。

试验场最难的是跑道弯道部分，我们考虑怎么办？刚好有个日本人，他是日本遗孤，在中国长大，当过一汽底盘车间调度员，对一汽很有感情。经他牵线，找到日本铺道公司承担。

日本人相当于中介，他让铺道公司请日本自动车研究所出面联系我们。日本自动车研究所和铺道公司合作，前者做担保，后者接任务，然后跟我们谈建试验场。

本来是很好的事，谁知道又出现一些问题。铺道公司到一汽谈判，带了很多人，有律师、财务和技术人员，我们这边有厂长、助理参加。

谈到最后，变成两个谈判组。一组属于技术组，由我和王秉刚负责；一组是财务和行政组。谈了两天，对方技术组认为一汽要求太苛刻，钱还压得这么低，他们干不了。

我们决定先谈技术问题，由他们设计高速跑道，施工以后再谈，这样只谈设计费用，大家都可接受。但一汽一位厂领导说，干脆跟他们谈个大合同吧。

这方面我有过教训。以前搞风洞就半途而废，见头不见尾，摸着头谈谈，最后没尾巴。因此我说，不能这样，我们还是分两段，第一段搞设计，第二段施工。

高速跑道设计很复杂，环形弯道不打方向盘，速度要保持自然，计算要精准。中国还没人做过，但有人去日本铺道公司学习过。

对方要价很高，仅设计费就20万美元。施工费用更高，要好几百万美元。铺道公司给我一些资料，告诉我，这些都得用计算机控制，平度要在千分之一以内。弯道设计本身就很难，我们国家虽然也能设计，但没有经验。

黄兆銮同意把设计和施工分开谈。现场讨论时，我们表态说，施工问题以后再谈，但肯定请他们监工。意思是用我们自己的工人，他们做现场指导。

有关设计谈成后，钱没问题，人也没问题，条件都讲好：什么时候交图，什么时候审图。看起来事情都解决了,没想到又发生了意外。

大概是 11 月,在北京的一个宾馆,我和铺道公司的一位领导签订设计合同协议。第二年春节后,那位要一次谈大合同的厂领导突然告诉我,厂里没钱,要取消合同。

取消合同就要赔钱给对方。我跟一汽领导沟通,我说,现在要取消合同,起码得赔 10 万美元。我问厂里能出多少钱?厂领导说,赔 10 万美元还出得起。那好,还差 10 万美元。我去找中汽公司科技部的詹同震,他是詹天佑的孙子,我们关系不错,后面建海南试验场跟他也有关。

我说,你能不能想办法借我们 10 万美元?

我把整个过程讲给他听。后来他终于说,行。

他跟胡亮局长商量后,决定提前把 10 万美元给汽研所,本来要到年底才给。事情就这样解决了,我们坚持把设计做完。

图纸确定后开始施工。下一步怎么办?我们也不知道该请谁来做,就跟基建处商量,请来北京计划建筑设计院,他们和日本铺道公司有联系,也派人到铺道公司学过。北京计划建筑设计院帮我们设计总图纸,而高速跑道的设计图纸,最终由我们和上海设计院确定。

项目前期一直是我牵头,施工找谁?我建议让外面的单位干。海南有个福建施工单位,能保质保量。他们先做试验场边跑道,质量还挺好。刚做完,管施工的基建处又不用他们,要自己施工。

我反对这样做。我们宁可多花点钱,让外单位做。他们不保证质量,我们可以罚他,一汽基建部门不保证质量,我们罚谁?但一汽厂领导认为资金不外流,结果让基建部门施工,质量一塌糊涂。几次返工重修,到 1993 年底我退休时,还没全部完成。

这样从 1983 年到 1993 年,我们找地 10 年,施工 10 年。一汽建试验场,全国第一个先干,我们的资料还被其他企业拿去学习。一直到 1993 年,返工再修,又返工,质量最差,完成得最晚。

海南试验场

一汽建成的第一个试验场在海南。海南试验场从 1978 年开始，先做可靠性试验跑道，那时还叫试验站。"文革"期间，老汽研因离得太远，管不了，1972 年一机部便交给旗下广州电器研究所代管。

广州电器研究所主要做电器，这一管就管了 11 年，搞了好几个电器试验室、电器楼什么的。因此，海南试验站里电器所占了多半。

到 1983 年时，中汽公司就跟一机部提出，汽车要发展，海南试验站再让电器所管不合适，应交给汽车部门管。一机部同意让汽研所（当时老汽研已与一汽设计处合并为一汽汽研所）派人到广州与电器所谈判。

派谁去？汽研所当时管试验的是我。我就和詹同震、杨时平作为一汽汽研所和中汽公司的代表，去跟电器所谈判。

中汽公司担心我们三人比较年轻，对海南不熟悉，又找了赵尔承同去。赵尔承是最初建海南站时的老站长，当时是重庆研究所副所长，70 岁左右，已退休，中汽公司请他当顾问。

11 年来，电器所在海南试验站建了很多房子。试验站无偿划拨给电器所管，现在要回来，你中有我，我中有你，这些房子怎么处理就成为难题。

我们连谈两次，1982 年、1983 年各谈一次。回来后向上汇报，再去谈，双方各提出一个方案，都谈不到一起，最后不欢而散。

他们的想法也简单，这 11 年来国家没拨过钱给海南站，都是拨给电器所的，电器所用自己的钱来建海南站，现在海南站要拿回去，就得把钱赔给他们。我们当然不同意赔。

谈到 1983 年四五月，一机部下死命令，从计划司、技术司派出两个代表。那边是机电局，这边是中汽公司，再加上技术司和计划司一起谈判，一定要谈出结果来。

谈来谈去还是谈不拢。我就跟其他几人商量怎么办？海南站一位工程师对我讲，现在主要问题是主楼，站里面建有电器试验室楼，要把电器楼跟主楼划开，怎么划都划不清。

最后没办法，我们让步：主楼给电器所，电器试验室楼给我们，相当于把试验场分成了两半。

1983年5月1日双方签字，我跟电器所所长做交接。

海南试验站归汽研所管后，我当试验站站长。试验站没钱，汽研所拨来几万元，作为一年运营费用。

这时赵尔承说，他对海南站挺有感情，想把这里好好管。汽研所就聘请赵尔承当党委书记兼副站长。

我要管一汽试验室，不可能长期住在海南。于是就跟汽研所讲好，半年在海南，半年在长春。这就苦了赵尔承，他一直守在那里。

1983年底，耿昭杰（时任一汽厂长）到海南，对管理提出一些问题，然后派来赖国平。赖国平是印尼归侨，比我大两岁，原来在一汽搞电机，到长春市当过一段时间的公务员，又回到一汽。他担任海南站第一副站长，赵尔承是书记，我是站长。

1984年底，赖国平熟悉海南情况后，赵尔承身体不太好，要求退休，介绍一位工程师许涛。1958年建海南站时许涛就在，当时已退休，就把他请到海南站管技术。赵尔承回重庆老家。

我也不再当站长，全交给赖国平管。但我在汽研所还管长春试验场和海南试验场。

海南站困难很多。举个例子，海南站试验场不是一块整地，这边一个生产队，那边一个生产队，有五六个生产队。跟生产队签合同，以什么为界只能在文字上说明，没有地图。

当初海南站的领导与生产队签合同时说，我只要这块地，你们可自由出入。但要搞试验场就一定要封闭起来，而要封闭，首先要把地界搞清楚。

这就苦了赵尔承和赖国平。我只在海南待半年，跟他们研究怎么定地界。定完地界后，我回长春，他们继续负责与生产队谈判。

我们的打算是，先把地桩做起来，再做围墙。做围墙问题就更多，原来让他们通行，现在又不让通行。怎么办？找到县政府，县政府出面撮合，给他们一些补偿，让他们绕道走。

建围墙时，不光涉及修围墙费用，还有赔偿农民绕道的费用。钱紧张时，就跟赖国平商量，找一汽副厂长沈永言支持。沈当时在一汽管基建，问我们需要多少钱？后来让曹建拨来 60 万元基建费。

围墙建完后，因为跟农民谈判问题很多，两三年后围墙才全封闭。

接下来建高速跑道。我们先找上海设计院做设计，他们拿我们与铺道公司的图纸做参考，设计很顺利。后经县政府推荐，找福建队施工。沈永言亲自派监工人员，他起到很大作用。

施工全部完成时，我已退居二线，由王秉刚接管海南站工作。

到底谁先建成试验场？二汽虽然开工比我们晚，但建得比我们快。一汽看二汽试验场要建起来了，就抓紧海南站施工，最后比二汽早半年建成。所以，第一个试验场是海南试验场，第二个是东风（二汽）试验场，第三个是总后勤部试验场，在安徽定远县。

总结起来，改革开放以后十多年，从 80 年代到 90 年代初，我主要主持了三项与汽车试验有关的事：一是长春汽车试验场的建设；二是海南湿热带汽车试验场的建设；三是中国汽车质量检测中心的建设。

这三个项目其实都是为汽车整车质量鉴定服务，应该说都没有离开过整车试验。

从参加工作到退休，我在一汽干了 41 年。我这辈子做的事情很多都是见头不见尾，长春汽车试验场后来由王秉刚与孟祥符负责，怎么建成的我也不清楚了。

范恒光:"长子"的荣光与艰难

范恒光 / 口述 ‖ 葛邦宁 / 整理

1930 年范恒光出生在汉口,6 岁后随全家迁到浙江宁波乡下生活。1948 年从上海陆行中学初中毕业,考入上海国立高机学校。1951 年毕业,被华东工业部领导作为留苏培养对象暂留人事处工作。

1952 年末,范恒光到大连工业俄专留苏预备班学习。后因华东工业部撤销,于 1953 年 6 月转入一汽俄文班。1954 年赴苏联实习,回国后进入一汽生产调度处工作。曾担任一汽轿车厂厂长和一汽副厂长。范老认为,一汽为何三年能建成投产,主要原因有四:一是国家领导人重视;二是全国人民拥护;三是当时领导班子非常优秀;四是苏联无私援助。

范恒光

一汽从 1953 年开始筹建,迄今已 65 年。其中,从 1953 年到 1956 年是三年建厂阶段。从 1956 到 1986 年是解放投产后第一个 30 年,也是一汽作为我国汽车工业"长子"挑起重担的 30 年,我把它称之为 30 年"长子"生涯。

也有人把这30年称为解放一贯制的30年。但我认为给一汽戴这顶帽子有失公平,这30年一汽从初生到成长,头顶风云多变年代,肩负长子沉重负担,物质条件极度紧缺,但它坚强地走过来了。

改革开放以来,又急起直追完成解放换型和工厂改造重大任务,开启一汽第二次创业。"长子"生涯充满荣光,也充满艰难。

1986年后一汽开始第三次创业,主要做轿车,从单一品牌到多品种发展。这个题目与解放离得有些远。我主要讲前面两段。

为什么能三年建成

先说三年建厂阶段。

一汽从无到有,在远离北京的东北荒原上拔地而起,只用三年时间建成一个现代化的年产3万辆载货车工厂,中国第一个生产汽车的基地,确实不容易。这一成绩值得骄傲。

为什么能三年建成?我认为有四个条件。

第一个条件,国家领导重视。

这可以从项目开始说起。其一,一汽项目是毛主席和斯大林这两个大国的领导人共同商定的,是我国第一个五年计划期间由苏联援建的首批项目中的重点。而且斯大林说了,他将全力支持这个项目,像支持斯大林汽车厂那样来建一汽。

其二,中央为一汽项目专门发文,号召全国人民支持。

其三,一汽厂址谁定的?周恩来总理。这个项目定在吉林长春有几个好处:离沈阳近,离钢铁基地近,离苏联也近。当时吉林省没有工业项目,周总理高瞻远瞩,一句话就将项目确定在长春。

其四,一汽厂名和奠基纪念题词是毛主席亲笔写的。

其五,建一汽时,许多重要问题都由中财委(中央财政经济委员会)领导陈云同志拍板解决。

其六，一汽厂长人选由国家最高领导人亲自审定。一汽厂长最初是郭力，郭力提出要找比他更合适的人当厂长。这事又很快报送到中央，最终确定饶斌当厂长是毛主席点头的。能受到国家领导人如此重视的项目在当时绝无仅有，这应该是一汽项目能三年建成的重要因素。

第二个条件，全国人民拥护。

其一，一汽项目跟全国人民紧密联系，这跟产品有关，虽然当年汽车不像现在这样是家家户户的代步工具，但它是国计民生中很重要的运输工具，关注度高。

其二，当年中国没有造车能力，满街跑的都是从国外进口的万国牌汽车，数量少、价格高。现在要自己造车，老百姓都拥护。

其三，那个年代人民群众政治热情高涨，对党的号召一呼百应，要钱出钱、要人出人。据说当年一汽叫652厂，是与计划投资额度有关，652是六亿五千二百万元的缩写，当年全国总人口是六亿五千二百万人，相当于全国每人出一元钱建汽车厂。

第三个条件，建厂班子优秀。

一个企业有没有战斗力，领导班子很重要。一汽三年建厂期间，担任领导的班子人数并不多，党政加一起只有十来人。其中行政七人：饶斌、郭力、孟少农、宋敏之、马诚斋、黄一然、刘西尧；党委五人：顾循、方劼、牛长学、史坚、赵明新。

这12人并不是同时在一起工作，你来我走，同时工作的基本在10人以下。但应该说，这是60多年来一汽历史上最强的领导团队。

在这个团队中，大家公认的三个核心人物是饶斌、郭力、孟少农。对他们，我不敢妄加评论，只谈谈个人看法。

对饶斌的印象，英俊大气有风度，聪明有前瞻性，有较强的号召力和指挥力，是个称职的指挥员、一把手。

我在纪念饶斌的文章里写过，在斯大林汽车厂生产处实习期间，饶斌到生产处参观并发表即兴讲话，陈祖涛做翻译。他离开后，在场的苏联同志都说，你们厂长真有风度，英俊潇洒，确实是个领袖人物。

对郭力，我在纪念文章里写了八个字：睿智、豁达、谦虚、求实。1953年末，他到一汽俄文班宣布我和唐云显到苏联实习时，那是我第一次和他接触。他对我俩怎么去苏联学习做了嘱咐，话不多，但句句精明深刻，是一位资深有才气的领导干部。后来在长期接触中，感觉他不仅是一位学识渊博的工业管理专家，又是品德高贵的干部楷模。

社会上很少有当着官主动谦让者。郭力当一汽厂长是中央任命的，完全可以堂堂正正当下去，但他感到一汽项目繁重复杂，又地处东北。而他长期在河北一带工作，对东北人事关系不熟悉，开展工作不利，因此一再要求上面再找个熟悉东北且能力比他强的同志当厂长，他当副手。

当着厂长找厂长成为美谈，这说明他确实是大公无私。建厂初期一汽干部紧张，郭力爱人到一汽后，他坚持不让她参加工作，只搞家务和厂区妇女扫盲等公益活动。他的子女也没沾过他的光。因此，我认为郭力是当之无愧的干部楷模。

孟少农是有真才实学的汽车专家，他为人厚道，襟怀坦荡，不太关心政治，是一汽新老知识分子公认的技术权威。

我跟孟厂长接触较早。1954年春节，生产处党支部书记丁方同志挑头，带着处里一帮爱热闹的年轻人去孟厂长家过节。

孟厂长爱人在苏联学习，家里没有女主人。大伙进门就嚷着说想吃饺子，要他出钱我们出力，结果真吃上一顿全虾肉饺子，我们一起过了一个愉快的节日。后来一汽干红旗他不太赞成，他主张做东风。这三人各有所长，又能真诚合作，相互尊重，组成难得的领导核心。

一汽不光核心人物优秀，领导团队中其他同志也都很优秀。赵明新有很高政治水平，为人厚道，能联系群众，团结同志。

一汽第一批职能处室和车间（分厂）负责人都很能干，如孟戈非、王少林、李代胜、刘守华、李子政、赵润普、陈子良、王景侠、吴敬业等。这些人年轻、有活力，又有实际工作经验，有组织和指挥能力，以后都成为汽车行业的重要骨干和领导人。

这是一座汽车城

第四个条件，苏联无私援助。

一汽是斯大林亲自许诺的重要项目。要建成像斯大林汽车厂那样的工厂，斯大林汽车厂有的一汽都有，斯大林汽车厂能干的一汽都能干。因此，斯大林汽车厂全力以赴，动用全厂力量帮助一汽。

根据一汽竣工验收总结材料的记录，苏联援建的项目主要有七项：一是全部工厂设计的图纸资料；二是整套吉斯150产品图纸和相关技术文件；三是全部工艺设计文件和图纸资料；四是80%的通用设备和全部专用、关键设备（抗美援朝后，西方对中国实行封锁，从西方购买设备根本不可能，只能以苏联名义订货，订完后再转手给一汽，比如格里森齿轮加工设备，都是以苏联名义订货，再转到一汽的）；五是第一套生产用工装、模具；六是派送188名苏联专家到一汽指导；七是培训518名中国实习生，从厂长到调整工。

郭力厂长是以两个身份去的苏联：一汽负责人和实习生。《激情燃烧的岁月》这本书里面有实习生的详细名单。

我是这518名实习生中的一员，被派到斯大林汽车厂实习一年。期间深刻体会到苏联无私援助的真实情况。

比如提供设备，冲压汽车大梁需要大型压床，斯大林汽车厂只有一台，是从美国福特公司买来的旧设备。他们要让一汽也有这样的压床，但苏联没有单位能制造。

斯大林汽车厂就自己制造这台设备。他们专门盖了一间厂房，制造出来的3500吨大型压床比他们自己的都好，无私给了一汽。

还有管理方面的帮助。我记得郭力曾说过，怎么造汽车我们不懂，怎么管理工厂我们也不懂。汽车有几千个零件，怎么把它们组合到一起，保证三分钟出一辆车，工厂怎么运作？

我们实习时，正赶上斯大林汽车厂建厂 30 年，斯大林汽车厂发动全厂干部，让他们把 30 年管理工厂经验总结出来，形成"组织设计"。包括工厂的组织机构设置，从工厂设计一直到生产管理，以及具体工作。如生产调度处怎么编生产计划，怎么变更，合理批量怎么选择……都写得清清楚楚，解决了一汽不会管理工厂的难题。

至于专家指导和接待一汽实习生，斯大林汽车厂真正做到了热情友好、真诚无私的程度。我的感受就像潘承烈说的"一年实习，终身受益，永远难忘"。

就这样，一个现代化的工厂三年建成了。建成的不只是一个工厂，还有公用动力、通信、道路等配套设施和一大批职工宿舍，是一座汽车城。其中，厂房建筑面积 363373 平方米，修建铁路专线 27.9 公里。

竣工时，一汽安装设备 7552 台。铺设电力管线 51204 米，铺设工业管道 84364 米。建宿舍面积 32 万平方米，其中，家属宿舍楼 94 栋，单身宿舍楼 5 栋。建成厂区道路 5059 米。

建一汽实际总投资 6.087 亿元，比计划 6.5 亿元节省 4000 多万元。一汽建成后确实巍峨壮丽，比斯大林汽车厂更大气更漂亮，达到当年世界先进水平。

即使是 30 年后，一汽工厂还得到国际汽车同行们的赞赏。1984 年，我接待美国克莱斯勒第一个来厂访问团时，团长凌费激动地跟我说，一汽是他在中国看到的真正的汽车制造厂，他为此感到振奋。

凌费是克莱斯勒公司国际合作部部长，他表示愿意与一汽商讨合作业务。回国后马上发来正式邀请函，双方很快签订四缸发动机技术和生产设备转让协议。这事充分体现了一汽工厂在他们心中的地位和价值。

随后我在接待德国大众头几位来厂参观访问的专家时，也听到同样的感慨。他们都说，如果早几年看到一汽，大众公司与中国合作的第一个项目一定是在长春，而不在上海。

回头来看，一汽当年建厂节省 4000 多万元投资，也留下一些遗憾。

为何节省？主要是受新中国成立后第一次反浪费运动影响。1955 年 3 月 7 日，《人民日报》发表文章《重点工程的特殊化》，一汽被点名批评，配图是一汽的大屋顶设计。

同年 6 月，在全国人民代表大会一届二次会上，李富春副总理两次点名批评一汽：兴建大屋顶宿舍，擅自提高建设标准等。

随后饶斌厂长带头做检讨。非生产性建设项目被大量削减，原计划中的厂部办公楼和俱乐部等都被砍掉。同时还减少了一批宿舍。

厂部大楼没了，各职能处室放到哪里？厂里只有设计处和工艺处有工程大楼，其他几十个职能处和工厂领导都没有办公室。

结果厂办、党办、厂长和书记的办公室，生产调度、计划、财会等职能处室就占据铸造车间大生活间楼的二三楼。供应处、协作处安排在车身车间的生活间里。几十个职能处室东一摊西一摊分散得到处都是，工作难免不受影响。

一汽什么时候才有第一个厂部大楼？包建二汽期间，一汽为二汽培训一大批实习生，专门盖了栋实习生宿舍楼，编号为 123 栋。培训任务结束后，这栋楼加固改造，成为一汽厂部大楼，但也只能解决部分问题。

这么大一个工厂，职工开会，业余生活总得有个地方。1955 年 10 月，由饶斌厂长、赵明新书记和工会主席带领，集合各职能处室和车间职工 4000 多人，利用业余时间自力更生修建俱乐部。

材料通过收集建筑工地上剩下来的砖瓦沙石解决。经过两个多月劳动，建成一个简陋低矮的俱乐部。因为小，职工们都叫它小俱乐部。这是当年一汽惟一能看电影听报告的场所。直到"文化大革命"结束，经济情况好转，一汽才建起正规俱乐部，小俱乐部被推平。

远离北京的地方

1953 年 6 月的一个早晨，我们乘火车到长春，车站冷冷清清，但卖熟鸡蛋的挺多，而且是串着卖，像糖葫芦那样。这是我到长春后的第一个印象。

那年冬天，郭力厂长到俄文班找我和唐云显谈话，宣布我俩去苏联实习，告诉我们学习重点。他说，你俩学俄语已经一年，现在可抽出时间到厂里转转，见见你们处长孟戈非，他正忙着编明年生产准备计划。郭厂长说话不多，简单明了，两眼炯炯有神，有才气，又很和气。第一次面对面谈话给我留下的印象是，他是一位能干的好厂长。

郭力厂长谈完话后，我和唐云显到厂里找他，他当时正在开会，丁方（生产处总调度）接待了我们。丁方说，你们可以进去听，帮着做会议记录。

当年总工程师孟少农的秘书是天津大学毕业的女学生陈纫秋，后担任二汽副总工程师。她给我的印象是年轻很有活力，有女青年的秀美，又有男孩子的胆量。

因此，我初到长春时的印象是：冷冷清清的车站；分不清东西南北的高粱地；白雪皑皑的冬天；有才能的厂长、总工和处长；年轻有活力的女秘书和肩负国家重大使命的大工程。林林总总，让我感到似乎走进了苏联小说《远离莫斯科的地方》。

赴苏以后第一个印象，那首赞美俄罗斯的歌的歌词是真的。第一句就是"俄罗斯宽广美丽"。我们乘坐北京－莫斯科列车从满洲里出去后，一直在无边无垠的森林草原上行驶。七天七夜后才到达莫斯科，苏联真大。

第二个印象，莫斯科好美。特别是红场，威武雄壮。

第三个印象，难忘的莫斯科郊外的晚上。我们住在斯大林厂小村，这是莫斯科郊区，到处绿树成荫，鲜花盛开。我们在银色的月光下，听着欢快的手风琴声，情景和《莫斯科郊外的晚上》一样，使人难忘。

第四个印象，斯大林汽车厂和娃娃科长。我在国内见过许多大工厂，见到斯大林汽车厂时并不感到惊讶。但这里的人真好，大部分干部都是工人出身，又有业余大学学习文化；工作经验丰富，又有良好作风。他们一般年龄都较大，称我为娃娃科长。一年时间不长但收获很多，我不仅学到业务知识，也学到他们深入生产现场、结合实际、联系生产工人的好作风。

第五个印象，天堂之梦。新中国成立前，上海上映过一部电影《天堂之梦》，描述天堂的景象是：世界是美丽的，青年在工作，主妇有新房，但最后却是一场梦。我们在莫斯科看到的并不是梦。苏联人生活得似乎更好,他们全民免费医疗,住医院还能攒钱。与我一起实习的唐云显学滑冰时摔成小腿骨折,住院一个多月,不仅没花医疗费,还省了伙食费。

"苏联的今天,就是新中国的明天。"这是我在储能中学念书时,戚铮音老师多次给我讲的话,启发我应为此奋斗。这对我影响很大,是我在上海解放前积极参加学生运动并加入地下党的重要因素,在苏联一年的实习见闻又加强了这一期望。

再讲回国以后,第一个印象是一汽比斯大林汽车厂更美、更壮观,尤其是中央大道两边的房子甚是气派。

第二个印象,一汽是一个大工厂,也是一所大学校。全厂员工上班时是厂长和工人,下班后都成为老师和学生,很多人又当老师又当学生。学校从文化补习班到夜大层次齐全,还有各种专业学习班,学习气氛热烈。

第三个印象,这里有长春郊外的晚上。长春郊外夜晚很宁静,夏天绿树成荫、花香沁人。因年轻人多,找对象风气盛行,他们需要自己的白马王子和七仙女,当年汽车城里白马王子还有明确条件。什么条件?大家公认的是"三员(元)一长":共产党员、技术员、一百元和科长。李刚是标杆人物。白马王子条件的好作用是鼓励男女青年积极向上,是女青年找对象的理想条件,也是男青年的奋斗目标。

第四个印象,为我们的车欢呼。1956年7月13日第一辆解放卡车下线,全厂职工站在中央大道为之欢呼。一汽在欢呼声中结束了三年建厂阶段。

这三个阶段随着时间和环境变迁,我的思想和心态也随之变迁。从长春到莫斯科,又回到长春,就像是从"远离莫斯科的地方"到"莫斯科郊外的晚上",又回到"远离莫斯科的地方",只是所回之处变成同时拥有这两种氛围的一汽。

同时,在中央大道上为解放欢呼的人群也变了,从外地人变成一汽人。我也一样。

责任与帮扶

一汽竣工投产以后，就进入第二个阶段。我称之为30年"长子"生涯，它过得怎样？取得哪些成绩？有什么经验？

1983年7月15日，一汽举行建厂30周年庆祝大会。老厂长饶斌同志作了重要发言，题目是《大家动手，总结经验，实现汽车工业现代化》。

他针对国家和人民对一汽"长子"提出的三个主要任务"出汽车、出人才、出经验"谈了些看法，用三句话和15条主要经验，概括一汽30年走过的路和成绩。

三句话是针对三大任务讲的：第一句，出车方面，生产100万辆；第二句，出人才方面，职工5万人，输送1.7万人；第三句，出经验方面，三年学会建厂管厂，学习是伟大动力。

15条主要经验对一汽30年成就做了概括，讲得很到位，也是对一汽人的鼓励。

一汽当年竣工、当年出车，以后产量逐年上升。中间有几个波折，都与当时国家大势有关。第一个波折是1961年国家经济最困难那年，一汽只生产1146辆汽车，第二个波折是"文化大革命"期间。尽管一波三折，也没有改变上升的大趋势。1985年，一汽年产量达8.5万辆，是设计纲领的2.8倍，总产量达到122万辆。

上缴利税方面，1963年解放汽车投产8年，累计上缴利税已超过国家投资，具体是61828.6万元，累计投资金额是51671万元，利税与投资比是119.7:100。1985年上缴利税累计达554482.3万元，国家累计投资72636.9万元，两者之比为857.95:100。

这些数字说明，一汽对国家的具体贡献。这是第一个补充。

第二个补充，我用一些项目来说明一汽帮扶友好国家和兄弟工厂的情况。

一是支援朝鲜、古巴、阿尔巴尼亚、罗马尼亚等国。以朝鲜为例，1957年，一汽刚开工生产就承担了96名朝鲜实习生的培训任务。1962年，一汽为支援朝鲜，建设了一个年产 33 万个气门嘴和 200 万个气门芯的生产车间，提供了 82 台设备和 408 种工艺装备以及技术资料。1972 年至 1973 年，一汽支援 40 辆红旗 CA770 三排座轿车给朝鲜，而那两年一汽总共生产红旗 CA770 三排座 110 辆。

二是支援二汽。这是一汽最大的外援项目。1966 年初，一汽工厂设计处成立了二汽设计室，陈祖涛是设计处处长，负责二汽工厂设计。

1966 年 6 月，根据一机部指示，把全厂所有管理干部和技术骨干分成三股，由二汽任选一股，抽调去二汽工作。以后又按工作需要，抽调了大批技术工人，总共支援技职干部和工人达 4200 多人。

1966 年 12 月，一机部下达包建二汽 11 个专业厂和两个系统的任务。11 个专业厂包括灰口铸造、可锻铸造、锻造、发动机、车身、车架、车轮、车厢、车桥、底盘零件、总装；两个系统是热处理系统和电镀系统。所谓系统，它不只在一个地方，几个厂房都有。比如热处理，发动机厂、底盘厂、锻造厂都需要配备。

包建从工厂设计、生产准备、技术支援和培训人员，直到调试投产出合格产品为止，也就是要负责到底的任务。

包建二汽项目中，一汽承制大批非标设备和工装，其中非标设备 318 台，组合机 48 台，各类工艺装备 14061 套，调整用毛坯 195 种。在产品方面，一汽把自己准备换型的新车型 140 图纸资料提供给二汽。

为何是 30 年一贯制？

作为"长子"，要自强不息，还得"成家立业"，经营好自己的家。这是一汽被业界批评得最多的地方，说一汽产品 30 年一贯制，对此，我想谈谈看法。

一汽不是不努力，不是没出新产品。第一个增加的品种是红旗，毛主席 1956 年 4 月提出，什么时候能坐上我们自己生产的小汽车就好了。这给我们

责任与担当
——新中国 70 年汽车工业发展纪实

增加了动力和压力，1957 年 5 月，一机部给一汽下达试制轿车的任务。

一汽立即开始试制工作。1958 年 4 月试制了第一辆东风牌小轿车，并在 1958 年 5 月的八大二次会议期间送到北京，让毛主席等中央领导审阅。毛主席亲自试坐了东风小轿车。同年 8 月，一汽又试制出第一辆红旗牌轿车，随后根据中央领导的指示，集中力量进行红旗轿车试制定型和批量生产工作。经过近一年努力，1959 年 9 月送了一批红旗牌高级轿车到北京，参加国庆十周年庆祝活动，受到广泛赞誉和热情欢迎。

此后，又经过几年不懈努力，推出新车型 CA770 三排座轿车和多种变型车，还造出了专供毛主席等最高领导乘坐的保险车，并在国家外事活动中受到好评，进入世界最高级轿车品牌行列。

红旗轿车从 1959 年批量出车，到 1985 年累计生产 2210 辆，有两排座、三排座，有敞篷和活动篷的检阅车以及救护车以及能防弹的保险车等十余种，基本满足了中央领导人乘用和外事活动的要求。

但红旗是赔钱的，到停产时累计赔了 5000 万元。谁支持？解放牌，它承担了红旗亏损的全部任务。

第二个增加的车型是 CA30 越野车。

一汽从 1957 年开始设计试制越野车。1962 年 6 月，周恩来总理视察一汽时，交给我们两个任务：一是为加强国防建设，要加快生产出越野车；二是要集中力量支援农业，在东北建一个拖拉机厂。

越野车从这时快速起步，很快上报年产 3000 辆 CA30 型越野车建设方案，指定一位副厂长专门负责越野车工作。1962 年 9 月，国家计委批准了此方案。

1964 年 7 月，越野车厂建成，面积 2 万平方米，有职工 800 名，拥有设备 352 台。当年生产 317 辆，超额完成国家 300 辆生产任务。后来越野车陆续改进提高质量，到 1985 年末共生产 8.4 万多辆，为国防建设提供装备力量。

再说老解放换型和工厂改造问题。

解放是牵一发而动全身的产品，要改型整个工厂都得改造。这个大项目不是一汽不想干，当时国有企业的任务就是多挣钱，挣钱得上交，花钱得报计划，上面批。

"文化大革命"前，国家很困难，没有这么多钱给一汽。当时要建设二汽也没钱，一汽要换型改造，差不多相当于新盖一个汽车厂，这是可望而不可即的项目。

"文化大革命"结束后，国家工作重心转移，要发展经济。1979年7月，国家新出台政策，选一批企业列为扩大自主权首批试点单位，一汽是其中之一。扩大自主权就是利润基数留成和增产留成。

有这个政策后，一汽上报了"技术改造初步设计"方案。1982年8月获批，一汽换型改造工作启动，成立产品换型指挥部，一汽常务副厂长黄兆銮担任总指挥，副厂长胡传聿担任副总指挥，集中领导和指挥换型改造工作。

1983年，国家又批准一汽实行利润新增包干制度和折旧基金全额留成新办法，并给低息贷款等一系列优惠政策，一汽换型改造有了强有力的资金保证。从这以后，一汽换型改造全面铺开。1983年9月，由中汽公司主持，通过一汽CA141五吨载重车国家鉴定，在产品技术指标上达到换型的要求。

工厂改造加速进行。1986年7月15日，第一批解放CA141下线，老解放逐步减产。9月30日，第1281502号车下线后老解放停产，甩掉了30年一贯制的帽子。

1987年7月，一汽换型改造工程通过国家验收，被称为一汽第二次创业任务至此完成。从产品换型到工厂改造历时8年，这8年一汽人历经千辛万苦，使出全部智慧和力量，在不停产不减收的条件下完成一项大工程。

要细说这一工程，我不是合适人选。虽然这一工程最早的发起者和领导大多已去世，但有部分重要领导还健在，如李刚、耿昭杰等同志，应该请他们讲讲。

岁月无情，当年跟我一起参加一汽开工典礼的老友，现在大都挂在墙上，当年被称为娃娃科长的我，也已蹲在墙根，等着往上挂了。

一汽后来的30年，不该由我来说。如今一汽已大变样，口号也很响亮：产品达到国内领先，国际一流，向世界一流大企业进军。这是现任领导提出来的，振奋人心。

作为一个已在墙根蹲着的垂垂老者，我希望能在有生之年看到这一荣光。

徐兴尧：被逼出来的垂直转产

徐兴尧 / 口述 ‖ 葛邦宁 / 整理

1938年，徐兴尧出生在现辽宁省海城市农村，1958年，考上吉林工业大学内燃机专业。1963年8月，他毕业后选择去一汽。从一汽设计处一名普通技术员做起，历任科长助理、设计处副处长，长春汽车研究所副书记、第一副所长、所长。

在设计处期间，徐兴尧参加解放CA140发动机设计，主要承担配气系统设计和整机试验工作。从1968年底至1992年中，他借调到一汽轿车厂，参加CA772B保险车大马力发动机设计，主要承担连杆、活塞等运动件设计和发动机性能及可靠性试验工作。

负责汽研所期间，汽研所重点完成CA141、CA142、CA150等中重型及轻型系列产品研发，完成奥迪轿车图纸国产化转化工作，完成汽研所和一汽设计处的合并与融合以及汽研所自身发展工作。

1990年8月，徐兴尧调任一汽副厂长。1999年底退居二线。2003年3月退休。

徐兴尧

设计革命化

1964 年，一汽开始搞"四清运动"（清政治、清经济、清思想、清组织），一机部部长段君毅作为四清队长在一汽蹲点。

"四清运动"搞得好不好，有验收标准：一看大伙精神状态，干劲是不是起来了；二看产品是不是实现换型；三看产量是不是有所提高。当然还有其他标准，主要是这三条。

结合到一汽实际，就是说解放牌汽车不能总是修修补补，比如驾驶室闷热、水箱开锅、转向沉重，不能坏哪儿修哪儿，得彻底换型。

解放要换型，但计划经济时代国家没钱，换不换型，一汽说了不算。当时，国家希望一汽将年产量从 3 万辆提高到 6 万辆，印象中给一汽拨款 7000 万元。一汽决定就用这笔钱，既实现换型，又提高产量到 6 万辆。

办法就是：首先，驾驶室换型，改变形象，克服老驾驶室的缺陷；其次，发动机换型，侧置气门变顶置，提高动力性和经济性；第三，其他总成改进设计，做到力所能及。为此，全厂上下一片欢腾，呈现出一派大干快上的气氛。

革命派怎么做？不能脱离实际闭门造车，不能脱离群众，技术干部要下楼出院，走"三结合"革命路子，这种背景下提出设计革命化。像我们做发动机设计，就要到发动机厂，同样，做车头驾驶室的就要到车身厂，做底盘的到底盘厂，做车厢的到车厢厂……

以发动机为例，我们在发动机厂组成设计、试制、试验小分队。毛德犹（发动机厂厂长）是队长，张曰骞（设计处发动设计科科长）、陈希良（设计处试制车间副主任）是副队长。组成人员有领导干部、技术人员和工人约 30 多人，名为"CA140 发动机设计小分队"，地点设在发动机厂。

具体办法是，设计时，领导、设计人员和工人一起讨论设计方案，包括技术的先进性、可行性、生产的工艺性、原材料来源和成本等。设计人员出完图后，马上配合试制，拉着小车将上道工序加工完的工件送到下道加工工序，尽量缩短加工周期。当时人们称之为"小车精神"。

设计人员也要参加试验，看设计的零件好不好用、好不好造、好不好修、性能怎么样、可靠性如何等。一旦某个零件出问题，设计、试验和加工人员一起拆找原因，马上改进。

这种两个"三结合"方案，很见成效。现在回想起来，还感到很有滋味。

我是个发动机试验技术人员，参加了CA140发动机的配气系统设计，包括台轮轴、挺杆、气阀、气门弹簧、摇臂、摇臂轴和进排气歧管等部件。

一汽建成后，新产品开发工作一直没有间断过。之前，设计处就开发过顶置气门汽柴油发动机。新发动机配气系统设计的难点是排气门断头，当时有句口头禅，"气门断，活塞烂，强化试验难过关"。发动机气门从侧置改为顶置，充气系数提高，功率提高，机械及热强度都随之提高，所以对材料的机械强度和耐热、耐腐蚀性也都提出新要求。

那时候机械强度高，耐高温，耐腐蚀的材料国内没有，就需要开发新材料。工艺处老劳模姚贵升和陈参丽，与钢厂的技术员一起，经过多轮研发，最后研制出21N4新排气门材料，才解决这一难题。

发动机试制出来后，就要做台架试验，我负责性能开发和可靠性试验。发动机在台架试验证明达到设计任务要求后，进行装车路试和试验点使用试验。当时，一汽在海南、云南、新疆、湖北、黑龙江等地都有试验点。这些试验通过后，再进行产品设计验收。

CA140的整个开发过程，始终坚持"三结合"路子。在使用试验阶段，许多设计师都轮流到过使用试验点跟车试验。他们可以看到汽车在什么环境下、什么道路上行驶；看到汽车在林区装卸的全过程，一抓就是十几吨木材高高吊在车上，车被轧得咔咔直响、左右直晃；看到弯急坡长；看到风沙漫天等。经过这些实践，他们就知道汽车该如何设计。

独立大队"造反"

发动机设计小分队在发动机厂上班,实际我们还是设计处的人。"文革"中,知识分子很臭,设计处不想管,也不想要,发动机厂说,你们是设计处的人,我们不能管。这样,我们就成了"独立大队"。

为什么"造反"?1967年,设计革命化的新产品成果几乎都出来了,CA140五吨载重车一汽已定型,得到使用试验点的肯定,都说CA140整车造型美观大方,动力强劲,油耗低,舒适耐用。生产准备工作已全面开展。发动机生产厂房已盖好,有些设备都进厂了,车头驾驶室冲压件模具已开始生产,铸造件模具开始投入。生产准备工作形势喜人,全厂一片大干快上热气腾腾的景象。但就在这时,"文革"开始,抢班夺权,换型工作没人抓,生产准备工作停摆。

我们实在接受不了,决定向中央反映情况,希望把换型工作继续下去,理由就是毛主席说的"抓革命促生产"。

"造反"小分队由设计、工艺、领导干部和生产准备办的人组成,约有十来人,由我带队。当时一汽厂领导,像刘守华他们都在被批斗,我去找他们。他们说,徐老大,我们也想换型,但首先得把我们解放了,否则我们也没办法啊。

我们决定继续找上面的领导,小分队十来个人跑到北京去找郭力。结果不凑巧,郭力去了二汽。我们又追到二汽,郭力又去了上海。我们只好在二汽等他回来。

这期间,我们看到了饶斌厂长,我记得很清楚,他穿着一双布鞋,鞋后跟都掉了。不修边幅,衣衫破旧,头发较长,白了不少,满脸憔悴。他白天组织二汽建设,晚上受批斗。

我们把一汽换型情况向他做了汇报。他当即给我们开座谈会,他说,关于产品换型,我在一汽时就想搞,所以我支持你们。但现在这种情况谁都不能做主,这事找谁都没用,你们回去把造好的设备模具涂上油,别让它锈了,先收起来,等情况好转后再启用。

我们就把准备换型的设备和模具收起来。到了"文革"后期,二汽上马。

二汽由一汽包建，本来原汽研所在南汽帮二汽开发产品，做的是嘎斯51。后来又说，二汽还是做5吨车合适。

要重新开发来不及，正好一汽有现成的5吨车，因此一汽就把准备换型的产品CA140做适当改进后，无偿拿给二汽。

回头看

"造反"没能挽救CA140换型工作的"流产"。

"文革"结束后，一汽产品换型和工厂改造工作又重新拾起来。CA140已给了二汽，一汽怎么办？当时国家财力建设二汽都很困难，根本没有能力考虑一汽问题。但一汽上上下下并不甘心，准备内部挖潜，在保证老解放产品增产的同时，搞产品换型和工厂改造。

首先是没钱的问题怎么解决？于是就有了多种方案：一是换发动机。在老解放缸体不变或少变的情况下，做缸盖改进，使发动机由侧置变顶置，提高老解放整车动力和经济性，这样投资少见效快。但这个方案反对的人很多。原因之一是增加了发动机重量，做得有些四不像；原因之二是整车形象没有改变，仍然是几十年不变的"捷克式"尖头。

二是发动仍然侧置，但烧70#汽油，提高压缩比，提高发动机动力性和经济性，车头驾驶室换头。

这个方案要解决侧置气门发动机在整车上气门间隙调整问题，于是将车头做成前翻。这个方案支持的人较多，认为这是没办法下的较理想方案，一方面解决了形象问题，另一方面在动力性能方面也有一定改进。

1980年或1981年，李鹏同志来一汽考察，一汽提出产品换型和工厂改造需要国家支持。对产品换型工厂改造的必要性，一汽上下认识一致，都认为很有必要，但缺钱是个大问题。李鹏提出，可以给一汽一个政策，即计划经济与社会主义市场经济（当时市场经济刚提出，在国内尚未执行）相结合。

计划外可以买些原材料和销售一些产品，让一汽挣点钱。

后来，国家又出台"拨政贷"政策。项目经国家批准后，可以得到一些贷款指标。另外，二汽产品上市后，对一汽销售冲击很大。一汽的商品车存放在机场，从飞机上往下看，简直是一片"蓝色的海洋"。

这种情况下，一汽产品换型和工厂改造不能再拖。从1983年开始，一汽产品换型和工厂改造项目开始推进。经过三年日日夜夜奋战，1986年7月15日新车从总装线上驶下来，实现不停产不减产的垂直换型。这是一个伟大创举。

现在回头看，一汽的CA141产品换型、工厂改造，是"摸着'钱'过河"，要不然，我想一汽这次产品换型和工厂改造将更精彩。

首先来看车头驾驶室。1983年决定CA141产品换型时，前翻车头驾驶室设计和试制工作已经进展得很深入，甚至某些工装工作也进行得比较深入。为省钱省时，决定不改，就用这个前翻的车头驾驶室。这样带来至少三大问题：一是结构复杂，二是重量增加，三是给新发动机的气门间隙调整增加困难，而且调整人员只能在艰苦的环境下工作。

其次是新发动机设计要求。为节省投资，尽量用老设备，提出"三不变"（缸径不变、缸心距不变、凸轮轴与曲轮之间距离不变），当时认为有99%以上的加工设备可用。但发动机造出来后，功率大幅度提高，对加工精度要求随之提高，几乎所有设备后来都有更新，但发动机结构却不能再改。

"三不变"给发动机设计增加很多困难，给制造增加很多难点。加之当时油品、使用环境恶劣，发动机在使用中出现很多问题，产生大量攻关工作。市场反馈意见是，CA141造型美观大方，司机乘坐舒适，拉得多，跑得快，走得稳，但就像是个漂亮的"小媳妇"有"心脏病"。

第三是国际新技术要迎头赶上。产品设计说明书中，要求使用80号汽油，国际新标准还要采用多少条，电子技术要应用多少项等。当时，80号汽油在国内就几个大城市供应，大部分地区，甚至西北部地区还普遍使用56号汽油。爆燃敲缸、烧活塞、烧排气阀等情况多有发生。此外，灰尘很大，发动机磨损严重。

一些新部件，如卤素灯泡、电线插件、硅整流交流电机等，都是国内新开发产品，质量根本不过关。由于采用新标准，随车工具互换性很差，灯坏了买不到替补品，扳手丢了螺钉都卸不下来。产品销售初期很好，产生这些问题之后，对一汽的销售影响极大，时间极长。先买车的客户，一朝被蛇咬，十年怕井绳。问题解决了，质量提高了，他们还要看看。

因此，汽车工业的技术进步与否，不是单单由汽车企业自身决定，它决定于整个供应链的技术水平。只有供应链上的企业技术进步了，汽车工业才会有技术进步。

第四是一汽 CA141 产品换型、工厂改造起步之前并没有一个完整的顶层设计方案，一汽也不可能有一个完整方案。这次换型改造的全过程，随着国家改革开放逐步深入而逐步完善，随着摸到一点钱或政策而逐步完善。

最初的方案仅仅是车头驾驶室和发动机重新设计，其他各总成做到力所能及的改进。在换型过程中，引进英国 AP 膜离合器、日野六档同步变速器。这些总成都具有国际水平，对提高 CA141 产品技术水平贡献很大。

第五是逼出来的垂直换型转产。资金紧缺，销售形势严峻，时间紧迫，致使一汽产品换型和工厂改造处在背水一战的形势下，垂直转产也是无奈之举，别无他路。

实施这种换型转产方案，要求组织严密，技术成熟，队伍过硬……风险极大。一汽在不停产、不减产的情况下，完成了这一与当时建厂工作量相当的伟大工程，受到方方面面的赞许，得到李鹏总理授予的 1 吨重大奖章，可谓授者英明，受者无愧。

换型转产的方案应该很多，垂直转产算不上最佳方案，也不应是唯一选择。不管以哪种方式换型转产，该花的钱一分不能少，该做的事一件不能缺，补课的代价往往更大。

刘经传：鲜为人知的解放汽车产品规划

刘经传 / 口述 ‖ 葛帮宁 / 整理

1930年，刘经传出生在江苏仪征，1953年作为一汽"第零批实习生"被派到苏联斯大林汽车厂实习。

1954年刘经传回国，被分到一汽设计处。他从一名技术员干起，历任设计科副科长、科长，设计处副处长、处长，一汽副总工程师，一汽总设计师，一汽汽研所所长，解放联营公司总工程师和一汽集团常务董事。

在一汽三年建厂出车阶段，他在消化吸收苏联设计文件资料、配合零部件生产调试、外协件选点和试验鉴定方面发挥重要作用。担任越野车主管设计师时，对越野车改进并大批量装备部队立下汗马功劳。

此外，他还在解放换型开发、解放变型车开发、延长老解放牌寿命以及制定解放汽车系列产品型谱方面做出努力。

刘经传

做轿车与解放改进

产品规划里提到轿车。高级轿车当时没人敢想，中级轿车也不敢想，那时候谁敢搞轿车？1957年一机部部长黄敬到一汽考察，召开座谈会时，他就提出，一汽什么时候能做轿车？做轿车有什么困难？

做轿车可不简单。一汽提出三个条件：一是轿车什么样，没有实际体验。当时轿车主要是苏联胜利牌，后来是嘎斯，还有美国牌轿车。大家对轿车知之甚少，需要有样车，而我们一辆样车都没有。

二是缺人。一汽这些技术员做卡车出身。卡车刚投产，还有大量设计更改需求，以配合生产。设计处没这么多人。

三是工程大楼面积不够。试制车间只有卡车改进能力，改进时需要做试制。设计处只有试制两辆解放的能力，要做轿车，试制面积不够。

黄敬部长当场对这些问题做了安排。他说，这三个条件，样车我负责，你们看中哪款车，我负责调。至于人员和工作大楼问题，你们自己想办法解决。

关于人的问题，当时全国汽车方面的技术人才都集中在一汽。一汽决定，把吴敬业、刘炳南、史汝楫、富侠这4人调过来充实设计处。吴敬业为处长，刘炳南、史汝楫为副处长。总支书记是陈全，他司机出身，很懂汽车。

这时解放汽车的生产准备和调试已基本结束，这帮技术骨干可以抽调到设计处。比如车厢厂技术科长王敬仪、总装车间技术科长庄群，大都为1953年毕业的大学生。同时，那些参加工作不到半年，但又熟悉加工工艺的大学生也被抽调出来。

办公楼问题好解决。我们在工程大楼小二楼上增建了三楼，想办法在试制车间外搭建小棚子。

黄敬部长回北京后，立刻调来福特ZEPHER、法国SIMCA、日本丰田、德国奔驰190，再加上法国送给周恩来总理的雷诺，以及送给朱德总司令的捷克斯柯达作为样车。

1956年下半年，这些样车被调到设计处。一汽领导下令，轿车要按照"仿造为主、自主设计"的方针来做。在当时条件下，只能仿造，还不能自己设计。

大家开始动手拆样车，接着做选型。1958年做出东风，又做出红旗。东风和红旗是另外一个大项目，我都亲身参加过，而且还是红旗的创意者之一。这段故事很长，也很精彩，中间充满惊险，也充满曲折。

接着讲解放。解放牌汽车改进型没有主模型，就靠油泥模型做车身，做底盘设计总布置。根据油泥模用手工敲零件，做出汽车形状。这就是解放CA11A。

解放汽车改进型设计完，试制车间开始加工零件。一汽原来就有一批钣金工，为做东风轿车，又从市里调来一些敲车身外壳的钣金工。CA11A开始紧锣密鼓地试制。设计处从上到下，从设计、试验到试制都很紧张。1958年初，试制成功。

相较于CA10，CA11A做了较多改进。发动机、底盘、离合器这些没动，底盘上的主要零部件有些改动，比如后桥改成单级后桥，悬架和转向都有改动。CA11A不叫换型，叫大型现代化，又称为练兵，是为解放汽车真正改型做练兵。

1958~1959年期间，一汽提出要做解放汽车改型，就在CA11A基础上做CA11B。CA11B设计已完成，车头和底盘做了更多改进，发动机加大动力，原来95马力（约70kW）不符合时代要求。

与CA11B同时并行的，不仅有东风和红旗，还有其他汽车。陈祖涛随饶斌到德国买回两辆农用车，名叫乌尼莫格，是德国人在农场田间作业用的汽车，可以代替一部分拖拉机，但它比拖拉机小，能用作收割机。

当时毛主席号召要支持农业，因为农业是基础。因此去德国考察，挑选乌尼莫格做样车。设计处进行测绘，绘图试制样车。

可以说，一汽很早就打下多品种发展的基础。设计处认为，CA11B仍然属于大型现代化，干脆改型。从1958年起，就酝酿要做真正的换型改造，这就是CA140。

1959年CA11A做试验，大家不是太满意。紧接着东风、红旗、万能农用车都试制出来，并且做了试验。设计处能做出这么多产品，相当不容易，都是加班加点连轴转出来的。

1959年我获得一次出国机会，当时汽车局有两张日内瓦车展参观券，汽车局去一人，一汽指定我去参加。看完日内瓦车展，我接着到苏联看斯大林汽车厂，也看它的外协件厂。苏联有4位专家正要到一汽来支援红旗轿车，他们让我讲讲一汽情况。

回国后，我把在日内瓦车展上收集的卡车资料交给车身科，有些用到了解放牌汽车改进型上。接着就是大跃进，大炼钢铁，困难时期我得了肝炎，因为传染，不能跟外界接触，就待在家里。1961年恢复工作。

1962年红旗通过国家鉴定，开始做生产准备。设计处里做轿车的人，由史汝楫带队，到轿车车间。从那时起，轿车车间就分出去了。

一汽决定停做乌尼莫格和东风。不知从哪里吹来的风，说乌尼莫格是德国产品，而且是富农经济，当时已经试制出样车，具备投产准备。这样设计处的主要工作是解放牌汽车改进。

为征集解放牌汽车改进型样车，1960年我出差到北京，北京展出美国万国牌汽车，其中就有中型卡车。我看中了一辆万国牌汽车，对解放牌汽车改进有参照意义。

但要这辆样车却费尽周折，不知道怎么做，还要到外交部去交涉。好不容易磨破嘴皮，征得外交部同意，获得汽车局支持，最后才把万国牌样车运到一汽。

我从1956年调到底盘设计科当副科长，后来又到回到设计处设计科当科长，开始主持工作。1962年上面安排我担任军用越野车主管设计师，开始着手解放越野车改进，这就是CA30A，后来一汽越野车分厂投产，CA30A成为大批量装备部队的主力车型。

1964年搞"四清",让我参加。结束时,调我回设计处,从科长提为设计处副处长,主管产品。处长是庄群。这期间我主要领导解放换代产品开发工作,以及解放变型车工作。

解放新产品做得也不少,60吨矿用自卸车390用来开发矿业。这是响应毛主席的号召做矿车。矿车试制出来,也做过试验。同时,解放还做过面包车CA630,做过吉普车CA240。

CA140做了又否,否了又做。因为没投资,生产也没条件。这些工作就反反复复地做,其实都是做虚功,解放也一直没换型。二汽东风140投产,解放越来越落后。东风140原型车就是解放CA140,他们拿去后做了改进,在市场上卖得很火。

1966年"文革"一来,这些工作被迫中止。

必须要打开市场

批斗结束后被下放到车间劳动,1971年我回到设计处。当时军代表当权,我不愿意回来,在下面劳动挺好。在陈全是副主任的劝说下,我回到设计处。

有一天军代表通知我:准备一下,有个出国任务。我非常奇怪,这时还要出国的?"文革"期间哪有出国的?我很惊讶。去哪里?英国。我开始做出国准备。

出国由刘守华带队,一机部组织,有孟少农、冯克,还有中国重汽的人,是一个比较大的访问团。当时出国都要政治学习,代表团集中在汽车局学政治,学完还要讨论,我就偷偷学英语。结果出国时,还真派上了用场。我们在英国收集好多卡车资料,也为解放换型做准备。

后来听到一位国家领导人说:"解放一直不换型……一汽也不争气。"一汽其实挺冤枉。我们做过多少换型准备,但是没办法。我们还改过好多地方,设计处对改变通知书做过统计,大概有1000多项,只不过改进措施较少。比如从CA140改为CA15,发动机改成顶置气门,发动机动力加大,吨位从4吨改为5吨，还有发动机风扇等，但还是赶不上东风。

1978年又组织过一次出国。之前日本派一个代表团到一汽参观，参观后，刘守华和李刚请他们评价一汽生产。他们不说好，也不说不好，就没评价。后来说，你们到日本去看看。

日本代表团回国后，一汽申请到日本考察。刘守华和李刚带队，我们各单位主要负责人约20人组成代表团，我是设计处代表。在去北京的火车上，刘守华对我说，现在汽车局批准你是一汽总设计师。

因此到日本考察，我是以一汽总设计师身份去，同时也是设计处处长。我们在日本考察了半年，几家大公司参观下来，确实感觉差距很大。日本汽车质量已经不再是过去的日本货、东洋货。

一汽刚投产时，曾在北京办过一次汽车展览会，日本三菱公司都来参展。说实在话，当时解放牌汽车跟日本车相比，不是太落后。但这次去一看，日本汽车质量提高不少，跟我们不在一个档次上，更显得解放不可不换。

考察半年我就找双方差距。产品设计方面没有找到答案，然后从技术方面找，收集了好多设计资料，包括试验室资料。我记得去考察丰田公司时，他们不欢迎设计部门去参观，对我们严格保密。通过做工作，最后才同意我们去。

有一天，我突然开窍，认为设计差距的根本原因不是技术，而是国家体制和工厂机制。日本是市场经济，我们还是计划经济，国家统收统支，企业拿不到钱，利润留存太少。这是第一。

第二，当时都是统购统销，国家计划，国家收取。一汽不管销售，也没有市场概念。开发费用、生产准备、建试验室都需要大投资。一汽之所以落后，解放之所以落后，一是无钱，二是没可能。

考察期间，每周我们都要开会。有一次就在丰田的会议室里开，李刚说，刘经传，你来讲讲。我就讲了这个问题。我说，到这里第5个月，我才开了这么一点窍。

我记得日本社长给我们做报告，他就讲，市场竞争非常激烈，产品必须不断改进，不断换型，才能活下去。然后他问刘守华，你们中国怎么样？

刘守华说，我们没问题。

日本社长说，我实在羡慕中国，在中国当社长不用愁，你是铁饭碗，没有市场。

我举例讲了这件事情，大家都认为很有道理。后来解放换型，技术方面我做了些对比参考。一是车身设计，日野车头可以翻开，便于保养。我认为可以用于解放牌换型。

二是发动机。日本都用柴油机，国内都用汽油机。考察前，设计处就确定目标，要选择用柴油机。结果看中了三菱6D14，功率尺寸各方面都符合解放换型车，当场就确定要把这套技术移植过来。

三是离合器。确定用英国离合器，我到英国也和离合器有关。这些都准备用来CA140换型用，后来变成CA141项目。

回到一汽后，让我们在全厂做报告。我就讲，一汽解放不换型，主要原因是没有市场经济，没有市场竞争。而计划经济的统购包销和统收统支政策使换型一无必要，二无可能。

回来后，我跟刘守华建议，我说，日本设计机构机制跟我们完全不同，它叫主查制，没有总设计师，也没有设计处。每个市场总厂设定一位主查，总厂设主查室，这个主查就管车型。

打个比方，解放有个解放主查，解放主查要以用户为主，市场上解放有什么需求，有什么改进，有什么缺陷，销售部门收集反馈汇总，根据市场反馈来改进产品和换型，主查就管这个事情。

主查代表总厂管理，所以资金、生产准备，包括产品，他都要管。一旦他确定，董事会通过后，主要工作就是开发产品。什么时候出产品，改进项目什么时候完成，换型需要多长时间，用什么技术，什么时候做生产准备等，都在规划表里统筹好。这就是以市场为目标。

我建议了很多次，都没成功。后来汽研所和设计处合并，以加强换型的产品开发力量，我担任新汽研所所长。之后，我调任一汽总厂副总工程师，耿昭杰接我的班。再后来，耿昭杰调任一汽厂长，第一大任务就是解放牌换型。

邱文超：北戴河会议是一汽转折点

邱文超/口述 || 葛帮宁/整理

邱文超，1944年出生在黑龙江省庆安县，4岁随父亲到长春，1962年高中毕业。当时正值蒋介石反攻大陆，他同几位班委一起，立志报国，投笔从戎。邱文超在部队历练7年后，于1969年被分配到一汽动力分厂；1973年12月，调任一汽政治部办公室；1976年后，他先后在一汽党委办公室任秘书科长、书记秘书兼党委常委秘书。

自1978年起，邱文超在徐元存书记身边工作近8年，当专职秘书4年。徐元存从1982年1月起担任一汽党委书记，是一汽实行"党委领导下的厂长负责制"的最后一任党委书记，当时一汽厂长是黄兆銮。两人领导的这届一汽班子的最大贡献，就是在关乎一汽生死存亡之时，促成了1984年北戴河会议的召开。

一个基层企业的自主权问题为何要拿到国务院总理主持的会议上讨论？这次会议对扩大企业自主权和摆脱上级行政机关对企业的控制方面有何重大突破？

邱文超

一方要集权，一方要放权

1984年8月11日召开的北戴河会议，对一汽的改革发展起到了至关重要的推动作用。这是徐元存那一届班子对一汽做出的最重要贡献。

先来看当时全国经济体制改革进程，1982年11月30日，五届人大五次会议提出，积极稳妥地加快经济体制改革；此后，改革在全国展开，重点由农村逐步转向城市。

1984年5月10日，《国务院关于进一步扩大国营工业企业自主权的暂行规定》出台。可以看到，国家对经济体制改革的思路是明确的、一贯的、逐步加深的，对给企业松绑、放权、减负、让利政策也是渐进的、果断的。这就为从计划经济向市场经济过渡，进一步搞活企业，加速企业改革和发展提供了良机。

再来看当时一汽的情况。

1982年1月8日，一机部转发中组部通知，徐元存任一汽党委书记，李刚任厂长。3月29日，李刚奉调进京，黄兆銮代理厂长。

（1982年）5月7日，中国汽车工业公司成立，饶斌任董事长，李刚任总经理。同年7月5日，中组部通知，黄兆銮任一汽厂长。

（1982年）12月20日，解放汽车工业联营公司成立，徐元存兼党组书记，黄兆銮兼董事长，谢云任经理。新一届班子组成，给一汽带来新希望。

但从当时情况看，一汽形势并不乐观，产品严重滞销，资金缺口大，同时既要保持正常生产经营，又要全力抓好换型改造，可以说举步维艰。如果不加速企业改革，不向上争取更多政策支持，不仅生产难以维持，产品换型、工厂改造计划也将无法实现。可以说，一汽面临生死存亡的考验。

这时上级主管部门如果认真落实政策，对企业松绑放权，或许会给企业带来生机与活力。但现实却不是这样，或许因为所处位置不同，企业盼望的改革政策不仅没落地，中汽公司又先后上报两份文件，一再强调要把中汽公司真正办成经济实体。

这不仅与中央精神背道而驰，也使急迫得到放权让利政策的各企业愿望落空。一时间阴云密布，大有山雨欲来风满楼之势。一汽、二汽等企业纷纷上书，与中汽公司在扩大企业自主权方面的分歧越来越大。

一场争取与维护自主权的斗争由此展开。

当头一棒

一汽与中汽公司的关系一直很融洽，分歧主要来自对企业改革的理解，对放权搞活的认识。企业在多次争取无果的情况下，才开始借助其他力量，通过其他方式反映诉求，争取自身权益。

为扭转被动局面，一汽领导班子围绕生产和换型两条线作战。

与此同时，1984年，国家改革步伐加快，为企业松绑放权的政策更加明朗。

当时中央领导视察二汽后，同意了他们的一些扩权要求。徐元存坐不住了，经与黄兆銮、谢云商量，经党委常委集体讨论决定，以他为主加强对外攻关和对上争取，黄兆銮和谢云在家抓好生产、换型和联营工作。

这一年里，徐元存先后10次进京，就"七五"投资要求和意见、利润递增包干延长到1990年、工资总额和工资改革设想、换型改造进展与难点等问题，分别向国家计委、国家经委、财政部、劳动人事部、机械部、中汽公司等部委汇报。

1984年5月15日，胡耀邦总书记等一行视察一汽，徐元存边介绍边汇报，胡耀邦同志对延长利润递增包干、引进国外技术和专家、载重车可以干大吨位、要给工厂更多自主权等问题表示赞同。此期间，一汽还接连上报《关于"七五"期间技术改造投资问题的报告》《关于"七五"期间继续实行利润递增包干的请示报告》等文件，很快获得批复。

就在一汽为争取自主权步步推进时，意想不到的事情发生了。

1984年4月16日，中汽公司做出《关于开创汽车工业新局面若干问题的决定》，提出要以改革精神搞好管理体制改革试点工作，把中汽公司真正办成一个具有一定的集中权力和职责的经济实体。

1984年7月2日，中汽公司以党组名义，由饶斌、李刚署名，向胡耀邦呈报《关于汽车工业大发展和改革工作的报告》，提出改革现行管理办法，把公司作为一级计划单位，办成在计划、财务、物资、内外贸、劳动人事等方面拥有必要自主权的全国性经济实体公司。各项国家计划由公司一个口直接安排所属企业，财务计划由公司一个口对接财政部。

这对一汽、二汽无疑是当头一棒。

中汽公司的两份文件

徐元存看到文件后心急如焚，逐段做出批语。

在"当时摆在汽车工业面前的首要任务，就是集中力量改变落后状态"一段后写道：全国集中力量搞重点骨干项目，汽车行业也集中力量，实际是分散现有骨干企业力量。现在骨干企业也落后，再搞六十年代（20世纪60年代）那种包建，无非使它和其他厂一样继续落后。

在"结束单纯用行政管理办法管理企业"一段后写道：这个历史并未结束，公司本身仍然用的是行政方法。这个文件本身主导思想也还是行政手（段），否则企业之间就应该是互惠的。

在"必须明确全行业战略重点"一段后写道：战略重点不只应该考虑全行业，还应考虑全国四化需要，不能自己想重点搞什么就说它是战略重点，国家的战略重点是明确的。至于行业内部在一定时期内有所侧重那是应该的，但不应分什么战略重点、冷点，这样强调一部分、贬低一部分不一定对行业有利。

责任与担当
——新中国70年汽车工业发展纪实

……

徐元存介绍，这些批语内容都是在中汽公司党组会上讨论发言时说的，与二汽等企业的观点一致。由此能看出，在放权搞活问题上，中汽公司与基层企业之间的分歧有多大，认识多么不一致。

对于第二份文件，可以看看当时国家领导人的批示。1984年7月6日，时任总理做出批示：汽车工业要大发展，是必然趋势，也可能成为今后经济增长的一个重要组成部分（外国都经过这一阶段）。问题是如何因势利导，避免大的盲目性。另外，体制（组织结构）如何搞，也是一个大问题。建议国家计委牵头（体改委参加）议几次，再由国务院或财经领导小组最后议定！

对于报告中提到的汽车工业大发展应彻底改革"小而全"小生产格局，中央领导批示：要避免重新出现"小而全"，纷纷办汽车厂的情况出现，就必须考虑如何解决产需矛盾。因此，一要支持专业化，大批量，质高价优的汽车产量尽快多搞一些；二要有计划地进口散件到国内组装（最好在大厂组装），也是一个过渡办法。

针对这两份文件提出的观点，徐元存以信函方式向上报告，反映企业诉求。1984年7月21日，徐元存、黄兆銮、谢云、韩玉麟四位一汽主要领导，联名给胡耀邦等中央领导写信，提出领导体制要改革，政策要适应大发展的要求。"汽车工业要大发展，不能搞'杀富济贫'的政策，而应该通过专业化协作，以大型骨干企业的发展，带动中、小企业的发展，取得互相促进的效果。"

"在领导体制上，我们认为目前要把中汽公司办成全国性的经济实体是不适宜的。因为，实行这种体制，难免不在企业扩权上起到中间截留的作用，以致在公司内部产生新的大锅饭，影响企业的主动性、积极性和创造性。"

这封信很快送到领导手中，引起中央高度重视。

1984年8月6日，我在北京与国务院秘书局李秘书通话时被告知：中央领导看到信后要听听一汽的想法，准备8月11日在北戴河召开中央财经领导小组会议，由你们先汇报，再讨论，准备一下。

北戴河会议

1984年8月11日上午9时，中央在北戴河组织召开中央财经领导小组扩大会议，专题听取一汽关于学习总理对中汽公司《关于汽车工业大发展和改革工作的报告》的批示情况，以及一汽如何适应汽车工业大发展设想的汇报。会议一直开到中午12时10分。

一个企业的问题，拿到国务院总理主持的会议上进行专题讨论，又是趁中央领导暑期休假期间，而且是在家的所有副总理、国务委员全部参加，这在历史上恐怕绝无仅有。

这次会议由时任国务院总理（兼中央财政经济领导小组组长）主持，总理说："今天谈的可能要涉及中汽公司的体制问题，因为我看到一汽、二汽的报告中都提到了这个问题。我们的原则是没有框框，一切为了发展生产，凡是有利于生产发展，有利于技术进步的，我们都支持，与这个原则不符的都要改进。这里也说一下，最近国务院议了几次，'七五'要把基建投资用于老企业改造。"

一汽带来一个汇报提纲和10个附件，分送给每位领导一套。会上先由黄兆銮做主汇报，徐元存补充，国务院领导不时提问插话。

当汇报到"汽车工业布局"时，总理说："现在要考虑，什么样的联合适合我国国情。一个大企业，把周围的中小企业组织到专业化协作中去所以成功，就因为比较适合中国国情。中国这么大，要搞全国性联合是难以行得通的，是要失败的，而且弊端很多。这就带来一个问题，全国性的大公司只能是个联合服务公司，不可能成为一个实体。"

当汇报到"我们认为把中汽公司办成全国性的经济实体是不适宜的"时，总理说："中汽公司办实体，现在一汽不赞成，二汽也不赞成。我是同意他们意见的，赞成中汽公司要搞得虚一些。实体是一汽、二汽，我明确的意见就是这个。你们（指饶斌、李刚）要改，不改对你们不利。"

责任与担当
——新中国 70 年汽车工业发展纪实

"这可能对你们是个冲击。你们可以搞中国汽车联合服务公司，加上中国汽车工业协会。一汽、二汽基本在国家领导下独立发展，可以在国家经委立个户头。我意见是给他进出口权、外贸权、产品权、销售权，让一汽、二汽放手发展。"

"我是那么考虑的，一汽、二汽独立了，济南、四川、南京的汽车厂是否也独立？下放给地方嘛，行不行？"

"你搞虚一点不行吗？何必搞那么实？你中汽公司就是个联合体，你可以根据不同企业划分不同的权。一汽、二汽就这么定了，你们要能这样，就可以把行业的规划问题放到你那里，原来我是不赞成放你们那里的。"

"还要抽头吗？你不是实体了，一汽、二汽的折旧不能给你了，不要再要了。一汽的归一汽，二汽的归二汽了。如果要，最多抽 1%，养你那些人。"

饶斌插话说："我们想，一汽、二汽算长大了，飞了，飞吧！是否再把济汽、南汽扶植起来，让他们也飞吧！"

总理说："你对一汽、二汽也要扶植。你不要像老人家那样，老大老二长大了，就分家不管了。我们的想法你们想通了，具体就好办了。如果思想不通，下一步难办的就多了，他们还要告状，我们又不支持你们，你也不好办。关键是把思想弄通，不光是你们，包括公司那些人。"

万里、姚依林、胡启立、李鹏、田纪云等出席会议的领导均对这个意见表示赞成。

会议结束后的第 5 天，1984 年 8 月 16 日，中央财经领导小组办公室印发以"绝密"字样标注的《中央财经领导小组会议纪要》（第十三期）。

一场关于企业生存发展的争论，经过一番风风雨雨，终于有了结果。一汽获得企业发展所必需的自主权。

但是工作远没有结束。要想把国家领导的允诺，变成真正能"拿到手"的权力，后面又进行一番艰苦努力。

崔明伟：20年不落后的工厂这样建成

崔明伟/口述 ‖ 葛帮宁/整理

崔明伟，1939年1月出生在长春市，1958年考入哈尔滨工业大学。1963年毕业分配到一汽。

从1963年到1989年，他在车身厂一干就是26年，先后担任技术科副科长、副总工程师、技术副厂长兼总工程师、车身厂厂长。1989年调任一汽副总工程师、总经理助理，1994年任一汽集团副总经理。

2001年9月，一汽决定建设卡车新基地，要求中重卡年产能达12万辆，并且20年技术不落后。崔明伟被确定为车架车身项目总负责人，具体承担车身厂三个车间项目：车架车间（含车架装配线和车架涂装线）、驾驶室焊装车间和驾驶室涂装车间。

崔明伟

用软件描述硬件

我主要讲一汽第三次创业时期，建设卡车新基地时车架和车身情况。

2001年9月下旬，一汽召开会议，决定建设卡车生产新基地，计划每年生产12万辆中重卡车。竺（延风）总（时任一汽集团董事长）特别提出要求，新基地技术20年不落后。

这次会上，决定返聘我为车架和车身项目总负责人。我具体负责车身厂三个车间：一是车架车间，包含车架装配线和车架涂装线；二是驾驶室涂装车间；三是驾驶室焊装车间项目。这三个车间虽然只是整车生产的一部分，但都不可缺少。

首先得组建团队，成立领导小组，包括车身厂、第九设计院、规划部、发展部、机动处和外经处等单位。固定工作人员40多人，非固定人员30多人，年轻人占70%。

项目组成员对国外先进技术都不了解，对项目设备写标书的要求也不清楚。什么是标书？我们认为是要用软件描述硬件，即用文字、图表和数据等软件描写设备、工装等硬件，包括各技术参数及指标、生产节拍时间、设备开始投入生产时间、厂家名称及地址等，并按照工艺流程顺序要求不漏项。

对先进设备有什么要求？我们认为应该符合七条技术经济指标：一是设备开动率要在96%以上，故障率不超过4%；二是生产过程每道工序成品率达97%~98%以上，废品率要控制在2%以下；三是每辆（份）产品用电量、天然气量、压缩空气量、冷水和热水量及高温水等消耗量要低，涂装线油漆利用率要高，材料及辅助材料利用率要高；四是生产辆（份）产生的废水、废气、废渣化学成分及排出量要少；五是易损件使用寿命台时要高，明确随机所带易损件的种类和数量；六是明确人员配备率；七是人工操作工位要操作安全，工作环境要改善提高。

这七条指标经过项目组讨论获得一致认可，是决定成本的重要因素，作为评标优劣重要指标不可缺少。标书发出去后，有些外方说，从没见过这样的标书。

标书是以设备费用为主。出国做过调研后，大家开始分组写标书。当时分为几个具体工作组，比如车架装配标书，我修改了15次。再比如驾驶室涂装标书，15 名工程师和技术员历时 6 个多月，每周讨论 1 次，最终写成 63 万多字。

这种涂装线有 80 个工位，从一楼到三楼有 3000 米长，全程设备分类为 19 个子系统。由白车身变成油漆后的成品将近 7 个小时。

2003 年 4 月 7 日定标。开标前，车身厂厂长胡汉杰、外经处国际设备招标办公室主任董晓婷和我商量后决定，谁开标价低，就决定用谁。

竞标者有 3 家：两家德国公司和一家英国公司。因为英国公司技术落后，就在两家德国公司——D 公司和 A 公司中选择。结果，D 公司比 A 公司价格高 12%，所以 A 公司中标。

在没开标前，我们要求两家德国公司提供厂房建设平面图。A 公司按时间要求提供，D 公司却说没时间做。

A 公司提供的平面图，是按照我们认定的工艺流程和他们的设备规格的：厂房面积由原来的 51808 平方米减少到 43223 平方米，节省面积 8585 平方米，留做上水性漆时备用。按照当时价格，可节省 2200 万元。

不仅如此，平面图的及时提供还保证了厂房施工进度以及项目正式启动。因东北施工受冬季影响，5 月必须开工。这样就确保土建工程在 2003 年 4 月初发图招标，5 月 12 日正式开工。

争取最大压价目标

对土建的第一要求是什么？我在考察德国 4 家汽车公司——奔驰公司、宝马公司、奥迪和大众公司，以及日本三菱公司的涂装线时，曾问过 8 位涂装工程师，他们 8 小时之内主要干什么？他们异口同声地回答，是解决颗粒问题。

这句话在我脑海里印象深刻。有的工厂建在海边，涂装工厂不设一个窗户，就是为了防止灰尘进入厂房，而且涂装厂房开门不能朝向风口。从喷漆室开始,室内空气实现微正压,一楼微正压防止灰尘进入厂房内。门尽量密封,减少开门次数。喷漆室内送进来的空气必须经过两层过滤,这是对建设厂房的第一个要求,驾驶室面漆成品合格达到98%以上。

第二个要求,所有厂房建筑物不允许粉尘脱落。从厂房的屋面内面和钢梁开始,从上到下,应该一尘不染才能验收。

第三个要求,对设计单位的要求,更改设计量超过工程造价的3%,要扣除一定比例的设计费。九院负责全部建筑及附属装置设计,最终设计更改仅为1.8%。

经过讨价还价,进入最后一次商务谈判。中方代表有4人:胡汉杰、董晓婷、英文翻译王琳和我;外方代表也是4人。

进行商务谈判前,我们商量,争取实现我们的最大压价目标,这是使命。

最后一次谈判双方对峙4个多小时,经过激烈交锋,A公司从报标到中标,最终压价近23%,合同保证金由10%提高到15%。

举例来说,总报价标书上要求分类报价,其中有一项设计费,两家德国公司设计费都占总报价13%左右,在谈判时,我和胡汉杰确定只能给对方5%左右。

为什么?因为设备当中使用大量风机、电机、泵、阀等,这些都是社会成熟商品,这些产品都应包含在设计总价里,不需要重新设计;再比如油漆线水槽数量12个,滑橇410个,烘干室4个,这些设备用一张图稍加改动即可。设计成本越高,说明计算机使用率太低。竞标方都是世界知名企业,都应该有计算机设计平台。

外方认可,最终设计费降到7.9%。

2004年5月15日,竺总通知我6月30日结束工作。此后,胡汉杰有很多创新做法,后续工作量相当大,他领导相关人员在2005年实现全面投产。胡汉杰是实干家,也是改革管理专家,能充分调动员工的积极性和主动性。

保证金为何要从10%提高到15%?合同签订后还有几个附件,很多都是胡汉杰提出来的。下面举两个具体例子。

一是关于机械化传输系统故障率考核。正式生产后，在全部生产时间内计算，只要有一个单机停运转，就算一次故障。连续两周内，每周5个工作日期间进行考核计量。共测定3次，测试时间验收前由卖方确定。

二是喷涂机器人涂料利用率考核（达到合同规定油漆利用率）。连续两周内，每周5个工作日期间进行考核计量，同卖方报表中提供的数据进行比较，测量方法在合同中明确。共测定三次，测试时间验收前由卖方确定。

检测方法、工具、条件、时间由检测单位提出，买卖双方共同认可。外委检测单位所有涉及的费用支出，如果所有指标数都在卖方所报范围内，费用由买方的最终用户支付；检测数据高于或低于投标方所报数据，费用则由卖方支付。

在实际生产过程中，经过对现场生产过程三轮考核，各项指标都合格。全线开动率合同规定96%，实际达到98%。

另一个成果

再介绍下车架和车身项目基本情况。

先看车架装配项目。新基地工厂年产能设计纲领20万辆，车架装配线长145米，有12个工位。年峰值产量2017年达到14.9万辆。设备可动率超过98%，产品合格率接近99%。

关于车架装配项目的固定装配技术，这里讲两个重要指标。

在固定装配台上将纵梁总成、各种横梁（8道）按确定的位置装配在一起，采用定位销进行定位铆接，确保车架总成对角线设计尺寸控制在2mm以内。

车架宽度通过控制油缸活塞的行程来保证，定位小车其垂直面与水平面偏差为万分之五，结构适合各种车型横梁装配，定位准确，柔性强。

我们采用了弹簧式机械平衡器，提高铆接操作的灵活性和安全性。

再看车架涂装项目。引进除铁粉去污物装置、磷化除渣装置、直燃烘干炉、废气焚烧装置、程控自行小车及滑橇输送机、现场总线技术和中央控制系统。选用无磷、无氮的脱脂剂和无铅耐候性阴极电沪漆。共14个工位,节拍5分钟(3个一摆),全线长394米。年峰值产量2017年达到14.9万辆。设备可动率99.6%。产品一次交检合格率99.07%。

高效率烘干室采用小口进、小口出的工艺布局,三个车架一摆直进横行向前加热,直出,加热时间1小时。炉内12摆,36台车架,烘干室经多次讨论不用桥式烘干室结构,浪费能源太多,能源利用率在25%~30%之间,利用直燃炉与废气焚烧技术,实现烘干室热效率达到65%~70%。这是项目组集体智慧的结晶,是一项技术创新,是一汽的专利。但当时没有申请专利,所以只在国内得到推广。

三是驾驶室涂装项目。驾驶室涂装线共80个工位,生产节拍为1.78分钟,全线长近3000米。设备可动率98%,产品一次交检合格率98%。

污水处理方面,前处理、电泳排放的碱性、酸性及电泳污水、喷漆废水经污水处理系统处理后,排放指标达到《综合污水排放标准》;漆渣、污泥、磷化渣及废油委托专业公司进行处理。

技术水平方面,有多功能穿梭机23台,在前处理、电泳槽体中实现360度旋转,达到最佳电泳涂层。5轴多功能机器人能实现驾驶室中涂、色漆和车底抗石击涂料的自动喷涂。电动单轨小车12台,实现滑橇的自动转换。集中输调漆系统,能自动完成换漆、清洗和喷漆工作。

四是驾驶室焊装项目。项目2005年建成投产,全线设162个工位,全线总长223米。随着技术进步和管理升级,解放J6焊装线通过各阶段的技术升级和改造后,生产节拍达到102秒/辆,年产量达到12万辆。生产线综合可动率96%,一次交检合格率达到93%。

工艺装备水平方面,焊装线工艺装备中既有西门子、ABB等国际先进品牌,又有南京小原等国内知名品牌,各线分别采用升降式往复运输线、胶辊传输机等方式实现传输,各大总成全部采用空中小车自动上下料。

生产线电气控制系统采用西门子可编程逻辑控制器控制，采用车间级网络系统实现各种车型的自动转换，实现控制系统的故障诊断功能，全线自动化控制水平达到国内领先水平。

采用中频焊接技术可实现能耗降低。为提高焊点质量和节能环保，在解放J6驾驶室白车身上大批应用中频点焊技术，单点能耗降低30%以上。我们采用电伺服焊钳提升焊接质量，多手段控制白车身精度，解放J6焊装线配备了检验夹具、四臂式三坐标测量机、便携式三坐标机，并采用激光在线检测技术，对车门框、窗口等白车身关键点实现100%自动检测。生产线运行13年后，白车身精度水平仍保持国内较高水平。驾驶室淋雨合格率99.75%。

再讲讲我的感受。全新产品、全新车间、全新工艺、全新装备有力地支撑了解放货车的技术升级和核心竞争力提升，生产效率得到明显提高，质量大幅提升，成本显著下降。更重要的是，工作环境和劳动强度得到改善，员工人身安全更有保障。

和过去相比，新车间更干净、更清洁、更环保。车间排放的废水、废气、废渣都达到标准，有的还大大优于排放标准。

在项目规划和实施过程中，一大批人员真正实现了和国际接轨，提高对国外先进设备、先进技术以及先进管理的认识和掌握能力。项目建成后，车间成为培训和学习的课堂，很多一线员工通过每天接触这些设备及技术，逐步成为行家里手，这是项目的另一个重要成果——育人。

可以自豪地说，我们项目团队圆满地完成任务。特别是看到现在解放在市场上的表现，我们更感到曾经承担的工作的价值和意义所在。

王法长：二轮定律是集体智慧

王法长/口述 ‖ 葛帮宁/整理

王法长，1952年3月出生在长春，16岁时下乡。1970年，他作为第一批返乡知青被抽调到一汽散热器厂。此后26年，王法长从工序工干起，历任车间主任、党委副书记、副总经理。

1996年，王法长调任一汽贸易总公司总经理助理，负责捷达促销；1997年2月，担任一汽-大众销售公司副总经理；1999年，担任一汽轿车销售公司党委书记、副总经理；2000年，担任一汽轿车销售公司总经理兼党委书记。

此期间，他颇为自豪的有两件事：一是提出"管家式服务"，迄今这一服务模式仍被沿用；二是积极推动中国汽车整车双向物流，创造以合格证质押开展银企贸三方合作，一举解决经销商融资困境。

2003年11月，王法长调任一汽丰田销售公司常务副总经理。在其任上，他将丰田汽车多年积累的成功经验和核心理念，与中国实际情况相结合，系统性提出"二轮定律"。这一理论得到了日方的支持与肯定，被作为经营指南，应用于一汽丰田经营管理中。

2009年5月，王法长回归一汽自主版块，担任一汽轿车副总经理。2012年3月，王法长退休，后在奇瑞汽车担任顾问4年。

王法长

获得日方尊重

2003年,我调任一汽丰田销售公司常务副总经理。这是我一生中难忘的一个阶段,我个人的学习与成长都提到一个新高度。

丰田汽车最早和天津夏利合作,一汽集团和丰田汽车合作,首先得整合天津夏利,这就是历史上的"天一合作"。之后,一汽集团才整体介入与丰田汽车的合作。

一(汽)丰(田)合作,规划部先行,最早参与的有董海洋、高放、孟繁斌、范军和崔劲维五个人。2002年底前他们开始研究课题,2003年3月成立大的筹备组,以我为首的共26人参与整体筹备。

期间,我们按照流程做了几件事:比如公司注册、起草合作章程、董事会章程和公司章程等。2003年11月1日,一汽丰田销售公司挂牌营业。5天后,陆地巡洋舰、普拉多和特锐三款新车上市。

董海洋曾经告诉我,日本这个民族,你要有能力,他就会尊重你。这在我们和日本人的接触中得到印证。

2003年10月,我带领一汽丰田销售公司团队访问丰田汽车。丰田汽车领导对与一汽集团的合作很重视,派丰田汽车公司常务董事驹田邦男接待,他同时担任一汽丰田销售公司董事。

一汽丰田销售公司董事长是竺延风,副董事长是丰田章男。第二个中方董事是金毅,第三个中方董事是我。日方三个董事分别是丰田章男、驹田邦男和古谷俊男。

参观时驹田邦男没有陪同,晚宴时还晚到十几分钟。他问我们,到日本三天有什么体会?

我们的一名高级经理马上答道,通过实地考察,我们觉得丰田之路(TOYOTA WAY)确实不错,全面工作要求所包含的五个方向——挑战、改善、现地现物、尊重和团队精神,参观后感受更深。

驹田邦田说,你们才来三天,就敢说理解很深?丰田汽车很多员工,甚至是工作十几年的员工,都不敢这样说。

谁都没想到他这样讲话,现场立刻冷场。我给团队另一人使了个眼色,他马上说了些缓和气氛的话。但驹田邦男又指着我们说了一气。

我是山东人,脾气较直,虽然非常生气,但也知道要注意礼节。我说,首先,非常感谢董事在这么忙的情况下,还来宴请我们团队。接着就切入正题,刚才你提的问题,我完全同意两位同事的意见。

我的体会有两点,一是对质量精益求精,这种精神一汽集团和你们一样。我在一汽专业厂时,创造了自控工人活动。之后,我们车间生产的水箱成批打入了美国市场。

驹田邦男愣住了。他马上站起来,从衣架上挂着的西服里掏出小笔记本,拿着笔看着我。我接着说,二是丰田公司用户第一的理念和做法跟一汽集团一样。我在合资和自主企业都干过,在自主企业时我创造了管家式服务。通过开展管家式服务,第二年 J. D. Power 评价中,我们的售后满意度全国第二,销售满意度提升幅度全国第一。

实事求是讲,当时一汽对质量精益求精和客户第一理念与丰田汽车相比确实有差距，但我讲的这两个成功事例确实是实事求是的。我之所以这么讲，主要是为中国人争光，为一汽人争光。

驹田邦男脸色立刻变了。然后他向我们鞠躬，表示要重新认识一汽集团，重新认识我们这个团队。

一汽丰田销售公司刚成立时，丰田汽车派出以古谷俊男为首的管理团队成员也非常优秀，双方合作氛围非常好。新的公司都是新面孔，又具备不同文化的团队，大家争的不是谁的权力大，谁说了算，而是比谁对困难更勇于挑战，谁对本职工作更敬业，谁对问题更敢于担当，谁推进工作更重视团队合作等。

客户第一，经销商第二，厂家第三

在一汽丰田销售公司，很多符合中国文化、满足中国需求的举措是我先提出来的，比如建大客户室、市场信息调研室和公关室。我在任期间，一汽丰田的口碑、市场反响总体还不错。

在经销商渠道方面，我推进经销商好事迹交流，后来成为一汽丰田销售公司经销商大会的制度。我还将好的经销店培养为样板店，成为其他经销店现地现物学习的场所。这些举措对提升经销商能力，不断改善自身短板都起到积极作用，也得到日方合作者的支持。

在实际工作中，我建议在一个省、一个市或者一个区域内，成立经销商协力会，由经销商自己选举会长。协力会的主要作用有三：一是区域市场信息和各自好经验的交流；二是区域市场内联合促销；三是对执行厂家政策的自我监管。

通过协力会活动，对提升经销商自我管理及营销能力都有极大作用。事实证明，哪个区域协力会作用发挥得好，哪个区域获得的二号店名额就多，从而形成了良好的正向发展。

责任与担当
——新中国70年汽车工业发展纪实

在营销方面,我们最重要的是学习丰田汽车理念。1998年,我去北京参加一次营销论坛,当时的丰田汽车香港公司总经理做了个演讲,他提到两个观点:其一,丰田汽车坚持客户第一,经销商第二,厂家第三;其二,要想让客户满意,首先要让经销商满意,想让经销商满意,首先要让员工满意。

"客户第一,经销商第二,厂家第三"理念很有价值,丰田公司不把经销商当成利益的博弈对手,而是把经销店把渠道当成战略资源,当成战略合作伙伴。

我们在这方面采取过很多措施:一是成立咨询委员会,由区域协会推选全国咨询委员会理事,一汽丰田销售公司定期听取每位咨询委员会理事对公司的工作建议,以便及时改正不符合市场运行中的政策和制度;二是对每年排名最后5%的经销商进行进店改善指导;三是实行订单管理,不强压库存,减少经销商资金压力和库存降价后的压力。

丰田理念中提到的挑战、改善、现地、现物、团队和尊重等,对我们管理工作有重要价值和意义。我也本着这些理念进行工作,所以丰田汽车人对我比较认可。

一汽丰田的品牌价值和经销网络价值,并不逊色于同期的其他汽车品牌,为什么?关键是在发展过程中保证底线。在一汽丰田汽车销售网络最值钱时,我就提出不再对外发展网络,而要在体系内发展。现在很多品牌网络也都逐步改成体系内发展模式。

如何在体系内发展?网络发展计划做出来后,每年都要评比,一定要挑选最优秀经销商,给他开二号店的机会。这样做的好处是,做得好就有发展机会,这样谁都愿意往好做。

怎么叫做得好?把标准定出来,但最终不是我来打分,也不是毛利悟(曾任一汽丰田销售公司总经理)来打分,而是各个职能部门按照所管的销售、服务、市场、企划,以及客户关系维护、资金等内容,列出详细考核项目,由各个部门来打分。

完善"二轮定律"

怎么把丰田汽车的成功经营理念,与中国实际情况相结合,并在此基础上进行创新,这是我一直思考的问题。2006年,我系统性提出"二轮定律"。

所谓"二轮定律",指汽车制造商市场竞争力的强弱并非单纯取决于商品力,而在于商品力和营销力的相互匹配。商品力是一个轮子,营销力是另一个轮子,只有两个轮子大小相匹配时,企业才能高速向前发展。如果一个轮子大,一个轮子小,前进过程中必然会跑偏。

商品力弱,营销力可以弥补它的一些不足。反之,营销力弱,商品力则可以弥补或者掩盖营销力的一些不足。但两方面不能相差太大,否则会影响企业发展。

不同区域,即使经济水平和人口数量接近,经销店的数量相同,销量也不会一样。而同一区域,同一品牌的不同经销商,在商品力相同的情况下,销量和利润也有很大差别,原因就是营销力不同。

我经常讲,"二轮定律"不是我个人的财富,而是一汽丰田营销体系的共同财富,是大家的共同智慧、共同经验、共同亮点,我只是做了归纳总结。

在"二轮定律"形成过程中,我得到很多同事的支持和帮助。至于"二轮定律"里的案例,绝大多数都是一汽丰田经销商提供的好案例。

"二轮定律"为什么会得到大家认同?因为它不是凭空而来,只是以前没有清晰认识到而已。"二轮定律"名字是李安定(新华社高级记者)老师起的,当年他来采访我,我给他讲商品力和营销力两个轮子,如果一大一小,只能原地转圈。他说,这应该叫"二轮定律"。

"二轮定律"也得到日方的肯定。时任丰田汽车副社长的稻叶良晛在《二轮定律》一书的序言中写道:"看过王常务副总经理撰写的《二轮定律》,我深信这绝对是其他品牌所没有的,是丰田固有文化结合实际的宝典。"

时任一汽丰田汽车销售公司总经理的毛利悟在《二轮定律》一书的序言

中强调："我拜托各位经销店的董事长、总经理熟读《二轮定律》，并把它作为经营指南，应用于今后的经营管理中。"

在此基础上，我还编辑了相关学习工具书。如八大能力，其中之一是销售能力，销售能力又包括六个要素。以六个要素中的集客能力为例，又包括集客能力的定义、计算公式、影响要素、解决措施以及案例等，以更进一步理解"二轮定律"。后来我在营销理论上做了进一步探索，比如编辑"二轮定律"实战篇，不仅站在经销店角度，更是从营销体系角度来阐述问题。

2009年，我调任一汽轿车股份公司副总经理。这期间我的体会是，要学会放权，不要对下面干涉太多。

总结我42年的职业生涯，还真没什么遗憾，因为我在这些岗位上，都是尽心尽力地耕耘和奋斗。

黄振华：我们是大型客车底盘设计国家队

黄振华 / 口述 ‖ 吴戈 / 整理

黄振华，1963年8月毕业于吉林工业大学汽车系，随后进入丹东汽车配件厂（丹东汽车制造厂前身）设计科工作。参与了国内第一款8×8越野车、8吨载货汽车、12吨长材运输车的设计工作，后主持设计了包括DD651客车四类底盘在内的多款客车底盘。1984年11月，黄振华任丹东汽车制造厂副总工程师；1986年兼任中汽总公司批准的丹东客车研究所副所长；1988年，中汽总公司成立大型客车联合设计组，他出任联合设计组总设计师，通过4年的设计、论证，联合设计组推出了系列化的大型客车底盘，缩小了我国客车与国际水平的差距，促成客车产品"顶住进口，推动出口"，并将客车底盘联合设计推向高峰。

黄振华

责任与担当
——新中国 70 年汽车工业发展纪实

丹汽能造车
攻克 8×8 越野车难题

1963 年，我从吉林工业大学毕业，随即分配到丹东汽车配件厂（丹东汽车制造厂前身，以下简称"丹汽"）技术科工作。当时，我们主要生产发动机部件并承担一部分改装车工作。1965 年，一汽接到设计 8×8 军用越野车的任务，那时一汽设计任务繁重，因而试制工作就交给了作为一汽直属厂的丹汽。我分配到的任务是设计 8×8 越野车带转向助力器的双前桥转向系统。

那时，我对 8×8 越野车一无所知。上面派下来的硬性任务，要求样车必须在 1966 年 7 月 1 日前做出来。于是，我前往一汽设计处，得到了刘经传处长、潘盛兴工程师的指导，看到了国外 8×8 越野车的照片。随后，我又到一汽轿车厂，工程师华福林指导了动力转向设计理论。此外，我还到哈尔滨林业机械厂，了解太脱拉 6×6 车型的相关结构，受到了很大启发。我们从一汽设计处借来一辆日野 6×2 双导向桥载货车，用作设计参考。

我们采用图面设计测绘实物，为解决运动关系，就在地面上用纸板模型进行模拟，就这样一步步地进行设计。1966 年"七一"献礼前，我们终于制造出 8×8 样车，开往一汽设计处，技术人员参观后，随即召开座谈会，并提出了很多宝贵意见。紧接着样车参加了一系列性能试验，改进后的第二轮样车于 1967 年 5 月在北京召开的越野车会议上亮相，车辆又在部队进行性能试验，经多方论证，向丹汽下达了 5 辆 8×8 越野车的试制任务。

1970 年末，厂里决定要制造整车。当时我的大学同学有不少去了二汽，我们收集到二汽试制中的 25Y 越野车图纸，经过部分改进设计，先后生产了 4×4 和 6×6 车型。辽宁省将我们生产的车型命名为"辽宁 6 号"。

现在回忆起来，我依旧觉得不可思议。在试制的过程中，这些车辆的发动机、变速器、传动轴、车桥、车架及驾驶室均是丹汽自己生产的。全厂上下一条心，工人、干部、技术人员的"三结合"模式，再加上苦干、实干精神，让丹汽在整车制造方面有了很大进展。

丹汽造客车
转型发展实现扭亏为盈

在 20 世纪 70 年代末，上述车辆的生产弥补了军工任务减少对产值的影响。不过即便是这样，到 1980 年上半年我们还是出现了亏损，市场上对丹汽产品的评价是底盘质量不错，但驾驶室存在一些问题。正在我们为扭转亏损着急之时，沈阳公交公司找上门来，他们看中我们厂的底盘优势，希望能帮助他们开发铰接客车底盘。

1980 年 7 月，丹汽结合市场情况决定上马客车四类底盘项目。会后技术科领导找到我，要求当年国庆节前完成设计制造，确保下半年扭亏为盈。当天下午我便前往济南汽车厂，收集 JN651 四类底盘设计资料。通过结合公交客车使用特性，我对后桥、传动轴、悬架进行改进，又设计了铰接客车的支撑桥。10 月初，我设计的四类底盘完成，随即发往沈阳，我随客车厂的技术人员一同参与试制，路试从沈阳开向大连，又从大连开往丹东。当年 11 月定出 167 台（套）散发底盘，凭借着客车底盘，当年我们便实现扭亏为盈，这些客车底盘市场反响非常好。

1981 年年初，丹汽决定自己制造 60 座大客车。此前我们生产的厢式工程车与大客车有相近之处，再加上冲压、铆焊、涂装、总装、检测这些工艺手段完全可以用于大客车制造。技术人员去北京客车装配公司四厂收集客车车身设计资料，1981 年 5 月制造出了样车，也就是 DD680 型客车与 DD650 型城市客车。车辆投放市场后，市场反响很好，尤其是河南省的客运单位，他们改进了车外行李架，增加货运量，获得了很好的经济效益。

1984 年 11 月，我升任丹东汽车制造厂副总工程师，开始全面负责产品开发。那时，我去沈阳参观了德国巴登－符腾堡州工业技术展览会，见到了展出的赛特拉客车。国外产品普遍采用的后置发动机、大行李舱、空气悬架及全承载结构设计，这些我们都没有，我们的产品与国外先进水平有很大的差距。

从沈阳回来后，我们便着手开发后置发动机大客车。当时，我们的客车底盘是基于货车的槽型大梁结构设计的，并非真正意义上的专用客车底盘。搞后置发动机设计，我们面临很多技术难题，没有参考资料，只得去外地旅游公司参考日本客车，受些启发。重新布置发动机，设计后桥、改进操控系统，更关键的是要解决发动机散热问题。经过研发团队共同努力，我们还是完成了 DD652 后置发动机客车的设计，我们又用了将近 2 年时间消化吸收国外先进技术，改进设计，直至 1987 年 5 月，这款车型才正式定型。DD652 推向市场后很受欢迎，很快成为黄海客车的主流产品。

1988 年全国乘用车展览会在北京召开，那届展会上丹汽生产的 DD683 旅游大客车夺得了最高奖项"中华杯"，参会代表亦认为基于引进三菱 MP518 技术而来的 DD683 客车，可以代表当时国内客车的最高水平，但距离国际先进水平依旧很远。

在展评会结束后，中汽总公司随即召开大型客车专用底盘联合开发研讨会，这次会议对当时中国客车的发展水平做出了结论，品种少、质量差、设计方法落后、缺乏专用客车底盘，并提出中国客车到了换代时机。时任中汽总公司科技司司长的何春阳提出，要利用引进斯太尔 91 产品平台这一契机，推进大型客车专用底盘的联合设计工作。

成立大型客车底盘联合组

那次研讨会确定了以丹汽、泗汽、陕汽为主，吸收科研单位力量成立联合设计组，并宣布由我负责联合设计组开展工作。这一项目的全称为"中汽总公司 KL6110/6120 系列大型客车联合设计组"，目的便是要瞄准当时的国际水平,设计出系列化的大型客车专用底盘。

在设计之初,我们认为这次联合设计应该起到承前启后的作用。因而在底盘开发方面形成了槽型大梁、分段式车架及矩形管车架这三大系列,结合不同的动力选型与悬架系统,确立了11款基本车型,可供公路客车、旅游客车、团体客车、双层客车及城市客车使用,基本满足了中国客车的设计需要。

我们将分段式车架作为当时的研发重点,并计划今后还将大力发展矩形管车架结构。之所以保留槽型大梁结构,是考虑到企业需要时间进行产品过渡,另外也是出于制造成本考虑。在悬架系统方面,联合设计将空气弹簧悬架作为开发重点,此外还攻克了A型架结构悬架、四连杆导向机构的设计难题。

联合设计的优越性是不言而喻的,过去一家企业难以完成的任务,集行业之力便容易很多。在联合设计过程中,不少零部件企业也参加进来,例如,杭发、上柴、綦齿、山西541厂、张店弹簧厂等。这些零部件企业的加入有助于协同研发,在图纸设计定型后,我们与这些零部件企业签订了外协生产明细,这在后续的车辆试制及联合设计商业化应用中起到了很重要的作用。

联合设计项目在一定程度上解决了中国大型客车国产化的核心问题,我们在设计中总结出的积木式方案,形成的系列化、模块化的设计思路为后续客车企业的发展起到了重要作用。

当时,我们被誉为是中国大型客车底盘设计"国家队"。通过联合设计、共同开发,解决了当时客车行业的很多瓶颈问题,提供了低地板、大行李舱、空气悬架、大落差前桥等多项客车技术,又开发出了多样化的产品。

在我看来,更重要的是,大型客车底盘联合设计项目为中国客车今后的发展培养了人才,为客车研发提供了可以借鉴的模板,降低了生产客车底盘的门槛,同时也让诸多没有大型冲压设备和制造工艺的客车装配厂逐步发展成为具备底盘开发、生产能力的整车企业。联合设计提高了我国大客车的整体水平,满足了市场需要,实现了"顶住进口,推动出口",使我国大型客车走出了一条自主创新的成功之路。

李大开：筚路蓝缕启山林，45 年情未了

李大开 / 口述 ‖ 郝文丽 / 整理

李大开，1953 年出生于山东，18 岁进入当时的陕西汽车齿轮厂（现法士特集团），从一名普通的车工做起，42 岁时升任陕齿总厂厂长。筚路蓝缕以启山林，李大开任期 21 年间，硬是让一个经营困难、资不抵债的国有企业，变身为一个牢牢锁住国内 7 成以上市场份额，在国际顶级同行面前凭实力赢得主动权的大型汽车传动系制造商和全球供应商。李大开 45 年工作生涯全部献给了一家企业，对于法士特的成绩，他反复强调，是集团上下干部群众和几代人的共同努力，才有了今天的法士特。

李大开

打破"大锅饭"坚定搞改革

法士特从 1968 年建厂，到现在有 51 年的历史，从 1995 年我当一把手，

到 2016 年退休，整整 21 年。总结这 21 年管理企业的心得，我觉得三点非常重要：一是要有前瞻性和战略眼光；二是要有勇气，敢于承担责任；三是要有咬定青山不放松的耐力和恒心。

中国重型商用车市场规模从 20 世纪 90 年代年产只有 3 万辆，到最近几年稳定在 100 万辆左右，这块飞速成长的"大蛋糕"被包括一汽、东风、重汽、陕汽、红岩等诸多老牌车企及后进入的福田、江淮、华凌、徐工、北奔、大运等分食，但值得注意的是，与之配套的重型车变速器市场却一直被法士特占据 70% 的份额，从未减少。法士特所占份额之所以如此稳定，可以说是前瞻性地踩准了市场发展的每一个变化节点。

我 1971 年进入陕齿当工人，1976 年上吉林工大，80 年毕业后，一直从事技术工作，先后担任过产品设计工程师、设计室主任、计划处处长、总经济师等职务，1995 年被提拔为厂长。我刚接手陕齿的时候，陕齿还归属尚未解体的央企重汽集团，在集团的三个齿轮厂里是最弱小的。当时工厂实际已资不抵债，资产负债率超过 100%，90 年代末最艰难的时候四个半月发不出工资，人心浮动，企业发展举步维艰。

但当时我预感到未来中国经济必然会进入发展快车道，所以领导企业进行了 5 年"治标不治本"的改革。所谓"治标不治本"，是因为企业体制没有发生根本改变，我们只能发起一些类似下岗分流、计件工资制、质量体系改进提升等小改革，虽然没有触及企业根本，但为后来的改革改制发展奠定了坚实基础，超前于同行企业，抢占了制高点。

2000 年，重汽集团因经营不善被中央解体，陕齿独立发展，成为陕西省属企业。那时候的陕齿被体制所累，头比身子大，一年销售收入只有 1 个亿，而欠银行的贷款加逾期利息就有 5 个亿。企业极度缺乏资金，但更缺的是灵活的机制。

2001 年，我们决定改制与湘火炬集团合作。不出意外，当时遭到了某些领导反对，甚至北京一位德高望重的行业老领导也亲自给我打电话，他说："大开，我听说陕齿被一个民企收购了，这可不行，你们可是国家骨干企业啊！"

不过我们最终还是顶住了压力，因为得到了全厂上下的支持，通过我们新班子6年来尽心尽力的工作，得到了员工们的信任，改制前严格按程序，职代会代表进行无记名投票表决，全部投了赞成票。事实证明与湘火炬的合资非常成功。一方面，合资第二天，湘火炬就送来了1.31亿元资金，被我们马上投入到技改研发当中；更重要的一方面是，湘火炬给我们带来了体制上的改变，纯国企变为民企控股，干部员工上下责任心加强，紧迫感加大，产品质量和生产效率都有极大提升，企业发展真正驶入了快车道。陕齿也随之更名为"法士特"。

三家合资公司均由法士特主导

改制使法士特焕然新生，而后来与世界顶级汽车变速器供应商——美国伊顿公司分分合合的合资合作过程，更练就了企业的真功夫。这些发生在法士特的对外合作真实事件，有些已经被写进大学教材里，成为合资的经典案例了。

在我刚上任当厂长的时候，美国伊顿公司找到陕齿希望合资合作，我们同意了，上级重汽集团也希望促成合作。我们做出一份合资公司年产10万台变速器的10年规划，然而伊顿公司认为我们是在忽悠他们，因为当时全中国重型车的年产量才3万辆。我们是看到了中国未来的发展潜力才做此规划，但伊顿公司并不相信，于是合作没有达成。当时间走到2000年，中国汽车工业进入快速发展期，法士特在几年内快速做到年产量20万台，远远超过了10万台规划。于是2003年左右，伊顿再次找到我们希望合资。

因为法士特那时相对弱小，所以合资是以伊顿控股55%、法士特参股45%的方式实现的，伊顿为主导。但在谈判过程中，我提出合资公司必须有研发，因为中国市场很大，需求五花八门，必须有研发才能应对市场需求和变化。可伊顿公司坚决反对，他们认为美国方面有足够的研发实力，合资公司只要以一个制造企业的方式存在即可。当时就为了在合资合同中加入"研发"二字，我们在美国的夏威夷岛谈判了7天7夜，几乎谈崩，连湘火炬的董事长（当时兼任法士特董事长）都劝我算了，不写"研发"也可以，但我坚决不同意。最后在我的坚持下，这两个字还是加上了。

2003年到2008年，合资公司一直由美国人管理，结果年年亏损，最后双方分手。伊顿公司要起诉我们，认为法士特违背合资章程，单方面研发新产品，造成同业竞争。因为合资章程确实规定法士特方面不能开发新重型变速器，避免同业竞争。但当时中国环保排放标准正在从国三升级到国四，发动机转速降低需要匹配有更多档位的变速器，但合资公司没有任何反应，依然主推9档变速器。

我看到了技术发展的趋势，既然合资公司不研发新产品，于是法士特公司就开发了世界首创的12档新变速器（6×2结构），为此伊顿公司准备和法士特打官司，告我们同业竞争。但我们提出伊顿公司先违背合资章程，合资公司成立四年，合资公司并未进行任何新产品研发。法士特是为满足市场需要而开发新产品，并不算违约。如果没有前瞻性，没有当初签约时候的坚持，我想分手时法士特会很被动的。

最后合资公司双方顺利协议分手，法士特1美元买断了伊顿所持55%股份。有意思的是，我们和伊顿公司分手大约4年之后，伊顿公司又主动找到法士特，表示当时没有充分信任和听取中方的意见，才导致了合资公司失败，希望再次合资。我说，法士特对外合资合作的大门永远敞开，但这次条件变了，必须法士特控股，伊顿公司同意了。2012年，新的合资公司成立了，名字叫作"西安法士特伊顿传动公司"，法士特控股51%、伊顿参股49%。生产经营负责人全部由法士特委派，这次合资非常成功顺利，因为法士特派去的负责人很有经验，了解中国国情和市场，短短几年，合资公司的主导产品离合器产销量就翻了近10倍，取得了良好的经济效益。

这次合资成功，伊顿公司信心大增，去年法士特又和伊顿成立了一家合资公司（生产轻型载货汽车变速器），股比依然是51:49，法士特控股。此前我们还和世界排名第一的工程机械公司卡特彼勒成立了一家合资公司（生产AT液力自动变速器），法士特控股55%、卡特彼勒参股45%。纵观整个汽车行业，很难看到3家合资公司全部由中方控股（而且合资伙伴都是世界著名跨国公司），这得益于法士特能够预见趋势、敢于坚持原则，敢于表达观点和看法，真正用实力赢得了跨国公司的尊重。

要敢于走前人没走过的路

法士特的成功，还与敢于创新的勇气和咬定青山不放松的毅力，密不可分。

陕齿改制之前，企业处于亏损，我作为厂长，很多一线工人都比我的工资高。我的月薪是1500元左右，而工人是按劳取酬，他们拼命干活儿，20世纪90年代末就可以拿到月薪3000多元。在审议与湘火炬合资的职工代表大会上，无记名投票，全体职工代表都赞成，居然一张反对票和弃权票都没有，因为大家知道我和班子成员是一心为企业着想，因而获得了员工的充分信任支持。每每想到这个场景，我的内心都充满感激。

要敢于走前人没有走过的路，在改制上如此，在战略抉择和技术创新上也是如此。2008年底世界金融危机波及中国，一夜之间市场需求下降一半以上，很多企业选择了停止扩产和技术改造。但我判断中国很快会从这场危机中走过来，于是逆势而为，2009年加大投入，以远远低于市价的价格采购了大批国外设备，建起了新工厂，生产能力大幅提升。

果然，2010年中国汽车工业复苏，重型载货汽车产销量一举突破100万辆，那年市场上缺发动机、缺车桥、缺轮胎，但不缺重型变速器，因为我们投入10亿元组建的新生产基地完全可以满足市场需求。那一年，法士特的业绩增长超过100%，不含税的销售收入达到126亿元。

同时，早在10年前，我们就判断出未来12档变速器、液力缓速器、轻量化变速器，AMT、AT 等的市场需求将会爆发，于是我们潜心研发 10 余年。现在 12 档变速器年产量 40 多万台，占到法士特的半壁江山。液力缓速器在这两年也得到市场的看好和司机们的高度重视，如果没有提前的技术储备和持之以恒的改进提升，当市场需要时才去研发新产品，才去投资进行技术改造，那永远只能跟在别人屁股后面，处于落后被动局面。

2016 年，我退休了。在我的退休大会上，陕西省副省长主持会议，他说，作为企业领导者，都希望得到三个层次的认可：最容易的是上级领导的认可，比较难的是社会的认可，最难的是员工的认可。三个认可都得到特别不容易，李大开做到了。当时听了副省长的话，我回顾自己一辈子在法士特的工作，感觉很欣慰和感恩知足，我相信只要领导者全身心为企业付出了，终会得到事业成功、众人认可的回报。

如今我已经离开职场，退休回家。最希望我们中国不仅成为一个汽车制造和消费大国，更希望壮大成长为汽车强国。像华为一样，引领产业发展前行。作为一个老汽车人，我会一直关注中国汽车工业的发展，直到大脑不能思考的那一刻。

瞿汝彪：无轨电车与铁皮桶的故事

瞿汝彪 / 口述　||　吴戈 / 整理

瞿汝彪，1950年毕业于天津南开大学，毕业后分配到原北京市公用局工作，从事无轨电车、客车及公共交通基础建设设计工作。他参与了新中国第一代自主研发大型客车（北京一型系列客车，即BK540/560无轨电车、BK640客车）的设计工作，此后又主导设计了包括BK651、BK670在内的多款大型城市客车。他设计的车型不仅满足了北京等大型城市的公共交通运输需求，更曾远销非洲，支援坦桑尼亚、科特迪瓦等国建设。1991年，瞿汝彪退休，退休前任北京客车总厂（京华客车前身）总工程师。

瞿汝彪

苦日子逼出来的国产大客车

1950年,我从南开大学毕业,随后分配到北京市公用局工作,我这一辈子都在和客车设计、制造打交道。可以这样说,北京乃至全国的大客车制造是在苦日子里被逼出来的。

刚解放时,北京百废待兴,公共交通更是处于停滞状态。当时所接管的公共汽车公司留守处在册车辆79辆,其中只有5辆客车可供使用,其余的都残破不堪,这些车辆歪歪斜斜地停在东华门外的筒子河边,大多是战时留下的丰田货车改装而成。

我最开始的工作并不是设计、制造大客车,而是修复那些刚接收的旧车。为尽快恢复北京的公共交通,1949年5月,北京成立了公共汽车公司修理厂(20世纪70年代更名为北京公共汽车公司大修厂),我们开始在东华门外的草棚里修复旧车,将74辆残破不堪的旧车拼修成了56辆客车,在一定程度上保障了北京解放后的公共交通运营。那时,北京还有一部分运营中的有轨电车线路。但北京刚解放时,有轨电车修造厂遭到破坏,一场大火令工人们辛苦修复的有轨电车付之一炬。

解放初期,北京的公共交通条件很差,汽油供应不足,很多公共汽车只得烧木炭、用煤气作为动力。直到1952年,政府从前捷克斯洛伐克、匈牙利进口大客车,才在一定程度上缓解了当时北京公共交通的窘迫局面。

进口大客车固然好,但毕竟数量极其有限,因而北京市政府决定要设计、生产属于我们自己的客车。1955年10月,北京市政府结合当时的实际情况决定发展无轨电车,自力更生地解决车辆的研发、设计和生产工作。

铁皮桶敲出来的无轨电车

1956年初,北京市公用局将位于右安门的汽车修配总厂三分厂改制为无轨电车制配厂。这家工厂最初是从事货车修理的，上级单位又将上海的友福车身厂、上海电车公司及南京公共汽车公司的技术骨干调来，协助北京市设计开发无轨电车。我的工作也从最初修理旧车，变为设计、开发新车型了。

之所以选择生产无轨电车也是无奈之举。那时一汽刚刚建厂，还未生产出整车，我们也获取不到发动机等零部件，再加上能源供应紧张，确定发展无轨电车似乎是当时的最佳选择。

政府和上级单位确立发展方针后，我们便开始新车型的设计工作。那时技术条件很差，多亏上海和南京来的技术工人，他们经验丰富，为我们设计新车提供了很多支持。虽然我今年93岁了，但依旧记得当时试制无轨电车时的场景，生产大客车不同于修复旧车，需要焊接车身骨架，然后再将车身蒙皮焊到骨架上，形成车体。

那时，厂里有一位叫沈耳的老师傅，他是铁工。当时新中国的条件差，很难找到平整的钢板和成型的方管焊接骨架。沈耳想了个办法，将成色尚好的铁皮油桶剪开，砸平油桶皮和加强筋，用这些加工过的油桶皮生产车辆的外覆盖件和一部分车身骨架。无轨电车的牵引电机也是就地取材，我们将那些烧毁的有轨电车进行拆解，将牵引电机进行整修，装在了第一辆试制的无轨电车上。

生产中有困难，车辆试验也是一样。当时我们根本没有检测手段，无从了解焊接的车架和车身骨架强度是否合格，怎么办？同样是就地取材。那时担任北京市公共汽车修理厂副厂长的朱临，带领我们拆卸有轨电车的轮对，将轮对作为载荷放在试制的无轨电车上检验强度。就这样，我们用土办法试制出北京的第一辆无轨电车。这款车有个响亮的名字——北京一型无轨电车（简称"京一型"，后确定国标型号为BK540）。

在"京一型"的设计上，我们吸取了斯柯达706RO、伊卡卢斯30/60型客车的设计思路，摒弃了此前用三角铁和木头改造客车结构的方法，转而采用全金属结构。在生产车身骨架时，采用分片焊接的工艺，即将车身骨架分为六大片分别焊接,然后再立体组焊为车架,这样做不仅提高了生产效率,也使得生产出来的客车工艺性好、更加美观。

为客车大型化而努力

经过将近 5 个月的艰苦奋斗,1956 年 10 月,"京一型"BK540 无轨电车试制成功了。10 月 17 日,我们进行了首次试车工作,从阜成门出发,途经北海,再到朝阳门,试车那天参与设计的工人、技术人员都在场。

1957 年 2 月 26 日,北京市的无轨电车线路开通运营,首批开通的两条线路用上了我们自主生产的无轨电车。此后,随着北京市公共交通客运量的不断增长,我们又在 BK540 单体无轨电车的基础上,开发出 BK560 铰接式无轨电车,进一步提升载客量。在解放 CA10 下线后,我们还开发出 BK640 型公共汽车。这些车辆的成功生产,加快了老旧客车的更换速度,为新中国的自主客车设计生产争了光。

右安门桥头的无轨电车制配厂此后成为客车装配公司四厂,专业生产大型客车。1963 年,黄河牌 JN150 载货汽车定型生产,为我们开发大型化的客车提供了技术平台,我们随后与济南汽车厂、中央美院一同设计了 BK651 大型柴油客车,之后又不断改进生产铰接客车,以满足公共交通客流量的需求。

20 世纪 70 年代,我们还为白银铜矿改装过无轨矿用电货车,将无轨电车的集电、控制系统稍作改进,装配到自卸货车上,利用无轨电车牵引力好的特性,改善当时矿用货车动力不足、冒黑烟的问题。

新中国第一代自主设计的客车是从苦日子里走出来的,我们吸收进口客车的经验,结合稳扎稳打、艰苦奋斗的精神,开发出了属于中国人自己的客车。

李维谔：以提高全民用车水平为己任

李维谔 / 口述 ‖ 葛帮宁 / 整理

1939年4月，李维谔出生在北京，后跟随父母到四川宜宾念小学和中学。1956年如其所愿考入长春汽车拖拉机学院（吉林工业大学前身）拖拉机专业。本应5年毕业，因专修一年俄文，1962年8月，他被分配到北京内燃机总厂设计科当技术员。

8年后，他作为"随军家属"调入第二汽车制造厂（二汽）总装配厂。1972年9月，二汽号召"知识分子归队"，李维谔积极争取调入二汽产品处。期间12年，他为东风公司做了很多前瞻开创性工作——创建极寒区、高原区、中原丘陵区等我国最典型地区的东风汽车使用试验基地；建议在全厂公开征集二汽厂徽标识设计，并统一制作成灯箱广告和平面广告；开创中国汽车企业走进用户之先例等。

1984年9月，李维谔调职东风公司总工程师室，先后担任售后服务副总师、售后服务总师、东风公司副总工程师职务。

他和他的团队全力投入东风汽车售后服务工作的创建和组织实施中：他们明晰了售后服务方针、宗旨、承诺和一车一卡做法；制定并编写出完整的东风系列产品使用技术文件、提出例行保养制度、四个24小时服务承诺、首问负责制等概念；组建和助推售后服务网络发展、质量保修、原厂备件供应、技术培训等售后服务工作制度化、规范化和标准化——他是不折不扣的东风汽车售后服务第一人。

李维谔

专职售后服务工作

1984年5月,时任二汽副厂长的陈清泰找我谈话,让我做好工作调动的思想准备。他说,总厂要抽调我担任主管销售的副厂长周维泰的助手,专职售后服务工作。希望我能利用熟悉产品的特长,在厂内担当起产品设计系统和销售系统之间的桥梁,在厂外作为二汽售后服务代表,当好二汽、市场和用户之间沟通的桥梁。

在我看来,东风公司这是要把提高全民货车应用水平作为己任,而这一重任将落在我和由我组建的队伍身上。通过这方面工作,从帮助东风用户做起,让东风汽车实实在在地为用户创造财富。

当年9月,我调到二汽总师室担任售后服务副总工程师,一年后任售后服务总工程师。这个职务国内没有,国外也没有,是东风公司自创的。从此,我转入一个新的工作平台。当然对这个领域,我并不完全陌生。

早在1980年,售后服务还没形成完整概念时,二汽总厂就制订了用户服务工作的宗旨和方针。宗旨是三个第一:质量第一,用户第一,信誉第一。方针是八个字:热情、周到、方便、及时。黄(正夏)厂长当时提出的口号是:哪里有东风车,哪里就有二汽的用户服务;二汽对东风汽车,从用户开始使用到报废,负责到底。

1980年2月,受二汽总厂委托,服务大队副队长钱海贵在广东揭阳市建立二汽第一个特约技术服务站,之后在全国建立第一批8个服务站,在湖北省每个地区运输公司都建立1个服务站,总规模30个左右。

1983年3月,周维泰代表二汽向一机部提出,要求授予"汽车企业的备件经营自主权",以支持售后服务工作,获得批准。这是对自1950年以来形成的汽车及其备件类机电产品由国家统一包产包销的计划经济体制的冲击和突破,对全行业意义重大。

这些是我到新工作岗位前的情况。二汽销售逐渐打开局面后,要求售后服务工作尽快跟上。对我的要求是最终处理用户问题。什么叫最终处理?用户问题都很棘手,一般问题让职能部门去做,我要处理最疑难的问题。

对此我有信心。用户的任何问题,我能明辨是非,这是其一。其二,我能一碗水端平,是不是我们的问题,我能讲得清楚透彻,是我们的问题就绝不推诿。

这期间,我遇到了在二汽的第三个贵人孟少农。孟少农是技术权威,在产品处做产品使用试验和质量攻关时,我就认识他,因为最后拍板都由他来定。过于自信是搞产品设计人的通病,产品明明有缺陷,技术上总还想解释解释,表面上也还想扯一扯,这时只要孟总一句话,大家就都很服气。

调到总师室后,立即讨论我入党的问题,我没想到孟总也来参加。他在会上讲,他一直在观察我,除苦干实干外,使用试验这条路他也非常赞同。他认为,掌握第一手使用资料是技术人员做好工作的基础。因此,他鼓励我的做法,也支持我的想法。他多次对我说,工作上有困难直接找他。

黄正夏也是我在二汽的贵人。有一次总厂领导让我去汇报工作,黄(正夏)厂长当着总厂所有领导的面讲,老李,你大胆地把屁股坐在用户一边去,替用户说话,我们支持你。

售后服务工作之所以能大胆开展,和他们的支持分不开。支持售后服务,实际就是支持二汽利益。我们得到什么?用户好评和市场。因此,我也放手大胆地配合主管销售的周维泰,做好售后服务。

同时我也注意处理好各种关系。用户反馈、质量管理和产品更改,这是东风公司运转的三个重要环节,但我每句话都可能得罪他们。我说用户反映质量有问题,他们就说老李这张"臭嘴"。我就说,可我总在帮你们想办法出主意呀。产品部门说,老李,你屁股坐歪了。我说,没有呀,黄(正夏)厂长说,我屁股只能坐用户一边呀。

售后服务是一份事业

围绕售后服务工作,我做了几件事情。

一是发展网络。

1983年二汽售后服务网点不足100个,网点不足是最大弱点。我认为,售后服务要根据销售需要而定,市场销售在哪里,售后服务就要铺到哪里。比如把车卖到北京,北京就要有网络,卖车要靠发展网络来卖,网络越强大车卖得越多。

我到雷诺公司学习,他们说过一句话,在我脑中根深蒂固:第一辆车是销售人员卖的,从第二辆车开始就是售后服务人员卖的。这就可以看出,售后服务保障做得好,获得用户对汽车的信任多么重要。

我向周(维泰)厂长建议,要抢在竞争对手前,在全国把东风售后服务网络建起来。所谓抢,就是在每个热点地区,把那里最具维修实力、技术水平最高、设备最好、人才最多的维修厂先吸引到东风网络里。毕竟社会精英有限,社会资源有限,谁把这批精英力量先抢到手,谁就占得了先机。

具体怎么建?主意来自服务科站务组的冯至善,他拿着一本80年代中国行政区域地图集来找我。他说,全国有这么多个省市自治区,我们可以每个省会建一个中心站;全国有350个地级市,每个地级市可以建一个站;全国有1700个县,每个县可以建一个分站,这样三层次布局。

经过讨论和完善，我们对三个层次的职能进行细化，提出"省有中心，地（市）有站，县有点"的发展目标和原则。到1987年底，东风汽车服务覆盖半径缩短到150公里，布局网点236个，每个网点服务东风用户3000个，基本实现哪里有东风车，哪里就有二汽售后服务。

二是组织召开售后服务战略研讨会。

1985年10月底，我们邀请全国各地知名维修专家到十堰，请他们给二汽出主意，如何做好东风车的服务？最后大家集中讨论"对新车进行走合保养"。当晚，我们形成"二汽在全国推行东风汽车免费强制走合保养活动"建议信，信中论述了从需要到可能，以及从调动这三个方面（二汽、服务站、用户）的积极性上来发动建议。

第二天上午，陈（清泰）厂长亲自参会并参与讨论。他说，这件事在中国汽车行业是开创性的，对东风汽车开拓市场具有举足轻重的作用。因事关重大，他要向厂办公会汇报，需要点儿时间。他还告诉大家，二汽要组建一个方便用户、方便售后服务管理的统一完整的售后服务体系。

这次座谈会上，东风汽车应用服务协会成立，推荐周（维泰）副厂长为名誉理事长，我是理事长。后经厂办公会批准，从1986年4月10日起，由全国技术服务站对用户购买的东风汽车新车，按照统一项目、统一标准进行强制性免费走合保养。这是中国汽车工业史和中国公路交通运输史上的一项重要举措。

三是组建售后服务计算机室。

发展市场经济首先在交通运输行业开了花。民营化后所有车辆归个人，用户用车用得比较狠，产品使用的可靠性故障时有发生。这种情况下，就必须把用户引导到正确使用的轨道上来。

我们面临很多矛盾。产品部门说，我给你设计什么车，你就用什么车，我规定你装5吨，你非要装15吨，那能行吗？但用户却说，装15吨我就挣15吨的钱，既然装得下15吨，为什么不装？

用户来找我们，从来都不会说自己超载了。这就要反证这个部件坏了，是什么使用原因造成的，以及怎么正确使用可能避免损害等来回论证。这时我就感觉到，必须要引进计算机系统管理。

我向二汽总厂提议，销售部应该进汽车专业大学生。销售处领导想不通，我一面给他们做工作，一面就去找周（维泰）副厂长，我说，我们要马上建立计算机室做分析，现在用户这么多，信息数据量太大，怎么处理？他立即同意，并做通了各位领导的工作，从厂里调来两位大学生，组建计算机室。他还提议，一车一用户一卡，确保跟踪服务。

大学生设计了保修单，我一看，只是简单的赔偿单、车号和发动机号。我说，你们再增加几项：车开了多少公里；驾驶员开过几年车；什么文化程度；在什么地方什么状态下出的故障；拉的什么货以及驾驶时长和车辆保养情况等。

我把可能引起故障的有关使用条件内容尽可能都纳入这份质量保修单里。就这样，我们迅速地建立起用户信息档案。当时东风公司每年销量近10万辆，大量质量保修信息返回来后，我们就能从故障中快速找到规律，如故障发生可能跟气候有关，跟地区有关，或者跟行驶里程有关，特别是还能挖掘出可能和驾驶员本人的自然条件，以及是否正确使用车辆有关的规律。

1988年底，我们第一次用计算机编出质量保修年报，创造了东风质量保修曲线。有一次我向二汽副厂长张世端汇报质量索赔情况，将质量动态做成6条曲线。他说，他管质量这么多年，还没有人这样展现过质量问题发生与使用状况之间的关系。

保修单终于"开花结果"。虽然有人笑话我，说我在查驾驶员祖宗三代，但把用户数据整理出来的结果，就会看到培训的重要、经验的重要、正确使用的重要。

通过数据分析还可以看到，用户的质量索赔大都不是东风汽车的质量问题。计算机分析表明，七成以上与用户使用不当有关，越年轻越开快车的驾驶员越容易出问题，还有肇事时的车速、地点、驾龄，以及汽车使用多少公里后必然要发生什么问题等，我们都分析得很清楚。

《往事——东风岁月》中，记录了几起东风公司售后服务大案，包括一号案和二号案等，最终都是我在处理。我的处理原则是，理清交通肇事与正确使用的关系，以及与自然情况的关系。但在很多情况下，我们汽车厂家也很无奈。

四是推出四个24小时承诺和首问负责制。

1995年初，我向东风公司领导和销售处提出向用户做出"四个24小时"承诺的建议，向销售处技术服务部提出执行对用户"首问负责制"的建议，同时建议公司考虑把"让用户更满意"作为东风公司售后服务的标杆性口号。

东风公司和销售处接受了我的建议。在1996年营销年会上，东风公司提出对用户实行"四个24小时"优质服务承诺：

一是东风公司服务站从接到用户的故障求援信息算起，24小时内必须到达现场；二是东风汽车贸易公司在全国的东风技术服务站坚持24小时值班制度，全天候为用户服务；三是用户来人来电来函，在24小时内得到及时处理和反馈；四是用户的质量保修及紧急调用件，必须在24小时内得到落实。

营销年会还宣布，开展"首问负责制"为主要内容的让用户更满意服务主题活动，这对东风汽车营销带来深刻及深远影响。

总之，我是把售后服务作为一个事业，把提高全民理性用车水平作为自己的责任。我们这代人不可能搞其他高科技，那就做点对民族对国家有用的事情吧。

第二部分

七十载产业集群纵览

广东：务实开放，后来居上

《中国汽车报》记者 王金玉

南岭以南，南海之滨，是广东。

广东是名副其实的中国第一经济大省，2018年广东的国内生产总值（GDP）达到9.73万亿元，经济总量连续30年居全国第一；广东是世界级制造业基地，全省规模以上工业企业多达4.75万家；广东也是我国汽车生产第一大省，在汽车整车制造、汽车零部件制造、新能源汽车制造等领域均居全国领先地位。

位于我国改革开放前沿的广东，经济发展迅速，产业布局完善。在广东快速发展的历程中，作为当地支柱产业的汽车工业贡献了重要力量。广东省统计局发布的最新数据显示，2019年1~7月，广东省汽车制造业增加值增长10.5%，增幅高于全省规模以上工业企业平均水平4.6个百分点；在规模以上工业利润方面，汽车行业实现利润302.28亿元，对广东工业经济发展起到

了良好的推动作用。

回顾广东汽车产业的发展可以看出，虽然广东的汽车产业发展历史并不长，但作为我国改革开放的前沿阵地，广东汽车产业的成长却极具示范效应，不仅实现了产业的快速增长，且在近 20 年的发展历程中成就了我国汽车合资合作的典范，为我国汽车产业的发展创造了先行示范效应。

发轫于商用车
广东汽车工业起步

相较于东北、湖北等汽车制造老工业基地，广东的汽车制造业起步较晚，迄今不过 50 年。这与广东当时的经济发展不无关系，也在一定程度上受到我国汽车工业布局的限制。

20 世纪 60 年代末，广东的汽车制造业从货车领域开始。1969 年，广州汽车制造厂上马"红卫牌"货车，由此拉开广东汽车制造发展史。随后，广州客车厂生产了我国第一辆国产客车，并创造了我国客车发展中的多个历史。20 世纪 70 年代初，广州客车厂生产的"越秀牌"大客车曾经作为我国外交部礼宾司迎送外国贵宾的常用车辆；20 世纪 80 年代初，广州客车厂生产的 GZK6874E 型团体客车曾被国务院总理赠送给利比里亚国家元首；广州客车厂在 1985 年就引入了双层巴士，极大丰富了我国客车产品品类。

尽管广东省在货车、客车历史上都有所创举，但受当时国家整体经济结构等因素影响，广东的汽车发展并未能在第一阶段就形成竞争力。1979 年，由于产品档次不高、质量欠佳，"红卫牌"货车停产，其 10 年的总产量仅有 1 万辆左右。更为关键的是，受计划经济体制影响，广东一直没有轿车项目，拖了广东汽车工业早期发展的后腿。而同期，广东工业发展也较弱。1978 年，广东工业总产值仅为 206.6 亿元。

从早期的发展来看，广东的汽车制造业起步晚，进展也不快。真正将广东汽车工业推入"快车道"的还应归功于轿车项目的落地。

广汽传祺生产线

轿车梦开启
广州标致的辉煌和衰落

一直以来，不仅中国家庭有轿车梦，地方政府同样也有，广东也不例外。1985年广州标致的落地圆了广东的轿车梦。

1985年3月15日，广州标致签约，成为我国汽车工业史上第二个合资项目，也成为广州轿车工业的开端。广州标致由广州汽车厂、法国标致、中信银行、巴黎国民银行、国际金融公司5个股东分别持股46%、22%、20%、4%和8%组成。1989年9月11日，广州标致505SX轿车（5座）正式投产，在一定程度上弥补了我国轿车产品结构性不足的问题。据了解，广州标致早期的几款车型都曾创下热销历史，尤其是505SX的投产，将广州标致推向发展顶峰。

资料显示，广州标致505配装前中置2.0L纵置直列四缸发动机，后轮驱动，前后配重合理，在驾驶感受与乘坐感受上普遍高于同期其他车型。而且当时上海大众、天津夏利、一汽奥迪等极少数能生产轿车的企业都存在产能不足的问题，无法满足市场需求，广州标致很好地弥补了这一不足，对广东省经济社会发展也起到极大的促进作用。这一点，从广州标致赞助了 1991 年在广州举行的首届国际足联女子世界杯中就可见一斑。

然而，由于引进车型落后，受法国标致缺乏对中国本土市场重视等因素影响，广州标致的好景并不长。1992 年产品销量开始下滑，高成本、低销量问题严重，并出现大规模库存积压，到 1997 年广州标致累计亏损达 29 亿元，最终以本田汽车买断标致在广州标致所有股份和债务告终，法国标致撤离。

作为一家合资公司，广州标致的结局虽不如人意，甚至一度让业内外对广东能否发展汽车制造业产生怀疑，但广东并没有因此放弃汽车制造业，而是从广州标致的失败中吸取教训，为之后几十年广东汽车合资企业的快速发展积累了经验。

高歌猛进
坐上汽车第一大省宝座

广汽集团董事长曾庆洪在总结广汽集团 20 年发展时曾表示："广汽 20 年的发展史，就是一部改革重组的历史，一部重振广州汽车工业的历史。"而广东的汽车工业也正是在改革开放的基础上才真正迎来了发展契机，成为广东省经济发展的典范。

1998 年 6 月 30 日广州本田（现为广汽本田）正式宣告成立，吸取广州标致的教训，广州汽车集团公司与本田汽车采取 50:50 的股比成立合资公司。对等的持股比例，让合资双方在企业管理中拥有平等的话语权和利益分配权。一直以来，广州本田坚持以合资企业的利益为最高利益、重大决策事项实行中外双方联合签制、产品引进与世界同步等面向市场的发展理念和企业管理原则，让其得以快速发展，帮助广汽快速扭亏为盈的同时，也为广东省工业企业的合资进程打下良好基础。

2008~2018 年广东省汽车生产总值及占全省 GDP 比例

数据来源：广东省统计局。

广州本田的成立正式开启了广东汽车工业发展的黄金 20 年。随后，日系三大汽车公司的另外两家也先后进驻广东。东风日产自 2003 年组建后，分别在广州花都和湖北襄樊成立了两个乘用车生产基地，又在花都启动了第二工厂建设，且将东风日产乘用车公司总部设立在广州花都。2004，广州丰田汽车有限公司成立（现为广汽丰田），丰田的加盟，完成了广东汽车产业的大布局，至此，广东成为日系三大汽车公司（丰田、日产、本田）在华合资企业的生产基地。

随后，广汽又先后与日野、菲亚特、克莱斯勒、三菱成立合资公司，将广东省汽车工业的发展推上快车道。广东汽车产业布局日益完善，对当地 GDP 的拉动作用也日益明显，汽车业逐渐成为广东省支柱产业之一。

在合资企业的带动下，广东的汽车制造业发展迅猛，集群效应吸引了一众合资车企到当地建厂，包括一汽 - 大众、长安 PSA 等众多汽车制造工厂，从根本上改变了广东制造业不足的短板。仅以广州为例，这里聚集了 31 家世界 500 强投资企业，200 多家国际知名汽车及零部件企业，推动广州成为第一个实现产值超千亿元的制造业基地，并逐步形成以广州、深圳、佛山整车制造基地，珠三角零配件配套的产业格局。数据显示，以广州为中心的珠江三角洲城市群汽车销售额占全国的 1/9，从广州恒福路流向全国的汽车配件数量超过同类产品的 10%。

产业的快速发展与地方政府的重视与支持分不开。数据显示,"十五"后期起,广东开始加大对整车企业的投资力度,推动2005年汽车产量超越40万辆,以后依次为57万辆、83万辆、92.5万辆,2009年超越100万辆,从而改变了广东汽车生产规模偏小的状况,增强了产业竞争力。

从地方政府对汽车产业的投资额度来看,汽车工业起步较晚的广东能够成为后起之秀也在情理之中。资料显示,广东在"九五""十五"期间及以前各历史时期,对汽车工业的投资与上海、湖北、吉林等省市差距非常明显,但"十五"后期调整战略后,差距逐渐缩小,甚至实现了超越,"十一五"前三年的投资额度便已超越全国各省市区的投资。所占全国投资份额也从"六五"期间的1.67%、"七五"期间的3.12%、"八五"期间的4.67%、"九五"期间的4.71%、"十五"期间的7.06%提升到"十一五"期间的10.4%。此后多年,广东一直在持续加大对汽车制造业的投资力度。

一路高歌猛进让广东成为我国乃至全球重要的轿车生产基地,并很快坐上了汽车第一大省这一宝座。

全面发展
产业布局日益完善

除了合资品牌的发展,在广东,自主品牌及零部件企业也在逐步成长。广汽传祺、比亚迪、五洲龙等一批自主品牌在这里兴起,航盛电子、广州电子等一批零部件配套企业也在这里诞生并不断发展壮大。

可以说,广汽传祺创造了我国汽车自主品牌的传奇发展之路。2008年7月,广州汽车集团乘用车有限公司成立,于2009年11月推出概念车,2010年12月,首款车型传祺正式上市。2017年,传祺的销量就突破了50万辆,成为我国自主品牌的一颗明珠。伴随着自主品牌的技术进步,在合作企业中,合资中方的话语权在不断提高。近两年,合资中方也在为合资企业提供技术支持,尤其是在新能源汽车领域,合资中方拥有了更多话语权。

大本营位于深圳的比亚迪，堪称我国民营车企的杰出代表。1995年成立的比亚迪，一直以创新发展为指引，借助近10年新能源汽车产业的快速发展，成为该领域的领军企业，无论是在产品、技术方面，还是在市场销量方面都堪称翘楚。

同时，广汽传祺及比亚迪也都在积极谋求"走出去"。目前比亚迪的电动大巴已经遍布美国、英国、日本、澳大利亚、法国等几十个海外市场，并在美国、巴西、匈牙利和法国等国家设立纯电动商用车工厂。广汽传祺很早就提出"走出去"战略，经过几年的布局，目前已经做到销量增长较快，整体趋势良好。全球矩阵正逐渐形成。

如今的广东汽车制造业，已经实现了结构多元化，形成了从日系品牌到日系、欧美系、自主品牌并驾齐驱的局面，以及以广州、深圳、佛山整车制造，珠三角为零配件配套的产业格局。

可以想见，伴随着粤港澳大湾区的规划建设，广东的汽车制造业将迎来更多的发展机遇。

贡献突出
成为当地支柱产业

在企业与地方政府的合力推动下，广东的汽车制造业得到快速发展，并对当地经济发展作出了突出贡献。

数据显示，2018年，广东共有规模以上汽车制造业企业833家，完成增加值1859.70亿元，同比增长7.4%，增幅高于全省规模以上工业平均水平1.2个百分点；汽车生产322.04万辆，占全国汽车产量的比重为11.5%；完成汽车销售329.39万辆，占全国汽车销量的比重为11.7%。

2008~2018年广东省汽车产量及同比增速

数据来源：广东省统计局。

从产值来看，2018年，广东规模以上汽车制造业完成产值7997.40亿元，同比增长9.0%。其中，整车制造业产值和增加值分别占汽车制造业的52.0%和47.9%；汽车零部件及配件制造业也是全省汽车制造业的重要组成部分，产值和增加值分别占汽车制造业的45.7%和50.2%。

整体来看，广东汽车产业生产规模正持续稳定扩大。从规模以上汽车制造业的企业数量来看，已由2013年的574家提高到2018年的833家，增加了259家。2018年规模以上汽车制造业增加值总量比2013年提高了480.88亿元。

与汽车制造同步，广东汽车社会也得到了快速发展。数据显示，截至2017年底，广东省机动车保有量已经达到2869万辆，其中，汽车保有量达到1894万辆，有各类汽车经销商4000多家，可以说，广东在成为汽车制造大省的同时，也成为汽车消费大省。数据显示，2013~2018年，广东汽车制造业销售产值增加3787.67亿元，增长81.9%。

回顾发展历程，广东在几乎没有汽车工业制造的不利条件下，通过开放务实的态度，坚持合资合作与创新驱动，逐渐发展成为中国汽车制造业的龙头之一。展望未来，作为改革开放前沿阵地，借助粤港澳大湾区的区位优势，广东汽车业也必将大有作为。

上海：中国汽车工业的排头兵

《中国汽车报》 记者　施芸芸

从汽车维修业起步，到"上海牌"小轿车年产量突破5000辆；从最早开启合资项目的谈判，到成立了我国首家合资汽车研发中心；从产销规模跃居全国第一，到走在"新四化"道路的最前列，上海汽车工业走过了坎坷波折的70年，砥砺前行的70年，同时也是波澜壮阔的70年，不断奋进取得新成绩和突破自我的70年。令人惊异的是，中国汽车工业并不是从这里起步，却在这里实现了由小变大，正走在由大变强的道路上。上海汽车工业70年，不仅是中国汽车工业发展史上的一个重要缩影，更是中国汽车工业的一卷美丽篇章。

探索期
名噪一时的上海牌小轿车

上海是我国著名的经济中心,但在新中国成立之初,这座大街上经常可以看到汽车的城市,却并不擅长汽车制造,也没有被列入最早规划的汽车工业版图中。这一情况直到20世纪50年代中后期才发生改变,在1957年和1958年两年的时间里,上海市成功填补了轿车、客车以及载货汽车三大类产品制造的空白,开创了上海市汽车工业的历史新面貌。

1958年5月,第一辆国产小轿车——东风CA71在长春问世之后,上海市也受到了极大鼓舞,决定动手造国产小轿车。当时,上海汽车装修厂选中的参照对象是奔驰220S,经过半年时间,在1958年9月28日,第一辆样车装配完成,名为"凤凰",与东风CA71车头的银龙造型相呼应,寓意"龙凤呈祥"。但与东风CA71的情况大同小异,当时上海汽车装配厂的制造水平也很低,凤凰牌轿车可以说是"照葫芦画瓢",当时的翼子板和车顶都是工人用榔头纯手工敲打完成。

上海市第一辆公交车诞生得比小轿车更早一些。1957年4月,上海客车修理厂采用解放牌CA10型货车底盘,试制出第一辆国产公交车。1958年10月,上海客车修理厂又联合几家汽车生产企业,成功试制出海燕CK730微型汽车。

1958年5月,上海货车修理厂也试制成功第一辆4吨级载货汽车交通牌SH140,驾驶室为平头方形双排座,动力系统配装最大功率为90马力(约66千瓦)的6缸发动机,正式拉开了上海市货车制造的帷幕。

1960年8月,上海汽车装配厂迁址到安亭,正式更名为"上海汽车制造厂"。1963年,上海轿车工业重新启动,在当时上海机电局的支持下,上海工人硬是搞出了自己的六缸发动机。1964年,改进后的小轿车实现小批量生产,改名为上海牌SH760型轿车,当年生产50辆。

上海牌轿车一出现,就立刻成为我国机关、企事业单位和接待外宾的主力车型（红旗属于高级豪华轿车，高级别官员才能乘坐），也因此成为私人轿车市场还未开放的年代里最"亲民"的轿车产品。在 20 世纪 60 年代的上海弄堂里，新娘出嫁如果能有一辆上海牌小轿车做婚车，一定会引起不小的轰动。

1979 年，上海牌轿车累计产量达到 1.7 万辆，1980 年，年产量突破 5000 辆。从早期只能勉强自主生产车用半导体收音机、喇叭、车外天线和小标牌等配套件，到年产 5000 辆整车，上海在汽车工业领域取得的成绩实属不易，与一汽、二汽不同，上海汽车制造厂始终依靠的都是地方投资、地方建设，完全可以说是"自力更生"的结果。

起步期

上海大众艰难国产

上海汽车产业的发展得到了国家的肯定，1978 年，在原国家计委、原国家经委和原外贸部联合向国务院上报的《关于开展对外加工装配业务的报告》中，上海成为"引进 3 条汽车装配线"的其中之一。在得到"轿车可以合资"的批示后，上海汽车与大众集团的合资项目很快就确定了下来，这也是当时最早启动谈判的合作项目。但谁也没有想到，这个项目的最终落地竟然经历了长达 6 年的时间，全国乘用车市场信息联席会原秘书长、饶斌之子饶达曾撰文用"最少有八九次差一点下马"来形容当时合作的艰难。在双方的不懈努力下，1984 年 10 月 10 日，在北京人民大会堂最终签署了上海大众汽车有限公司（现为"上汽大众"）合营合同。

长期谈判也导致上海大众错失了成为国内第一家合资车企的机会，但在最早一批成立的 3 家中外整车合资企业里（另外两家是北京吉普汽车有限公司和广州标致汽车公司），只有上海大众至今仍存，且始终在中国汽车市场处于第一阵营中。上海大众的成功不仅是因为成立时间早，更重要的是双方在合作之初便诚意十足，后来不遗余力地实现了产品的百分百国产化。

作为上海大众的第一款产品,桑塔纳的国产化之路走得相当艰难。在双方签订的合作合同里,有一份7年之内国产化率达到80%以上的计划表,但对于当时汽车工业体系处于起步阶段的上海来说,要实现这一目标谈何容易。1987年,当时的上海市市长江泽民宣布,汽车工业是上海的第一支柱产业,且成立了"支援上海大众建设小组"和"桑塔纳国产化办公室",加快了桑塔纳国产化进程。1990年,桑塔纳轿车国产化率突破50%;1991年底,国产化率达70.37%,成为我国第一个告别CKD(全散件组装)生产方式,免于国家进口许可证的车型;到1993年,桑塔纳国产化率超过80%,上海大众累计生产桑塔纳轿车达到10万辆,占到全国轿车产量的四成左右,成为国内首家建成具有初始经济规模的轿车生产基地。

桑塔纳轿车

另一方面,曾代表一个时代的上海牌小轿车,在1991年11月25日举行了最后一辆车的下线仪式,共生产7.9万辆。1992年1月1日,承接了18个桑塔纳国产化配件项目的上海汽车厂并入上海大众。

1993年对于上海汽车工业来说,是一个具有特殊意义的年份。这一年,上海汽车工业总公司销售总额达311.8亿元,实现利税33.5亿元,已连续两年位居上海市工业系统的榜首,工业总产值达162亿元,占全市国民生产总值(GNP)的1/10。至此,在超过原上海第一支柱产业轻纺工业后,汽车工业作为上海第一支柱产业的地位初步确立。

责任与担当
——新中国 70 年汽车工业发展纪实

进阶期
成立国内首家合资汽车研发中心

从 1994 年开始，上海逐渐发展成为中国汽车工业的翘楚。在 1994 年全国 500 家最大工业企业评选中，上海汽车工业总公司首次以高达 307 亿元的销售额摘取桂冠，按利税总额排序，上海汽车工业总公司在全国 500 家最大工业企业中排到了第 8 位。此外，随着桑塔纳国产化进程的不断加快，上海一大批起点高、批量大、专业化、质量优、年产值超亿元、年利润突破千万元的零部件企业成长起来了。到 1994 年底，为桑塔纳配套的数十家零部件企业都形成了 20 万辆的整车年配套能力，上海汽车零部件工业在全国处于领先地位。

1995 年 9 月 1 日，上海汽车工业总公司进行转制、改组，上海汽车工业（集团）总公司和上海汽车有限公司宣告成立，这一时期，上海汽车工业已成为上海经济发展中最具活力的新的经济增长点之一。

1997 年，上海汽车工业迎来了第二个合资项目的落地。1997 年 3 月 25 日，中美合资上海通用汽车有限公司暨泛亚汽车技术中心有限公司成立，这是当时中美两国之间最大的合资项目，被称作当年上海的"一号工程"。

依靠当时上海已经逐渐发展起来的现代汽车工业体系，1999 年 4 月，上海通用汽车有限公司正式批量投产，从 1997 年 1 月在上海浦东金桥工地打下第一根桩，到批量投产，只用了 27 个月时间，创下当时国内整车厂建设速度之最。

与其他合资项目最大的不同是，上海通用（后更名为"上汽通用"）采用建设整车厂与汽车研发中心双轨并行的运作方式，当时在国内属于首创，1997 年 6 月成立的泛亚汽车技术中心有限公司是中国首家合资设立的专业汽车设计开发中心。1999 年 6 月 13 日，泛亚技术中心推出了第一辆由中国设计师和工程师为中国人设计制作的概念车——"麒麟"，并在同年的上海车展上亮相。

2002 年，作为上汽和通用汽车成功合作的延续，上海汽车工业（集团）总公司、通用汽车中国公司和柳州五菱汽车有限责任公司在广西南宁举行了三方合作项目签约仪式，三方分别持有新公司 50.1%、34% 和 15.9% 的股份，再一次开创了"中中外"合作模式的先河。

在合资企业迅速发展的同时，上海市开始着手搭建汽车行业的产学研合作平台：1996 年，上汽集团捐赠 6000 万元成立"上海汽车工业科技发展基金会"；1997 年，上海汽车金属材料研究工程中心在上海大学揭牌；1999 年，上海汽车风洞实验中心在同济大学成立；2001 年，上海汽车工业（集团）总公司、上海物资（集团）总公司等单位投资组建的上海国际汽车城正式挂牌；2002 年，国内首家由企业自行创建的汽车产品自主开发研究机构——上汽集团汽车工程研究院正式成立。

2003 年，上海市全年汽车工业总产值和工业销售产值首次双双突破 1300 亿元大关，汽车工业总产值占全市工业总产值的 13.2%，在 6 个重点发展的工业行业中排名第二，增幅居 6 个重点发展工业行业之首。与此同时，当年汽车工业实现利润总额 226.28 亿元，占全市工业利润总额的 28.1%；上缴税金总额 102.92 亿元，占全市工业上缴税金总额的 19.6%，利润、税金总额均居全市各工业行业首位。"上海汽车工业成为本市工业的中流砥柱，继续引领中国汽车产业高速增长。"上海市统计局的统计资料里如是评价。

引领者
海外并购第一家

2004 年，上海汽车工业迎来了发展新历程。在当年美国《财富》杂志公布的世界 500 强排名中，上汽集团第一次以 117.54 亿美元的总销售额进入榜单，总排名为第 461 位。也许这是一个信号：上海汽车业开启了向外走的第一步。

2004年12月，上汽集团以6700万英镑收购了英国罗孚75、25车型的核心知识产权及K系列汽油发动机、L系列柴油发动机等技术。这一技术为上汽打造自主品牌奠定了基础，2006年10月，上汽自主品牌荣威正式发布。

2005年1月27日，上汽集团向韩国双龙汽车公司债权团支付5900亿韩元，完成交割手续，获得双龙汽车48.92%的股份，正式成为韩国双龙汽车的第一大股东，上汽集团成为国内第一家走出国门完成海外并购的汽车企业。虽然最后以失败告终，但上汽集团作为"第一个吃螃蟹的人"，用自己的经验和教训为后来者提供了参考和借鉴。

2006年，上汽集团实现了历史性突破，全年销售整车超过134万辆，成为全国汽车集团中销量最大的企业，同年实现集团整体上市，是国内首家在A股市场实现整体上市的汽车企业。随后，上汽集团开始以并购的方式不断丰富和完善自己的生产线：2007年12月，上汽与跃进签署合作协议，跃进集团下属的汽车业务（跃进、依维柯、菲亚特、名爵四大品牌车型）全面融入上汽，完成并购的上汽拥有了荣威、名爵两个具有英伦血统的自主乘用车品牌，并且具有完全知识产权与生产能力；2009年，上汽集团全面收购英国LDV商用车公司MAXUS品牌知识产权及技术平台。2011年，上汽发布全新商用车品牌MAXUS大通，并推出了首款车型V8等。

除了上汽集团以外，上海汽车工业整体均呈现了快速发展的态势，在上海汽车城以及上海市的各类政策吸引之下，国内外知名汽车企业纷纷前往上海建立研发中心或生产中心。2009年，上海汽车制造业实现工业总产值2566.79亿元，实现利润351.72亿元，年产汽车125.03万辆。到2014年，上海汽车制造业企业数量上升至527家，平均从业人员23.16万人，工业总产值达5364.95亿元，工业销售产值5322.28亿元，年末资产总计5511.02亿元，主营业务收入6645.7亿元，利润总额1062.29亿元，税金总额373.94亿元。

2009~2018 年上海市汽车产量及同比增速

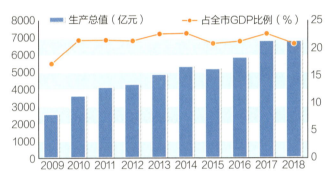

2009~2018 年上海市汽车生产总值及占全市 GDP 比例

数据来源：上海市统计局。

开拓者
积极拥抱"新四化"

随着汽车电动化、智能化、网联化和共享化趋势的逐渐形成，上海汽车以前所未有的开放和包容姿态，再次走在了发展前沿，成为开拓者。

在电动汽车领域，2015 年，威马汽车和蔚来汽车先后落户上海，这两家目前均处于新造车企业的"头部"位置。在 2019 年 1~8 月累计销量统计中，蔚来汽车和威马汽车分别以 11779 辆和 10687 辆的销量成绩位居第一和第二。2018 年 7 月 10 日，上海市政府和美国特斯拉公司签署合作备忘录，特斯拉也成为中国在新能源汽车整车制造领域放开外资企业股比限制后的第一家独资汽车品牌。2018 年，上海市新能源汽车新车注册登记量为 7.4 万辆，同比增长20.2%。

在智能网联领域，2016年，作为国内首个国家级智能网联汽车示范区，上海智能网联示范区开园，规划到2020年，通过嘉闵高架等道路智能改造，形成汽车城与虹桥商务区两个城市独立共享交通闭环，覆盖面积达到150平方公里，测试车辆争取达到万辆级；2018年3月，上海市在全国范围内率先发放了首批智能网联汽车开放道路测试号牌；2019年9月，上海为上汽集团、宝马和滴滴颁发了智能网联汽车示范应用牌照，成为国内首个为企业颁发该项牌照的城市……

在共享化领域，2017年，上海汽车集团和上海汽车城共同出资成立环球车享汽车租赁有限公司，EVCARD和e享天开，经过两年来的摸索，有望实现盈利；2019年，滴滴出行与德国大众在上海市成立了合资公司，开展以纯电动汽车等新能源汽车为中心的共享出行业务。

在国际开放的道路上，上海也始终是开展先行先试的重要地区之一。2015年1月，上海自贸区汽车平行进口试点开闸，正式拉开了我国平行进口汽车试点工作的帷幕。

2018年，我国汽车产销量遭遇了首次下滑，2019年，"寒冬"仍在继续，但2019年上半年上海市生产总值仍完成了1.64万亿元，比去年同期增长了5.9%，其中，新能源汽车产量快速增长，比去年同期增长了41.1%，产值也同比增长了6.7%。工业投资增长强劲，汽车制造业同比实现了54.9%的增长。

回望上海汽车工业发展的70年历程，汽车工业早已不再是上海的支柱产业这么简单，它正在成为拉动乃至推动上海城市经济转型升级的重要力量，也已经成为上海走向世界的一张闪亮名片。

吉林：砥砺七十载，阔笔写华章

《中国汽车报》 记者　赵建国

这里，被称为"新中国汽车工业的摇篮"；这里，有"共和国汽车工业长子"——一汽；这里，更被誉为东方"底特律"……位于我国东北中部的吉林省，历史悠久、文化灿烂、人杰地灵。在新中国的历史上，吉林不仅是我国汽车工业的发源地，也分布着全国最大的汽车产业群。一组组事实、一个个数据记录了吉林汽车工业百折不挠的创业征程、气壮山河的建设浪潮、波澜壮阔的改革探索、拥抱世界的开放襟怀。

责任与担当

——新中国 70 年汽车工业发展纪实

拓荒
汽车制造从吉林起步

新中国成立伊始，刚刚经受过战争洗礼的中国大地百废待兴，新中国意识到发展现代工业是当务之急，汽车工业更是重中之重。

经初步调查勘测，1951 年 1 月 18 日，第一个汽车厂的厂址定在东北，在吉林省长春至四平之间选择。随后，工作组对四平、公主岭、长春 3 个城市做了进一步考察，地处东三省中心的长春条件最为理想。长春地区有丰富的矿产资源，较为雄厚的工业基础，且紧邻京哈铁路，便于建厂时大型设备的运输，也便于投产后就近利用东北的钢铁、煤炭、木材、水电资源。

1951 年 3 月 19 日，政务院财经委员会发文批准"汽车制造厂在长春孟家屯火车站西侧兴建"。厂址确定后，汽车工业筹备组马上行动，并组织力量进行测量、地质勘探。

1953 年 6 月 9 日，毛泽东主席签发《中共中央关于三年建成长春第一汽车制造厂的指示》，这天成为新中国汽车工业的发祥日。7 月 15 日，第一汽车厂奠基典礼在长春市举行，新中国汽车工业从这里起步。当时，工地上汇集了两万多名来自全国各地的支援建设大军。与此同时，建设汽车厂所需的各种建筑材料和机械设备，也源源不断地通过火车运往建设工地。在 1954 年和 1955 年，长春市分别把 95% 和 84% 的市政建设费用用于支援一汽建设。

关于第一款国产汽车的命名，当时的一机部征集了解放、前进、胜利等若干名称，最终毛泽东主席圈定了"解放"。建厂 3 年后，也就是 1956 年 7 月 13 日，第一辆解放牌汽车下线。

当时向中央报捷的信中写道："敬爱的毛主席和党中央，我们第一汽车制造厂全体职工怀着万分兴奋的心情向您报告：党中央关于力争 3 年建成长春汽车厂的指示，已经实现了！今天，我们正以完成建厂任务和试制出一批国产汽车来热烈庆祝建厂 3 周年。"

当日，12 辆解放组成的报喜车队浩浩荡荡驶向市区。长春披上了节日的盛装，到处红旗招展，锣鼓喧天。成千上万的人站在道路两旁，争先恐后一睹国产汽车的风采。

第一辆解放牌货车下线

一汽3年建厂目标如期达成，结束了中国不能制造汽车的历史。1956年10月14日，国家验收批准了一汽基本建设工程鉴定书。验收结论是：整个工程质量良好。次日，一汽举行了开工典礼，全面进入投产阶段。一汽最初生产的解放牌汽车的型号为CA10型，C既代表中国，也有长春的含义，A是第一的意思。解放牌汽车CA10型车重3900千克，载重量4吨，最高速度65千米/时。

从1957年起，吉林汽车工业进入了消化吸收外来技术，改进老产品、开发新产品的阶段，主要任务包括：解放换型以及设计生产轿车、越野车。其中，1958年5月12日，一汽造出了第一辆普通型小轿车，采用银灰色车顶配紫红色车身，取名为东风CA71型。该车设计时参考了法国西姆卡温德特（Vedette），但对外观和内饰做了一些改动，车头上一条昂首的金龙展现了民族特色，这就是"东风"轿车。

跨越
红旗牵动整个民族的关注

没有历史，就没有传承；没有传承，就没有新生。

在新中国汽车工业历史上，吉林汽车工业起步最早，红旗轿车是给人印象最为深刻的代表作之一。

对中国人而言，从来没有一款车如"红旗"，令中国汽车界如此激情飞扬。"如果有这样一款轿车，能够赢得整个民族的骄傲，能够承载整个民族的情感，能够牵动整个民族的关注，那么它只能是'红旗'。"中共中央政治局原常委、国务院原副总理李岚清曾如此评价。

"红旗"所呈现出的，是新中国汽车工业从无到有、从粗到精、从弱到强的发展历程，跨越中国汽车工业发展的大半个世纪。如今，"红旗"不仅是一个著名的汽车品牌，更是一种深深的情怀和不可磨灭的记忆，同时它也是吉林经济社会发展的历史见证。

时至今日，翻开尘封的历史，在泛黄的资料和报章里，我们仍可以依稀感受到当年创造"红旗"的峥嵘岁月及那时候中国人的骨气与拼劲。

1958年，第一辆轿车"东风CA71"在长春诞生，当年共制造了30辆，由于技术尚不成熟，没有大批量生产。但是，东风CA71轿车为制造高级轿车提供了宝贵经验。

那一年，国家要在新中国成立10周年庆典上，用上国产高级轿车，便向一汽下达了制造国产高级轿车的任务。

在那个年代，轿车对很多人来说还只是个概念，如何完成这项艰巨的任务？不服输的一汽人从吉林工业大学借来了一辆1955型克莱斯勒高级轿车，并以此为蓝本进行手工测绘，开始研制轿车。

据许多老一汽人回忆，从一张白纸开始画图纸，以油泥模型制作样板，手工制造车身钣金覆盖件，百里挑一地试制零部件……最终，经过33个昼夜的奋战，第一辆红旗样车终于完成，车型代号CA72。这辆凝聚着国人情感的红旗轿车，采用了具有当时国际先进水平的V型8缸液冷发动机，这也是我国第一辆有编号的高级轿车。

时光飞逝，1959年10月1日，当庄重典雅、造型大气的红旗检阅车出现在国庆10周年阅兵式上时，举世震惊。

从第一汽车制造厂奠基，到红旗轿车下线，在短短的5年时间里，中国人结束了不能制造汽车的历史,结束了不能制造轿车的历史,也结束了不能制造高级轿车的历史。

吉林汽车工业屡次创造了从无到有的奇迹。

从20世纪60年代开始,红旗车的各项技术日臻完善,被定为副部长以上首长专车和外事礼宾车,坐红旗车曾一度被视为中国政府给予外宾的最高礼遇,被誉为"国车"。

"红旗"在一代代吉林汽车人的坚守和传承中,进入了新时代。2018年1月,北京冬意正浓,一汽在京发布了全新的红旗车品牌战略。

第一辆红旗轿车

新时代、新红旗、新梦想、新征程,"红旗"要打造"中国第一、世界著名"的"新高尚品牌",满足消费者对"美好生活、美妙出行"的追求。新一代红旗人继承前辈们创业的激情、勇气和担当,展现智慧、豪气与干劲,红旗轿车再次承担起它的历史使命。

这一使命是历史,也是几代中国汽车人乃至所有中国人的情怀与梦想。正如中国第一汽车集团有限公司董事长、党委书记徐留平所说:"在国民眼中,红旗不仅仅是一个汽车品牌,还是一种深深的情怀和敬意。当前,汽车产业正处于历史性巨大变革的关键时刻,充满着机遇和挑战,我们红旗人将坚决实现红旗品牌'中国第一、世界著名'的目标,让梦想成真。"

数据显示,2019年8月红旗品牌销量突破1万辆,同比增长203%,实现连续18个月增长；1~8月累计销售5.2万辆，同比增长231%……

2019年，在国内汽车市场面临下行压力的背景下，红旗车销量实现连续增长，除了旗下产品的逐渐丰富外，更是因为红旗品牌的绿色、智能让"红旗"飞扬。

开放
一汽-大众开启合资路

改革开放，为吉林省汽车工业注入生机和活力。

1987年10月，吉林汽车工业拉开了对外开放的帷幕。德国大众集团总裁哈恩（Hahn）和奥迪公司总裁皮耶希（Piech）首次访问一汽，与一汽时任厂长耿昭杰进行会谈。这次会谈为一汽3万辆轿车先导工程的顺利进行打下了基础。

双方经过不断沟通和协调，1988年8月24日，《一汽和大众公司长期合作备忘录》正式签署，明确双方组成工作小组进行第二阶段合作15万辆轿车合资项目的前期工作。

一汽时任总经济师吕福源先后4次率团与德国大众集团进行商务谈判，历时7个月，签署了一系列文件。

1990年2月9日，国家计委以计工二（1990）97号文下发《关于第一汽车制造厂与大众汽车公司合资建设年产15万辆轿车项目可行性研究报告的审批意见》，正式批准可行性研究报告。

1990年11月20日，这是一汽-大众历史上重要的一天。当天，耿昭杰与哈恩等在北京人民大会堂举行新闻发布会，一汽和大众公司15万辆合资项目正式签约。耿昭杰与哈恩作为双方代表在合资合同上签字。一汽和大众最终走到了一起。

1991年2月6日，国家工商行政管理局向公司颁发了营业执照，标志着一汽-大众汽车有限公司的正式成立。

4年后，也就是1995年11月，在德国时任总理科尔访华期间，一汽和德国大众及奥迪公司三方在北京共同草签了有关奥迪轿车纳入一汽－大众生产的合同。当年12月18日，一汽和德国大众及奥迪公司三方共同修改并签署了合资合同，改变股比结构为：一汽60%、大众30%、奥迪10%。同日，公司与奥迪公司签署了《技术转让协议》，奥迪系列产品作为合同产品正式纳入公司生产。

2009~2018年吉林省汽车工业增加值贡献率

数据来源：吉林省统计局，其中2009年汽车工业部分数据未单列统计。

2009~2018年吉林省汽车产量及同比增速

数据来源：吉林省统计局。

1996年，随着传动器和发动机项目全面建成投产，一汽－大众驶上了发展快车道，推动汽车走进寻常百姓家。值得一提的是，一汽－大众生产的捷达创造了我国第一个60万公里无大修的纪录，这在当时来说，一辆国产车能够达到这样的成绩确实让人惊叹。

转型
"新四化"助力高质量发展

"新四化"浪潮席卷全球汽车行业，吉林作为一个汽车大省，成为我国汽车工业"新四化"运动的急先锋。

在新能源汽车方面，例如在吉林省吉林市102条公交线路上运行的1200余辆公交车，已经全部更换为纯电动、天然气和混合动力公交车，新能源、清洁能源公交车，彻底取代了燃油公交车；在新能源利用方面，拥有丰富太阳能和风能等清洁能源的吉林西部，正在积极打造"中国北方氢谷"，破解"弃风""窝电"难题。其中，白城市宣布联合相关企业，共同打造"白城－长春"吉林西部氢能走廊，建设新能源与氢能区域产业集群。

在智能汽车发展方面，吉林正加速智能网联汽车产业示范布局，努力打造中国乃至全球智能网联汽车产业发展高地。国家智能网联汽车应用（北方）示范区等一批项目已在吉林投入运营。据了解，示范区占地面积35万平方米，可同时容纳10辆测试车，是中国寒区智能汽车和智慧交通测试体验基地，也是中国东北地区基于5G宽带移动互联网的智能汽车和智慧交通应用示范基地。

此外，吉林省积极推动工业互联网基础设施建设。重点是加快长春市5G网络基础设施布局，使其尽快实现商业化应用，从而为全省智能网联汽车的应用和汽车零部件企业开展智能制造提供网络技术支撑。

在零部件方面，吉林省正在实施八项举措创新发展汽车零部件产业，目标是借我国工业经济转型升级之机，建立和完善全省汽车零部件协作配套、轻量化制造和自主研发三大体系，着力突破一批关键核心技术，加快提升全产业链配套能力，培育一批行业龙头企业，进而打造立足本省、面向全球的国际化汽车零部件产业基地。为此，吉林省将加大财政资金支持力度，依托省重点产业引导资金中的汽车专项基金，重点支持汽车轻量化、系统总成及富奥、富维、富晟3个千亿级零部件产业集群等一批重点项目建设，力争到2020年实现全省汽车零部件地方配套率达到50%以上。同时也在倾力支持设在省会长春市的国家和省级汽车零部件研发中心、创新中心以及公共试验检测平台的建设，以便为提升全行业的配套和自主研发能力提供强有力的要素支撑。

2018年，吉林省制定了汽车产业3年转型升级行动计划。其中着重提出，今后3年，吉林除了多举措促进汽车产业供给侧结构升级外，还将在倾力助推整个产业需求结构升级上大做文章，力争双管齐下，最终实现到2020年全省汽车产业总产值突破8000亿元，国内市场份额突破10%，省内零部件地方配套率提高到50%的发展目标。

在推动汽车行业降本减负上，吉林省将发挥沿边近海优势，鼓励企业充分利用"长满欧"国际货运班列、珲春–扎鲁比诺港的"借港出海"等运输方式，大幅降低汽车及零部件进出口物流成本；深入落实国家《降低实体经济企业成本工作方案》及本省已出台的企业降本减负相关政策，加快推动整车及零部件企业降低物流成本、配套成本及销售成本，进而为企业提升市场竞争力营造良好环境。

为应对当前严峻的市场形势，吉林省还将出台支持全省汽车产业高质量发展的政策文件，拟从强化服务意识，优化投资营商环境；推动产融合作，拓宽行业融资渠道；加强要素保障；降低生产运营成本；促进汽车消费，加快消费更新升级；加强督办考核，确保政策落实到位等方面，全方位助推吉林省汽车产业战略转型，实现高质量发展。

新中国成立70年来，纵观吉林汽车工业的发展历史，灿灿星河映照出吉林人"敢为天下先"的血脉基因，特别是吉林省汽车工业的发展，见证着吉林省工业筚路蓝缕的追梦之旅。

湖北：聚焦新能源，汽车大省再出发

《中国汽车报》记者 武新苗

湖北作为汽车工业大省，是引领中国汽车产业不断发展的代表省份之一。湖北汽车工业始于十堰，兴于武汉，省内多座城市紧密串联，形成横贯千里的"湖北汽车走廊"。

汽车产业作为湖北工业经济的重要支柱，历经五十年高质量发展，在拉动经济增长、带动产业链发展、推动科学技术进步、解决就业等方面发挥了重要作用。2018年，我国汽车产量总计2796.8万辆，其中，湖北汽车产量达241.93万辆，位居全国第四，约占全国汽车产量的8.65%。2019年3月，湖北省发布了《关于推进全省十大重点产业高质量发展的意见》（以下简称《意见》）。《意见》中明确指出，汽车与新一代信息技术、智能制造、康养作为全省四大重点产业，2022年主营收入均要达到万亿规模。规划到2022年，汽车产业规模居全国第一方阵，部分整车生产水平和关键技术达到国际领先水平，实现由汽车大省向汽车强省转变。

形成产业集群汽车大省的经济"担当"

近年来,湖北汽车工业一直呈上升的发展趋势,形成了以东风公司为主导,军工和地方企业为依托,大中型企业为骨干的"汉孝随襄十汽车工业走廊"。数据显示,2018年,湖北省汽车制造业规模以上企业1482家,汽车产业主营业务收入6663亿元,利润581.82亿元;2018年,湖北专用车产量为24.1万辆,占全国专用车总量的9.76%,处于全国领先地位,综合产能利用率达70.9%,居全国第二位。在整车快速发展的带动下,湖北的零部件产业也日趋壮大。目前,湖北省拥有零部件企业700多家(其中规模以上的310家),年配套能力已超过60万辆(份),行业排名前10位的大公司完成工业产值占全省机械汽车工业产值60%以上。

"十一五"以来,湖北汽车产业呈现出速度加快、结构改善、效益提高、后劲增强的发展态势,省内不仅拥有在世界500强企业中位居前列的东风汽车集团有限公司,还形成了在武汉、襄阳、十堰、随州等地发展态势良好的汽车及汽车零部件产业集群,逐步建立了"一主两带"的产业基础。"一主"即以汽车产业为主导,机床工具、电工电器、仪器仪表、石化通用机械、重型矿山机械、食品包装机械、通用基础件、工程机械、农业机械、内燃机、文化办公设备、民用机械等门类齐全、实力较雄厚的13大产业;"两带"即以东风公司十堰、襄樊、武汉为基地的汽车产业集聚带,以宜昌、荆州、武汉、黄石为基地的重大技术装备产业集聚带,已建立起具有一定特色的产业体系。

2015~2017年湖北汽车产值及占工业产值比重

数据来源:国家统计局。

2008~2018年湖北省汽车产量及同比增速

"武襄十随"作为湖北汽车产业的重要依托,对提升湖北汽车工业经济,引领汽车产业转型升级,发挥汽车产业产能和装备优势,提升湖北汽车产业竞争力具有重要意义。

其中,武汉作为全国六大汽车城市之一,目前拥有整车企业5家,零部件企业近500家,包括德尔福、法雷奥等一大批"世界500强"和"中国500强"企业,汽车产业链较为完善。2017年,武汉市生产乘用车189万辆,汽车工业产值达到3600亿元,占全市规模以上工业总产值的25%以上。当前,武汉正加速建设国家智能汽车基地,推动向"下一代汽车"转型升级。

2015年,襄阳市提出打造"中国新能源汽车之都",力图将新能源汽车打造成襄阳的"新名片"。目前,襄阳市已聚集了东风、美洋、九州、雅致等4家新能源整车生产企业以及猛狮、骆驼、国能等一批动力电池生产企业,襄阳汽车产业在总成领域——发动机、车身、车桥、变速器、车架、电气和仪表系统等系列产品均可实现本地生产配套;在零部件领域也实现了4000余种产品的全链条生产能力,以产业链为支撑,襄阳汽车产业保持着良好的发展势头。

作为二汽的发源地,十堰是我国重要的汽车生产和科研基地。2010年,中国汽车工业协会将"中国卡车之都"称号授予十堰,肯定其在商用车生产领域的地位。在巩固中国商用车龙头地位的同时,十堰加速推动多元化汽车发展战略,推进新能源汽车产业成为第二大强势产业。2017年,十堰新能源汽车产销量达1.5万辆,成为国内新能源汽车城市阵营重要的一员。

随州作为湖北汽车工业走廊的节点城市，依托国家专用汽车质量检测中心、湖北专用汽车研究院等研发单位，围绕建设中国专用汽车之都布局。目前，随州进入国家专用汽车名录的企业有三十多家，汽车及零部件企业一百多家，是湖北省内重要汽车工业城市，拥有全国最健全的特种汽车和专用汽车体系。2016年，随州市改装汽车占全省总量的50%以上；2017年，随州市改装汽车产量达111529辆，保持两位数的高速增长；"十三五"期间，随州市将专用汽车列为第一支柱产业，打造千亿元产业链。

借力"东风"递出湖北汽车名片

作为引领中国汽车产业的代表省份之一，湖北省既拥有在武汉、襄阳、十堰、随州等地发展较好的汽车及汽车零部件产业集群，又有东风汽车公司这样的龙头企业。目前，湖北省内拥有包括东风重卡、东风英菲尼迪、东风日产、众泰、御捷、银隆、福田等汽车企业，其中东风汽车公司作为规模大、占比高的本土汽车企业，在湖北工业经济发展、区域协调发展和经济社会发展中提供了重要支持。

2018年，东风汽车公司销售汽车383.1万辆，稳居行业第二位。其中，商用车销售56.2万辆，位居行业第一位。一直以来，东风汽车公司深耕商用车业务，形成了涵盖重、中、轻、微、客全系列、多品种、宽型谱的产品格局。目前东风商用车形成了"一主两副、三箭齐发"的品牌格局，"一主"是东风商用车有限公司和东风汽车股份有限公司采用的东风品牌，"两副"是指东风柳州汽车有限公司的乘龙品牌、东风特种商用车公司的华神品牌。

随着信息通信、互联网、大数据、云计算、人工智能等新技术在汽车领域的广泛应用，汽车产业正朝着电动化、智能化、网联化、共享化、轻量化方向发展，东风汽车公司也在这些方面进行积极布局，加大创新投入。东风汽车公司在2018年发布的未来五年目标中，提出了"三个领先、一个率先"。

根据计划，东风汽车公司未来将在新能源、新出行、智能网联等新事业领域共计投资200亿元。其中，在新能源汽车领域投入80亿元，自动驾驶领域投入60亿元，出行服务投入40亿元，网联汽车投入20亿元。据了解，2019年上半年，东风汽车公司在共享出行方面的投资已超过20亿元，并且还联手一汽、长安以及三家IT、电商巨头组建了T3出行。

在智能化方面，东风汽车公司以辅助驾驶、自动泊车及无人驾驶三大技术为导向，采用渐进式开发模式。目前，自动泊车、智能辅助驾驶、自主式自动驾驶、网联式自动驾驶等功能均已实现，无人驾驶汽车的研发与验证工作也在加快进行。

在网联化方面，东风汽车公司采用平台迭代方式，按照工程成熟度，推动端、管、云模块在东风风神系列车型上渐次落地。目前，全新的东风启辰D60已经配装了车联网云平台，人工智能车联网WindLink也已建成，可为客户提供9大子系统共计29项服务。

在出行领域，2019年5月，东风汽车公司旗下出行服务平台"东风出行"在武汉上线。"东风出行"计划首批投入1000辆网约车，全年共投入5000辆网约车。据透露，未来"东风出行"将在全国投放50万辆车，服务1亿名用户，每天为1000万人次提供高品质移动出行体验。

在新能源汽车领域，东风汽车公司布局了先进的三电系统技术、车联网技术和轻量化技术等，为推动湖北汽车产业转型升级发挥了重要作用。

东风智能网联汽车

顺应"五化"趋势助推新能源汽车发展

2006年，湖北汽车产业率先迈过千亿元门槛，成为湖北首个千亿元产业，但随着2018年全国汽车销量28年来的首次下滑，湖北省汽车产业也遭遇了负增长，而且降幅高于全国平均水平。从工业增加值来看，湖北省汽车工业2018年同比增长2.7%，低于全省工业增加值增速4.4个百分点。在新能源汽车领域，2018年，湖北省新能源汽车产量6.7万辆，同比增长15.8%，而全国产量高达127万辆，同比增长59.9%，增幅低于全国平均水平。面对传统燃油汽车逐步走向低谷，新能源汽车的方兴未艾，湖北这个汽车大省又将如何爬坡过坎，成功迈向汽车强省？

事实上，湖北省早就未雨绸缪，积极布局新能源汽车领域，依托国家新能源和智能网联汽车基地，引领汽车行业转型升级。如今，湖北省正在研究建设世界级新能源汽车和智能网联汽车产业集群，这是湖北省推动汽车工业实现高质量发展的重大举措。与此同时，伴随着新能源汽车补贴退坡、双积分政策落地、汽车合资企业股比的陆续放开，也倒逼车企向新能源化、中高端化、品牌化转型。

根据我国新能源汽车产业发展规划，2020年新能源汽车产能将达200万辆。为此，湖北省也提出，到2020年新能源汽车产能将达到50万辆/年，产销量占全国的10%。

从政策方面来看，湖北省不断通过一系列政策助推汽车工业朝着新四化的方向转型发展。在2019年发布的《关于推进全省十大重点产业高质量发展的意见》中明确提出：依托国家新能源和智能网联汽车基地，加强协同创新和两化融合，引领汽车产业转型升级。另外，《湖北省"十三五"产业创新能力发展和建设规划》中也提出，以智能制造和网联汽车为重点，大力提升发动机、变速器等汽车关键零部件研发水平和配套能力，积极发展新能源汽车技术，研发高端"专、精、特、新、轻"的专用车技术，着力培育发展智能网联汽车相关技术，围绕汽车"五化"（轻量化、电动化、智能化、网联化、共享化）发展方向，抓住产业变革的机遇，提高技术创新能力，打造世界级新能源汽车和智能网联汽车产业集群,促进湖北汽车工业转型升级。

在此基础上,湖北省重点推进新能源汽车的区域特色化、规模化布局,进一步发挥武汉、襄阳在新能源汽车推广应用的先发优势和示范带动作用:武汉重点发展新能源乘用车、城市公交车,以及高端市政、消防等专用车,建立集群优势和自主创新优势,依托武汉经济技术开发区国家级智能网联汽车示范区,培育智能汽车与智能交通融合发展的产业生态;襄阳重点发展新能源乘用车、商用车及专用车;十堰重点发展中重型新能源物流车、作业车和新能源汽车动力系统等。同时,进一步发挥武汉、襄阳在新能源汽车方面的先发优势,壮大龙头企业,形成1~2家具有较强国际竞争力的新能源乘用车生产企业,2~3家具有国内比较优势的新能源客车企业,3~5家具有地区比较优势的新能源专用车企业,5~10家处于行业领先地位的新能源驱动系统、动力电池系统、电控系统的新能源关键零部件企业,全力打造中国新能源汽车生产高地。

当下,聚力转型和高质量发展成为汽车工业重镇——湖北的发展新主题。坚持创新驱动,加快新旧动能转换,抓住产业变革的重大历史机遇,紧紧围绕汽车电动化、智能化、网联化、共享化、轻量化的"五化"发展方向,融合创新,提升产业核心竞争力、提高技术创新能力,构建新型产业生态,已成为湖北汽车工业由"大"变"强"的必经之路。

广西：异军突起，低调成长

《中国汽车报》记者 袁孝尚 武新苗

提到汽车城，估计很少有人将这个称谓与广西联系起来，然而就是该地区，2018年汽车产量排名全国前五，可谓是最"低调"的汽车大省（区）。2018年，广西汽车产量达248.61万辆，整车产量占全国的8.6%，成为我国重要的汽车生产基地。

广西壮族自治区成立60多年来，汽车产业经历了从无到有、从小到大的发展历程。根据《广西汽车工业发展"十三五"规划》，到2020年，广西汽车产业结构将进一步优化，力争汽车工业规模和实力位居全国前列，实现销售收入3400亿元，完成工业增加值800亿元，汽车年产销量突破320万辆。

整车与零部件共奋进
成就汽车产业规模不断壮大

近年来，广西汽车产业持续快速发展。2018年，广西汽车工业共有规模以上企业347家，企业资产总额达1667.1亿元，全部从业人员平均人数为13.5万人。目前，广西主要以上汽通用五菱、东风柳汽、广西汽车集团、钦州力顺、广西华奥、玉柴机器、桂客集团、柳州乘龙、一汽柳特、重汽运力、广西源正等企业为依托，汽车产业以柳州为龙头，南宁、桂林、贵港多点发展，形成包含载货车、客车、乘用车、车用内燃机、汽车零部件工业等较为完整的产业格局；拥有五菱、宝骏、雪佛兰、乘龙、霸龙、风行、景逸、菱智、大宇客车等国内较有影响力的汽车品牌和"玉柴机器"内燃机品牌。其中，上汽通用五菱、广西玉柴车用柴油机连续多年产销量稳居行业第一，多用途车（MPV）产销量连续多年位居全国第一位，成为国内同行业的翘楚。

经过多年发展，广西汽车产业已形成较为完整的产业格局和配套体系，为广西经济社会发展做出了重要贡献。以柳州为例，柳州作为广西的重要汽车工业城市，其工业经济总量占广西的1/5，拥有上汽通用五菱、东风柳汽、一汽柳特3家整车生产企业以及4家专用车生产企业。另外，上汽集团、东风汽车、一汽集团、重汽集团也在柳州布局了生产基地。

近年来，广西经济的快速发展一定程度得益于上汽通用五菱和东风柳汽的不断进步。2002年以来，上汽通用五菱销售收入由38亿元增长至1100亿元，吸引了全产业链众多国际知名供应商入驻广西，高端产业集群效应显现；2018年，供应链年产值已高达752亿元，累计拉动社会经济总量增长超7700亿元，直接和间接解决超过20万人次的就业问题，对广西的经济拉动作用明显。

而东风柳汽作为柳州两大整车企业之一，东风柳汽在2016年整车销量突破30万辆，同比增长7.3%，连续9年实现正增长；年度销售收入超过220亿元，再创历史新高；其中商用车累计销售41615辆，同比增长31.5%。据悉，东风汽车公司将进一步加大对东风柳汽的战略投资，支持东风柳汽开发满足东风公司总体战略布局的新产品。预计到"十三五"期末，实现年产乘用车45万辆、商用车5万辆的目标。除此之外，东风柳汽还将加快纯电动轿车、SUV、MPV及纯电动城市物流用车等新能源车型的开发。

国内领先的内燃机制造企业玉柴集团，其车用柴油机产销量稳居行业前列，2019年上半年实现销售收入209亿元，同比增长17%，为了"强龙头、补链条、聚集群"，玉柴把广西玉林当作广西机械工业二次创业的着力点，实现招商引资项目14个，有效促进了广西的经济发展。另外，《广西先进装备制造城（玉林）五年行动计划（2018~2022年）》进一步明确制造城建设目标和方向，即以玉柴为龙头，打造千亿元产业集群，推动广西工业高质量发展，到2022年，力争实现建成千亿产业基地的目标。

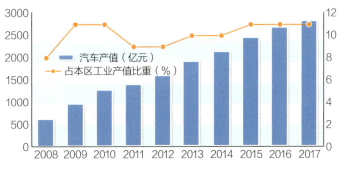

2008~2017年广西汽车产值及占工业产值比重

数据来源：国家统计局。

2008~2018年广西汽车产值及同比增速

2020 年着力瞄准新能源汽车产业

近年来,广西积极推动新能源汽车产业发展,在新能源汽车尤其是新能源公交车的推广应用上取得了较大成就。2015~2017 年期间,广西全区新增及更换公交车 6767 辆,其中新能源公交车 4518 辆,占比达 66.8%;2017 年,全区新增及更换的公交车中,新能源公交车占比高达 91%。仅按纯电动公交车减少碳排放量计算,广西在 2017 年共计减少二氧化碳排放约 9.59 万吨,减少二氧化硫排放约 60 吨;电动公交车共计节省能源费用约 1.98 亿元;混合动力公交车共计节省能源费用约 5600 万元。据悉,为加快新能源汽车在交通运输领域的推广应用,下一步广西将继续协调统筹新能源汽车的规划发展,配合加快推进充电设施和配套电网建设与改造,不断完善相关配套设施,加强新能源车辆维修技术人员的教育培训,进一步促进和保障新能源车辆的推广应用。

此外,《广西新能源汽车发展行动方案(2016~2020 年)》提出,到 2020 年,广西将形成新能源整车年生产能力 40 万辆,新能源动力总成年生产能力突破 5 万套,新能源汽车产业实现年产值 300 亿元;新增新能源汽车充电站 104 座,新增充电桩 26215 根。新能源汽车在广西得到进一步推广应用,充电等配套设施建设完善,形成新能源汽车整车及零部件的开发、生产、销售、检测、服务为一体的新能源汽车产业发展体系。

方案提出要重点培育上汽通用五菱汽车股份有限公司、东风柳州汽车有限公司、桂林客车工业集团有限公司、广西华奥汽车制造有限公司、柳州五菱汽车工业有限公司、柳州延龙汽车有限公司、广西源正新能源汽车有限公司、广西玉柴专用汽车有限公司、广西玉柴机器股份有限公司、广西卓能新能源科技有限公司和广西大锰锰业集团有限公司等企业,加快发展新能源汽车及关键零部件,力争广西新能源汽车产业在纯电动公交车、纯电动乘用车、新能源专用车、插电式混合动力客车和关键零部件等方面取得重要突破。

其中，在纯电动公交车方面：配合国家公交优先发展战略，将发展公共交通和新能源汽车研发相结合，利用国家对新能源汽车示范推广的政策，在公共交通领域大力发展纯电动公共汽车，加快实现主力车型的纯电动化。重点研制开发具有自主知识产权的纯电动城市客车。

纯电动乘用车和插电式混合动力乘用车方面：大力发展纯电动乘用车和插电式混合动力乘用车。以城市家庭用车、出租车为重点，研制开发锂离子电池等为动力的纯电动乘用车以及插电式混合动力乘用车，支持上汽通用五菱汽车股份有限公司、东风柳州汽车有限公司等企业的纯电动轿车和插电式混合动力乘用车研发和产业化。

新能源专用车方面：以旅游景区、社区和工业园区用车为重点，研制开发新能源专用车，率先在旅游观光、绿化、市政、环卫、城市管理等行业开展示范应用，并逐步向社区、物流配送中心以及私人消费市场推广使用。

插电式混合动力客车方面：针对插电式混合动力汽车产业化需求，深入开展插电式混合动力公交客车的关键技术研发和产业化攻关，支持插电式混合动力城市客车产品开发和产业化。

桂林大宇客车

关键总成与零部件方面：集中力量对动力电池（含燃料电池）及电池材料、驱动电机、电控系统的研发及产业化开展应用研究。培育一批以先进技术为支撑、资本与技术紧密结合，具有高速成长能力和鲜明专业特色的成长型企业。增强区内节能与新能源汽车配套企业的供货能力，构建和完善新能源汽车关键零部件产业链，开展轻量化零部件及产业化应用研究。

在充电设施建设行动方面，2016~2020年，广西要新增充电站303座（逐年新增数量分别为35座、42座、52座、70座和104座），新增充电桩76023根（逐年新增数量分别为8738根、10486根、13107根、17477根和26215根），2016~2020年逐年新增的充电基础设施分别可服务不少于1万辆、1.2万辆、1.5万辆、2万辆和3万辆电动汽车。充电设施建设目标任务将细化分解到各市，积极探索多层次的充换电服务体系，鼓励有条件的公共停车场、办公楼、住宅小区、商场、酒店及加油站新增或改造增建符合规定的充电桩。

新能源汽车的推广关系到国家能源战略，也是广西推动新旧动能转化重点培育的新兴产业之一。随着广西区内新能源汽车产业的持续发展，生态环境配套建设将会进一步完善，有效解决"充电难、停车难、出行难"等电动汽车所面临的全国性问题。

如今，拥有智慧互联技术的加持，以宝骏新能源产品为载体，广西区内创造性地涌现出新能源共享汽车、智慧政务车等多样化应用场景，向可持续发展的新能源汽车社会转型，广西新能源汽车产业呈现出良好的发展局面。2019年6月，宝骏新能源汽车业务已向全国铺开。相信在不久的未来，广西新能源汽车产业将迎来重大变革，朝全面智能的方向高速发展。

迎接新四化
实现产业跨越升级

汽车产业是广西支柱产业，经过多年发展，广西汽车产业已形成较完整的产业格局和配套体系，拥有一批优势企业和有较强竞争力的产品，为广西经济社会发展做出了重要贡献。但长期以来，广西汽车产业停留在中低端水平，上汽通用五菱虽被誉为国民神车，年销量突破200万辆，但基本没有价格超过10万元的产品。2018年以来，受汽车市场持续低迷影响，低端车型受到较大冲击,而广西尤其是柳州地区的汽车产业面临的压力尤其巨大。

广西汽车产业主管部门分析认为,汽车产业的大趋势是电动化、智能化、网联化、共享化,惟有顺应趋势、加强技术变革,才能不被淘汰。广西汽车产业要在现有的基础上时时创新、刻刻进步,不断跟上汽车产业科技革命的趋势,才能从根本上实现汽车产业的转型升级和高质量发展。

业内人士认为,广西在研发力量并不是很雄厚的情况下,整车企业、零配件企业、高等院校以及科研院所应由各自为战转为抱团取暖,协同发展、协同创新,把创新要素集结起来,共同吹响广西汽车产业协同发展的集结号,为汽车产业转型升级注入强大力量。

据了解,目前广西各大汽车厂家正在加大投入,推动整个汽车产业向中高端化发展。东风柳汽相关人士表示,东风柳汽在汽车轻量化、电动化、智能化、网联化、共享化方面加大研发投入,并在新型发动机和电动汽车产品开发上积极推进。

此外,上汽通用五菱也在积极创新研发,"新四化"成为其科技创新的重要方向,在新能源汽车智能电子电气架构开发、锂离子动力电池管理和控制技术开发以及汽车智能网联化关键技术研发与应用等方面进行努力。同时,上汽通用五菱还积极布局智能网联新生态,未来将以新宝骏为起点,打造"年轻、智能、科技、网联"新基因,促进大数据、人工智能、互联网与汽车工业深度融合,继续推动广西汽车工业高质量发展。

广西汽车集团也在求新、求变。"汽车产业再次飞速发展的契机是新能源化和智能化。我们将紧紧抓住这次百年不遇的产业机遇,进行智能化新能源汽车的研发及生态链建设。"广西汽车集团方面表示。

为加快培育汽车产业发展新业态、新动能,广西财政充分发挥职能优势,2017~2019年多措并举筹集资金63.81亿元,通过贷款贴息、以奖代补、风险补偿、财政补助等多种形式,支持汽车产业发展,坚持汽车产业发展与推广应用并举,以构建广西特色现代汽车产业体系为目标,重点发展新能源汽车,加快汽车产业结构调整和转型升级,形成较完整的产业格局和配套体系。

当前，汽车产业正由量的扩张向质的提升转变，汽车消费进一步升级，汽车产业政策逐步调整，随着市场环境、政策导向、产业标准等发生变化，整个汽车行业正处于产品技术升级换代、市场竞争态势深刻调整的重大转折期，这对广西汽车工业来说既是困难和挑战，也是难得的机遇。

如果能充分认识、客观分析、科学研判汽车产业发展面临的形势，进一步增强工作的前瞻性、针对性和有效性，立足提高创新能力，提高研发投入力度，坚持协同创新，强化科技成果转化应用，努力在激烈的汽车市场竞争中赢得主动，那么，广西汽车工业定会再次打造出符合市场需求的创新型热销产品，进一步扩大市场份额，在汽车行业大变局中，开拓出一片高质量发展的新天地。

重庆：支柱产业扬帆再启航

《中国汽车报》 记者 姚会法

70年栉风沐雨，重庆跟随新中国"站起来""富起来""强起来"，一步一个脚印，将梦想变为现实。

70年春华秋实，一代代重庆人接续奋斗，汇聚起一座城市的光荣与力量，用智慧和勤劳谱写历史的新篇章。

70年砥砺奋进，今天的重庆，正以全新、挺拔、傲然的姿态，朝着现代化汽车工业城努力奔跑。

新中国成立以来，重庆一直发展汽车产业。特别改革开放以来，重庆汽车工业更是一路向上，变成支柱产业。

2018年，重庆市拥有41家汽车生产企业，其中有21家整车生产企业、20家专用车生产企业。全市规模以上汽车零部件企业有近千家，已经具备发

责任与担当
——新中国 70 年汽车工业发展纪实

动机、变速器、制动系统、转向系统、车桥、内饰系统和空调等各大总成完整的供应体系,汽车零部件本地配套化率超过 70%。重庆以长安体系为龙头,以上汽红岩、上汽通用五菱、东风小康、北汽银翔、北京现代、华晨鑫源、力帆汽车、庆铃汽车、潍柴嘉川、北方奔驰和恒通客车等十多家整车企业或企业生产基地为骨干,以上千家配套企业为支撑,形成"1+10+1000"的优势汽车产业集群。

半个世纪厚积薄发形成汽车产业方阵

回顾重庆汽车工业的发展史,可以追溯到 20 世纪 50 年代。第一辆车由长安机器制造厂生产。第一辆样车在 1958 年 5 月试制出来,名为长江牌 46 型吉普车。当年共完成 38 辆生产任务,揭开了重庆汽车工业发展的序幕。

1958 年,中国第一款自行生产的吉普汽车在重庆装配下线

1964 年,我国第一颗原子弹爆炸成功,向世界庄严宣告:中国人民依靠自己的力量,掌握了原子弹技术,打破了超级大国的核垄断。刚刚起步的中国汽车工业无国产的重型军用汽车,炮兵部队所需牵引车、重型越野车几乎是一片空白,"有炮无车"。1965 年,在周恩来总理关怀下,四川汽车制造厂(上汽红岩前身)在万众期待中破土动工,拉开了新中国重型军用汽车制造基地建设的序幕,为解决"有炮无车"的局面打下了坚实基础。1966 年,依照引进的法国贝利埃 GCH 重型军用越野车技术生产的两辆 CQ260 越野车样车在

綦江汽配厂试制装配下线，标志着我国重型越野车诞生。

紧接着，1969年，重庆动力机械厂开始生产山城牌汽车。

1970年3月，重庆动力机械厂试制出5辆山城牌样车，同年7月，第一批20辆山城牌汽车下线。同年9月，重庆动力机械厂又生产出50辆山城牌汽车参加了国庆21周年重庆市大游行。

经过20世纪六七十年代的发展，重庆汽车工业在中型、重型车领域取得了一定的发展，但是，"缺轻、少微、无轿车"的局面仍然没有改变。在此背景之下，长安机器制造厂走上了"军转民"发展之路，开始探索、试制微型车。1984年11月，第一批长安牌SC112微型汽车出厂。1986年9月，长安SC110微型厢式车开发成功。同年11月，长安微型车年产量突破1万辆。作为支柱民品，微型车为长安实现军转民、带动重庆经济建设做出了突出贡献。

与此同时，重庆动力机械厂在生产山城牌汽车的基础之上，还将触角延伸到了轻型载货汽车领域，与日本五十铃汽车公司合资成立了庆铃汽车有限公司。这是重庆第一家中外合资企业。1985年5月，庆铃以CKD方式组装出第一批双排座、载重量2吨的五十铃630轻型载货汽车。

值得注意的是，20世纪80年代，重庆汽车工业在微、轻、重型载货汽车领域都已经有所建树，但却迟迟没能进入轿车市场。直到1991年，长安从铃木购买了500套奥拓汽车的散件，组装出了第一批轿车。1992年，国家正式批准长安成为开发生产经济型轿车生产基地之一。

1993年5月，长安与日本铃木、日商岩井签订合资协议，成立了重庆长安铃木汽车有限公司，以加快奥拓轿车的发展和生产基地的形成。1995年3月，长安铃木总装线试制出第一辆奥拓SC7080型轿车。同年4月，该车正式投产。从1995年正式生产到2008年最后一辆车下线，长安铃木奥拓生产超过了50万辆轿车。这是重庆汽车工业对探索乘用车市场的初次尝试，也圆了中国很多家庭的汽车梦。

1997年，重庆升为直辖市，汽车制造业也毫无悬念地成为重庆的支柱产业。随后，长安福特、长安奔奔、力帆、东风小康、北汽银翔、华晨鑫源、上汽通用五菱、潍柴（重庆）汽车、北京现代重庆工厂、重庆众泰汽车、长城汽车等一系列汽车生产企业和汽车品牌如雨后春笋般拔地而起或落地生根，得到了蓬勃发展。

除了整车业务外，重庆汽车零部件产业也得到了飞速发展。当前，重庆汽车零部件本土化配套率已超过80%，拥有400多家高品质的一线汽车零配件生产企业、1500多家二三线配套企业，形成了真正的汽车产业大方阵。

打造"中国汽车城"助力我国汽车产业崛起

新中国成立70年来，重庆人民走过了一段波澜壮阔的光辉历程，巴渝大地也发生了翻天覆地的变化。

2009年，我国一跃成为世界第一汽车产销大国。顺应国家发展趋势，重庆汽车工业也取得了长足进步。

过去十几年，重庆市汽车产业取得的成绩备受关注。在2015年，重庆市汽车产量已经突破300万辆，成为当时全国第一大汽车生产基地。2016年，重庆生产汽车产量更是达到316万辆，同比增长4%，继续保持全国第一。重庆汽车产量曾连续3年居全国第一位，最高时占到全国汽车产量的近八分之一。可以说，重庆已经是当之无愧的"中国汽车城"，为我国汽车产业的崛起做出了巨大贡献。

2018年，重庆生产总值达到20363亿元，是1949年的1466倍；人均地区生产总值达到9964美元，是1949年的758倍。其中自然有重庆汽车产业的鼎力支持。

值得一提的是，在近年来的节能减排压力下，新能源汽车成为我国汽车产业下一个发展重点。作为当地的重要经济支柱，重庆汽车产业自然也不会错过新能源汽车市场的发展机遇。2017年，重庆新能源汽车产业就已形成成熟体系，产销量和推广应用数居国内前列，其全年生产新能源汽车 4 万辆，全国占比为 5%。

重庆已经建成新能源汽车核心零部件配套产业，比如，超威、国能的电池模组，无线绿洲、金美通信的电池管理系统，特瑞、五龙动力的电池正极材料，云天化纽米科技的电池隔膜，神驰机电、赛力盟的电机，长安、凯瑞电动、中力新能源的控制器，日本三电、超力空调、建设车用空调的电空调，美国耐世特、龙润转向器的电转向，德国华域大陆的电制动。

成绩值得肯定，但问题也不容忽视。飞速发展的重庆汽车产业也有值得深思的地方。2017 年之后，受汽车市场整体下滑因素影响，重庆汽车产业也出现了首次下滑。根据重庆市人民政府官方网站数据显示，2018 年，在重庆市全年规模以上工业中，汽车产业增加值比上年下降 17.3%，重庆汽车产量 2018 年下降 27%。

2019 年，重庆汽车产业下降趋势在延续。重庆市人民政府官方网站数据显示，2019 年第一季度，在重庆规模以上工业增加值中，唯独汽车产业下降 17.1%。中商产业研究院数据库显示，2019 年 5 月，重庆市汽车产量为 8.47 万辆，同比下降 35.05%。2019 年前 5 个月，重庆市汽车产量为 58.09 万辆，同比下降 34.1%。

2011~2016 年 11 月年重庆汽车销售额及利润总额对比（亿元）

数据来源：国家统计局。

2009～2018 年重庆市汽车产量及在全国汽车产量占比

《重庆蓝皮书2019年中国重庆发展报告》指出，重庆市内主力车企产品中低端化、产品更迭缓慢、品牌品控等问题成为当地汽车产业运行持续低迷、下行压力较大的部分影响因素；当前重庆市汽车产业的自主创新能力、技术能力有待进一步加强。

加速转型升级发力新能源和智能网联汽车

新能源、人工智能、大数据等新兴技术正在引领全球汽车产业变革。作为全国重要的汽车产业基地，重庆如何抓住汽车产业转型升级的机遇？这是一个值得思考的问题。

近一两年，重庆汽车产销量出现了一些波动。值得庆幸的是，2018 年 12 月，《重庆市人民政府办公厅关于加快汽车产业转型升级的指导意见》（以下简称《意见》）及时为重庆汽车产业扭转了局面。该《意见》十分清晰地指出了未来重庆汽车产业的发展方向，明确提出要大力提升汽车产业产品电动化、智能化、网联化、共享化、轻量化水平，打造现代供应链体系，壮大共享汽车等应用市场，实现产业发展动能转换。

《意见》指出，到2020 年，全市汽车产业转型升级初见成效，实现汽车产销量平稳增长：年产汽车超过 300 万辆，产业配套能力进一步增强，实现产值超过 5400 亿元；新能源汽车快速发展。年产新能源汽车超过 20 万辆，形成较强的核心零部件配套能力；汽车智能网联水平大幅提高，年产智能网联汽车超过 80 万辆，占全市汽车产量比重超过 25%，初步具备辅助驾驶系统、网联终端系统的配套能力。

2022 年，重庆市汽车产业在全国的领先地位将进一步巩固，年产汽车约 320 万辆，占全国汽车年产量的 10%，实现产值约 6500 亿元，单车价值量实现大幅提升。其中，年产新能源汽车约 40 万辆、智能网联汽车约 120 万辆，成为全国重要的新能源和智能网联汽车研发制造基地。

2022 年前，重庆发展汽车产业有以下三个办法：

第一，在推动整车转型升级方面，加快汽车产品上档升级。

结合汽车消费升级发展趋势，大力调整产品结构，加快现有优势产品升级换代，不断提高先进汽车电子、轻量化材料、高强度车身等应用比例，开展质量提升行动，提升产品品质，提高全市汽车产品单车价值量。推动自主车企品牌和产品向上发展，重点支持企业研发和投放价值量高、盈利能力强的中高端车型。鼓励合资车企加快导入高端品牌和高档车型，支持合资车企向自主品牌出售发动机、变速器等核心零部件。

加快新能源汽车发展。推动新能源汽车产品开发与产业化，加快产品提档升级。重点发展纯电动汽车、插电式混合动力汽车，大力发展燃料电池汽车，鼓励发展混合动力汽车。重点支持企业开发续驶里程长、充电快、安全性能高的中高端新能源汽车产品，产品质量技术达到国内先进水平。

加快智能网联汽车发展。重点实现前撞预警、车道偏离预警、变道辅助等辅助驾驶系统的大规模应用，加快提高车道保持系统、自动泊车系统、自动紧急制动系统等自动驾驶系统的装车比例，着力提升汽车产品的人、车、路、后台等智能信息交互及决策能力，全面提高汽车产品智能网联水平。全市汽车产品总体智能网联达到国内先进水平，重点企业重点产品的智能网联达到国际先进水平。

第二，在提升零部件竞争力方面，完善本地配套体系。

大力发展高性能发动机、自动变速器等产品，补齐传统汽车核心配套短板。大力发展动力电池单体及电池系统、驱动电机及控制器、整车控制系统以及电制动、电转向、电空调等新能源汽车"大小三电",完善新能源汽车产业链。大力发展智能网联汽车核心零部件以及传统车体控制系统和车载电子装置,实现汽车电子行业跨越式发展。

提升质量技术水平。引导零部件企业加大研发投入,重点加强关键零部件制造技术攻关。加强技术改造,加快高档数控机床、在线检测、自动化物流等先进高端制造装备的应用。完善质量管理体系,提高产品一致性保障能力,推动重点企业产品质量达到国内先进水平。

增强产品市场竞争力。支持重点零部件企业加速进入国内外整车企业全球采购体系。支持优势零部件企业深耕细分领域,不断增强在全球汽车产业体系的话语权。

第三,在加快企业兼并重组上,要大力推动供给侧结构改革,优化资源配置,按照市场主导、企业主体、政府引导的原则,推动企业兼并重组。支持市内优势企业和国内外知名企业,按照"一企一策"方式,实施企业整合、并购和战略合作。实现全行业持续健康发展。

另外,《意见》还进一步提出,要鼓励企业加大创新投入力度。到2022年,重庆市汽车行业研发投入达到180亿元,R&D(研究与试验发展)经费投入强度达到2.5%,超过全国平均水平,年新车型投放量达到20款,其中新能源和智能网联汽车加大投放量10款以上;并且加强整车与零部件系统集成、整车安全、新一代动力电池、燃料电池、电动车专用底盘、轻量化、先进汽车电子、自动驾驶系统、智能网联系统、核心芯片及车载操作系统、关键零部件模块化开发与制造等关键核心技术的攻关,提升其研发应用水平。

作为重庆工业第一支柱,重庆汽车产业正由追求高速增长向注重高质量发展转型。未来,古老的巴蜀之地重庆汽车产业将再次站在时代前沿,迎来无限风光。

北京：忆往昔砥砺前行，看未来志在高端

《中国汽车报》 记者 袁孝尚

2019年恰逢新中国成立70周年。新中国建立之后，便开始了大规模的工业建设。1953年7月，长春第一汽车制造厂开工建设，北京成为零部件配套重点生产基地之一，原第一机械工业部汽车局第一汽车附件厂（后改名"北京第一汽车附件厂"）为解放牌汽车供货。1958年，在异常艰苦的条件下，北京第一汽车附件厂试制成功第一辆"井冈山"牌小轿车，并更名为北京汽车制造厂，北京汽车工业自此踏上奋发图强的圆梦征程。

有人说，北京汽车工业走的是一条以产品开发为先导，专业化协作、技术引进，主要靠自我积累、自我发展的独特道路，为中国汽车工业发展提供了与吉林一汽、湖北东风完全不同的建设模式。

从历史中走来，实现今日之崛起，进而在未来领先世界。如今，脱胎于原北京汽车制造厂的北汽集团是中国五大汽车集团之一，始终将建设汽车强国作为企业的光荣使命，按照"高、新、特"战略方向，在中国率先提出实施全面新能源化转型，目标是建成世界级的新能源汽车科技创新中心和世界级的新能源汽车企业。

2019年1~8月汽车产量
105.97万辆

——新中国 70 年汽车工业发展纪实

▌艰苦创业，奋发图强，谱写华丽乐章

1958 年，我国经济建设进入了第二个五年计划时期，党的八大二次会议明确发出"我们当前技术革命的重要任务之一，是在全国范围内建立一个以现代化交通工具为主的四通八达的交通网"的号召。各地加紧汽车研制工作，全国 27 个省市自治区共试制生产了 233 种汽车产品。当时的北京市委、市政府领导主张上轿车，经过研究组建了北京汽车试制领导小组。

在一穷二白、百废待兴的艰苦创业期，第一代北京汽车人肩负使命、勇挑重担。资料显示，那时有一个比较好的做法，就是领导干部、技术人员、生产工人"三结合"，联合攻关，发挥各方面的智慧和积极性。仅仅 4 个月，样车便出炉了，起名为"井冈山"牌轿车。

1966 年，北京牌轻型越野车 BJ212 诞生，创造了生产年限横跨 50 余年、累计产量超过 120 万辆的业绩，创下了"越野世家"的美名，也奠定了北京汽车工业在全国汽车工业中的重要地位。

1973 年，北京汽车工业公司成立，成为北京汽车工业管理体制的一次重大转变。在此之后，北京汽车工业取得了快速发展，成为中国汽车工业的重要生产基地之一。

1983 年，中国第一家整车制造合资企业——北京吉普汽车有限公司正式成立，开启了中国汽车产业开放合作发展的新篇章。20 世纪 90 年代，北京旅行车股份有限公司成功上市，开创了中国上市公司向外资转股的先河。

1996 年 8 月，由北京汽车摩托车联合制造公司发起、联合全国 100 家法人单位成立的北汽福田车辆股份有限公司（后改称"北汽福田汽车股份有限公司"）成立。1998 年 6 月，北汽福田正式上市。

2002 年 10 月 18 日，中国加入世界贸易组织后批准的第一个汽车生产领域的合资项目——北京现代隆重开业；同年 12 月 23 日，第一辆北京现代索纳塔轿车下线。进入 21 世纪，随着北京现代和北京奔驰相继成立，推动了北

京汽车工业实现历史性的转折。

2018年，北京汽车产量超过165万辆，位居全国第七；北汽集团2018年全年完成整车销售240.2万辆，实现营业收入4807.4亿元，同比增长2.2%，利润同比增长7.3%，在2018《财富》世界500强排名第124位，比上一年度提升13位；北京海纳川汽车部件股份有限公司2018年营业收入达到588亿元，居中国汽车零部件集团第三位。

2009~2018年北京市汽车产量及同比增速

数据来源：中国国家统计局。

走集团化道路
实现跨越式发展

在外界看来，北京汽车工业的发展是从北京汽车制造厂的成立为标志开始的。北京汽车制造厂是北京汽车工业的摇篮，也是北京汽车工业的主体。资料显示，1973年北京市汽车工业公司的建立，实质上就是为了更好地整合北京汽车工业资源的正确决策。北京汽车工业在20世纪70~80年代是发展最快的时期之一，主要产品填补国内空白，长期畅销不衰，直到90年代初生产规模仍处在全国前三位。

1980年12月,北京市汽车工业公司更名为北京汽车工业总公司。1987年3月,行政性的北京汽车工业总公司被撤销,经营性的北京汽车工业联合公司成立。1994年8月,北京市政府办公厅发出《关于组建北京汽车工业集团的通知》,将北京汽车工业联合公司改为北京汽车工业集团公司。2000年9月,北京市政府批复北京汽车工业集团公司改制组建国有独资的北京汽车工业控股公司(2010年11月更名为"北京汽车集团有限公司")。

2007年,北汽集团确立了"走集团化道路,实现跨越式发展"的战略。2009年,北汽集团产销汽车124万辆,实现销售收入1166亿元,跨入"百万千亿"级的汽车集团之列,成为首都经济高端产业和现代制造业的重要支柱产业。10余年来,北汽集团抓住中国汽车市场快速发展的历史机遇,对企业内部管理体制进行了改革,积极打造整车、零部件、研发、服务贸易、改革调整五大平台。北汽集团更是全力打造自主品牌——北京汽车与北汽昌河双星闪耀;北汽新能源厚积薄发,连续6年在中国纯电动汽车领域销量领先;"北汽蓝谷"成为国内新能源汽车第一股;北汽福田多年位居国内商用车销量前列。

10余年来,北汽集团立足北京,面向全国,走向世界,在全国十余个省市实现产业布局,在海外建立研发中心和生产基地,销售市场覆盖80多个国家和地区。

面对高潮迭起的科技革命、渐入佳境的行业变革、全面开放的形势变化,北汽集团秉持创新、协调、绿色、开放、共享的新发展理念,以构建"高、新、特"产业结构为核心,以实现北汽集团"由大变强,走向世界"为目标,加快实施战略转型。以全面新能源化与智能网联双轮驱动,北汽集团增强自主创新能力,秉持"开放创新、集成创新、协同创新"的理念,以电动化、智能化、网联化、共享化为重点突破方向,不断提升核心竞争力,实现跨越式发展。北汽集团整车销量从2007年的69万辆增长到2017年的256万辆,10年间营业收入从642亿元增长到4700亿元。

零部件产业突飞猛进
提供有力保障

在零部件产业方面，北京汽车行业积极探索。2008年，北京海纳川汽车部件股份有限公司（以下简称"海纳川"）成立，建立之初就积极推动合资企业建立本土化的研发中心，要求合作方提供相应的技术支持，联手拓展市场。

截至目前，海纳川已拥有以英纳法天窗为代表的全球化研发体系、以渤海活塞为代表的国家级研发中心、以北汽模塑为代表的省级研发中心……此外，海纳川海拉、延锋海纳川等企业的研发能力也得到了大幅提升，两级研发人员数量超过千人。

2016年，海纳川技术中心成立并发布了海纳川零部件产业研发战略规划，提出"引领驾乘科技，共享人车未来，以技术创新推动海纳川成为一流的汽车零部件公司"的研发愿景，持续推动零部件产业竞争力提升，为自主品牌发展提供有力保障。海纳川17家所属企业为北汽"越野世家"BJ40、BJ80系列车型，配套提供了车身、内饰、座椅等模块化产品的同步研发和制造支持。

2017年，北汽集团吹响向全面新能源化前进的号角，在北汽新能源旗下ARCFOX品牌首款量产车型LITE上，海纳川提供了内外饰、线束、空调、车灯、底盘、车身、安全件等八大类产品的同步研发，为北汽新能源汽车发展提供助力。

北汽新能源EU300换电出租车投入运营

海纳川围绕"轻量化、电动化、智能及网联化"技术趋势，展开系列前瞻性布局：以智能驾驶系统为主要方向，开展 L2 驾驶辅助系统量产开发，与国内顶尖院所合作预研 L3 自动驾驶系统，着力攻关多传感器感知及融合的关键技术；根据新能源汽车需求，布局"电驱传动系统、底盘电动系统、电动化热循环系统"关键零部件；通过复合材料替代、结构设计和工艺优化，提供系统的轻量化解决方案。

在国际化发展道路上，海纳川阔步前行，在技术、渠道、市场、人才方面取得不少成果。2011 年，海纳川收购全球第二大天窗企业荷兰英纳法集团，不仅进一步丰富了海纳川的产品线，加强了研发能力、营销能力和核心竞争力，而且迈出了国际化征程的坚实一步，造就了一支国际化的人才团队。2017 年，海纳川的国际化发展步伐再次加快，旗下上市公司渤海汽车公司收购了德国 TRIMET 汽车公司 75% 的股份，后者多年来为戴姆勒、宝马、奥迪、大众、沃尔沃等品牌，提供铝合金零部件的开发与生产服务，拥有领先的研发及制造能力。

瞄准智能网联
迈向高端发展

北京汽车工业已走过六十余载光阴。起步阶段，第一代北京汽车人在极端艰苦的条件下，砥砺前行，为北京汽车工业奠定了坚实的基础；崛起阶段，北京汽车工业把握住时代前行的脉搏，以勇气和魄力，不断开创出崭新的发展局面，立于中国汽车工业发展变革的潮头之上；如今，科技创新如火如荼，汽车工业日新月异，北京又以智能网联为突破口，加速汽车产业转型升级步伐，不断提升发展质量，致力于抢占未来汽车工业竞争的制高点。

2018 年 10 月，北京市经济和信息化委员会发布了《北京市智能网联汽车产业白皮书（2018 年）》（以下简称"《白皮书》"），系统梳理了北京市智能网联汽车产业发展和产业链布局的情况，并提出了北京市智能网联汽车发展的政策。

《白皮书》认为，北京市具备智能网联汽车产业发展的先发优势，具有汽车制造、集成电路、信息通信、大数据、人工智能、软件信息服务等优势领域；拥有自动驾驶整体解决方案，聚集了一批自动驾驶创新团队，形成了国内技术水平最高、环节最完整的产业链条；同时，北京市还率先发布了自动驾驶车辆道路测试政策措施和系列技术文件，已经开放的测试道路里程、发放测试牌照创新主体和牌照数量、安全测试里程均为全国领先。

根据北京市制定的智能网联汽车产业创新发展行动方案，其将以2022年北京冬奥会实现智能网联汽车全面应用为目标，加快技术突破和产品开发步伐，基本完成智能网联汽车技术体系的构建，并通过20年持续迭代升级，形成世界一流的智能网联汽车产业集群，打造智能网联汽车与智能交通深度融合的智能交通新模式，建成最具活力的自动驾驶创新生态体系和安全、高效、绿色、文明、智能网联汽车社会。

北京市明确了2022年"形成满足高级自动驾驶（L4）要求的智能网联汽车完整技术体系，技术水平进入全球第一梯队；形成高效、安全的新一代智能交通应用示范体系，示范运营区域超过500平方公里；形成智能网联汽车产业制造和应用服务体系，北京市智能网联汽车及关联产业规模达到1000亿元"的近期发展目标，并提出了"形成世界一流的智能网联汽车产业集群，打造智能网联汽车与智能交通深度融合的智能交通新模式，建成最具有活力的自动驾驶创新生态体系和安全、高效、绿色、文明智能网联汽车社会"的中长期发展目标。

江苏：加码汽车新四化，聚焦高质量发展

《中国汽车报》记者　张　玉

江苏省域经济综合竞争力居全国第一，是中国经济最活跃的省份之一，与上海、浙江、安徽共同构成的长江三角洲城市群成为国际六大世界级城市群之一。2018年，江苏省实现生产总值92595.4亿元，比上年增长6.7%。

江苏省工信厅发布的《2019江苏省汽车产业发展报告》显示，2018年当地2188家汽车工业企业主营业务收入突破7952.7亿元，同比增长5%，连续3年处于全国领先位置；利润总额604.5亿元，优于全国汽车产业平均水平；此外，在我国新车产销量同比下滑4.2%和2.8%的低迷形势下，江苏省重点整车企业共计产销汽车189万辆和190.1万辆，同比分别下降0.2%和0.6%，汽车产量占全国总体的6.8%，比去年略提高0.1个百分点。

新能源汽车成为强势增长点

近年来，江苏紧抓汽车产业转型机遇，全面落实国家新能源汽车发展战略，强化创新驱动，促进跨界融合，形成了新能源汽车全产业链协同发展的格局。目前，江苏新能源汽车产业已成为国内最具发展潜力的汽车产业集群之一。

截至2019年6月，江苏省共有25家新能源整车生产企业，纯电动乘用车、插电式混合动力乘用车、纯电动客车、插电式混合动力客车、纯电动货车、纯电动专用车等产品市场竞争优势明显；培育形成了涵盖完整的产业链条，并在电池、电机、电控、电空调等关键领域形成突出优势；汇聚了南汽集团、徐工汽车、苏州金龙、中航锂电、南京越博、苏州汇川、南京奥特佳等一批行业领先企业，前途、敏安、拜腾等新能源汽车造车新势力纷纷将总部设在江苏，上汽、长安、北汽、宁德时代等龙头企业均在该省设立研发生产基地，丰田、宝马、博世、麦格纳等国际巨头纷纷在江苏投资设立区域性研发生产中心。

2018年，江苏省新能源汽车及"三电"重点企业实现销售收入640.8亿元，同比增长43.3%；新能源汽车产量16.9万辆，同比增长151.6%，占全国总量13.3%；销量16.4万辆，同比增长158.2%，占全国总量13.1%。2018年，江苏省动力电池装机量14.8吉瓦·时，占全国24.5%，比上年提高8.5个百分点。江苏省智能网联汽车产业迅速发展，相关企业达110多家，总产值超过165亿元，初步形成了智能网联汽车产业发展生态。2018年，江苏省充电设施建设投入9.63亿元，实现充电量8.75亿度，充电运营收入4.12亿元，充电设施装备产业竞争力位居全国第一。截至2018年底，江苏省累计推广应用新能源汽车13.2万辆，建设各类充电桩6.6万个，推广数量和充电设施建设数量均居全国前列。

江苏省新能源汽车产销量从2017年占全国总产销量的8%左右上涨到2018年的13%，预计2019年将超过15%，争取突破20%。与此同时，江苏省2018年动力电池总装机量的不断攀升，标志着江苏省在新能源汽车产业发展地位的提升。

此外，江苏省60家电池、电机、电控重点企业，2018年实现销售收入

336亿元,同比增长25.8%。其中,31家主要动力电池生产企业和12家电解液、隔膜、电极材料配套企业实现销售收入244亿元;17家主要电机、电控研发生产企业实现销售收入91.9亿元。

2009~2018年江苏省汽车产量及同比增速

数据来源:国家统计局。

汽车零部件产业独具特色

作为江苏的特色产业之一,汽车零部件产业已在该省发展了20多年。据不完全统计,截至2018年,江苏省拥有汽车零部件企业12209家。2017年,该省汽车零部件实现销售收入4439亿元,居全国第一,产品种类齐全,发动机、传动系、制动系等重点产品已进入汽车跨国公司配套体系,车用发动机、汽车车身、汽车电子电器等专利数量居全国第一位。

以江苏省扬州市为例,近年来扬州市积极服务重点企业,三个着力推动汽车及零部件产业集群集聚水平不断提高。

一是着力强化汽车及零部件产业重大项目建设,积极推动仪征大众、江淮汽车、潍柴等一批整车和关键零部件项目顺利落地。近三年来,该市共争取仪征大众二期、中集数字化特种车辆等4个汽车及零部件产业项目列入省级重大项目库。在2019年市级重大项目库中,汽车及零部件产业项目达到29个,计划总投资达68.2亿元。

二是着力优化汽车及零部件产业重点企业服务,先后推动建成江苏省汽车及零部件特色产业基地（仪征）、江苏省乘用车及核心部件先进制造业基地（仪征）等省级集聚区，获批江苏省汽车零部件柔性自动化制造工程研究中心（仪征大众联合发展有限公司）、江苏省新能源汽车热管理工程研究中心（嘉和热系统股份有限公司）等一批省级创新平台。

三是着力提升汽车及零部件产业支撑体系，认真执行汽车产业相关政策，严禁新增传统燃油汽车产能，持续做好了产能调查监测等系列工作，并及时解读报送了关税政策调整、投资管理政策变化等新形势新情况，积极推动全市新能源汽车健康有序发展。2019年初，该市明确除整车以外的专用车、挂车、关键零部件项目均下放县（市、区）办理，并由核准改为备案，实行后已有部分项目在属地取得立项。

根据江苏省《关于促进新能源汽车产业高质量发展的意见》，该省将打造关键零部件产业集群；充分发挥产业链完整、配套能力强的优势，以南京、无锡、常州、苏州等为依托，围绕动力电池、汽车电子、动力总成等领域，打造1~2个在国内外具有较大影响力的关键零部件产业集群；鼓励省内电池、电机、电控等重点零部件企业与整车企业在技术创新、产品开发、检验检测和供应链等方面开展深层次合作，形成协同联动发展的产业格局。

多举措推进高质量发展

在新能源汽车产业发展方面，江苏省政府注重统筹推进，不断强化政策引领：组织编制《汽车及零部件（含新能源汽车）先进制造业集群培育方案》，聚焦培育龙头企业，推动转型升级，打造全产业链发展生态，实现集群高质量发展；多部门联合在全国率先印发《江苏省智能网联汽车道路测试管理细则》《江苏省智能网联汽车标准体系建设指南》，优化道路测试环境，推动标准体系建设，促进智能网联汽车创新发展；印发《关于做好2018~2020年新能源汽车推广应用地方财政补助工作的通知》《江苏省新能源汽车充电设施建设运营管理办法》，保持补贴政策持续稳定，简化充电设施建设审批手续，进一步明确政策预期，促进新能源汽车推广应用。

2019年8月，江苏省工信厅发布了《关于促进新能源汽车产业高质量发展的意见》，聚焦重点企业和关键环节，推进江苏省新能源汽车产业科学合理布局，优化产业结构，增强创新能力，提升装备水平，加快构建自主可控的产业体系。

江苏省新能源汽车产业的发展目标为：一是产业规模进一步扩大，到2021年，新能源汽车产量超过30万辆，形成1~2家年产量超过10万辆的新能源汽车生产企业；到2025年，新能源汽车产量超过100万辆，形成2~3家年产销量超过30万辆的新能源汽车生产企业，在新能源汽车关键零部件领域，培育一批国内外知名企业。二是自主创新能力大幅提高，关键核心技术实现自主可控，逐步构建具有全球竞争力的产业创新体系；到2021年，新增1~2家国家级企业技术中心；到2025年，新增5~8家国家级企业技术中心，创建1~2家国家级制造业创新中心、3~5家省级制造业创新中心。三是品牌影响力不断提升，到2021年，打造1个、培育2个具有国际竞争力的新能源汽车产业集聚基地；到2025年，培育一批拥有自主知识产权和国际竞争力的世界知名品牌。

氢燃料汽车产业链初步形成

江苏省已初步形成涵盖氢气制备和储运、电堆及核心零部件、电池系统、整车制造和加氢站建设运营等产业链条，汇聚了南京金龙、苏州金龙、苏州弗尔赛、南通百应、江苏重塑、国富氢能等企业，在苏州、南通、盐城等地率先开展示范应用，相关重点企业超过30家，共建成加氢站5座，约200辆氢燃料电池公交车、物流车投入试运行。

根据《江苏省氢燃料电池汽车产业发展行动规划》，至2021年，其产业规模与技术水平将处于全国领先地位，产业政策体系逐步建立，技术标准持续完善，示范应用不断扩大，初步建立完整的氢燃料电池汽车产业体系，成为我国氢燃料电池汽车发展的重要基地。

——产业规模持续扩大。氢能及氢燃料电池汽车相关产业主营收入达到500亿元，整车产能超过2000辆，电堆产能达到50万千瓦以上。

——技术创新不断增强。在原材料、电堆及核心零部件、系统集成与控制等领域突破一批关键技术，实施一批重大产品创新项目；加快相关标准的制定和推广。

——产业链条逐步完善。聚焦制氢储运、燃料电池、系统集成、整车制造及测试等环节，加快产业集群培育，建成1~2个具有国际竞争力的产业集聚区。

——优势企业加速涌现。形成1~2家有国际影响力的氢燃料电池汽车整车及关键零部件龙头企业，建成1~2家具有国际领先水平的氢燃料电池汽车产业技术研发与检验检测中心。

——基础设施加快建设。建设加氢站20座以上，培育一批以氢燃料电池客车、物流车为代表的示范运营区。

至2025年，江苏省将基本建立完整的氢燃料电池汽车产业体系，力争全省整车产量突破1万辆，建设加氢站50座以上，基本形成布局合理的加氢网络，产业整体技术水平与国际同步，成为我国氢燃料电池汽车发展的重要创新策源地。

博越动力总成系统配套成都大运村"氢燃料电池公交示范线"运营车辆

智能网联被列重点产业布局

江苏已在全国率先出台《江苏省智能网联汽车道路测试实施细则（试行）》，并率先印发《智能网联汽车标准体系建设指南》，开展无人驾驶测试牌照的发放工作，并建立了智能网联汽车的标准化体系。目前，江苏省5G通信、智能传感等技术取得突破，在无锡市建成的全球首家城市级车联网应用网络，已在国内引起高度关注。

在智能网联发展规划方面，江苏省可谓是高标准。2019年6月12日，江苏省工信厅、发改委、科技厅、公安厅等8个部门联合印发《江苏省推进车联网（智能网联汽车）产业发展行动计划（2019~2021年）》（以下简称"《行动计划》"），力争到2021年，车联网（智能网联汽车）相关产业产值突破1000亿元，基本建立智能车辆、信息交互、基础支撑等细分领域产业链，打造2~3家产业竞争力和规模水平国内领先的产业集聚区。

《行动计划》指出，重点以南京、无锡、常州、苏州、盐城等为依托，引导重点整车企业运用传感器融合、人工智能、互联网、大数据、虚拟仿真等建立智能网联汽车全新研发平台，高起点、高标准推动L3、L4自动驾驶乘用汽车开发、测试和示范，促进消费升级；推动公交车、货车、医疗车、景区用车、环卫车等商用车、专用车安装驾驶辅助系统（L2、L3），满足特殊场景应用需求，加快培育国内领先的智能网联整车研发制造基地；以南京、无锡、苏州等新能源汽车零部件集聚区为依托，整合创新和产业资源，促进雷达传感器、车规级芯片、车载计算平台、车载操作系统等研发和产业化，打造行业领先的智能网联汽车核心零部件产业基地。

《行动计划》还要求加快道路测试验证体系建设，重点推进国家智能交通综合测试基地（无锡）、国家智能交通测试及应用推广基地（常州）等智能网联汽车测试基地的建设，建设全国领先的"智能网联汽车测试认证平台""电子信息产品科研检测公共技术服务平台"等支撑体系。

河北：汽车工业四轮驱动全省经济飞跃

《中国汽车报》 记者　张海天

环抱首都北京，东与天津毗连、并紧傍渤海，东南部、南部衔山东、河南两省，西倚太行山，与山西为邻，西北部、北部与内蒙古交界，东北部与辽宁接壤——河北省是中国唯一兼有高原、山地、丘陵、平原、湖泊和海滨的省份。

作为重要的交通枢纽和汽车产销大省，据不完全统计，共有长城、北汽黄骅、长安、北京现代、吉利、沃尔沃等17家知名汽车整车厂、130家改装（专用）车生产企业、众多零部件生产企业落户河北省。汽车产业逐渐成为河北省经济发展的新动力。据河北省统计局数据显示，2018年全省分行业规模以上工业主要经济效益指标中，汽车制造业主营业务收入为2522.9亿元，同比增长22.1%；利润总额为142.1亿元，同比增长43.5%。而据河北省工信厅的数据显示，2013～2018年，河北省汽车产量的年均增长率为6.8%。

忆往昔
峥嵘岁月稠

河北省汽车工业取得的成绩源自于河北省自新中国成立以来孜孜不倦的努力。早在 1958 年，保定汽车保养厂开始了保定汽车制造的尝试，在一无图纸、二无设备、三无一名工程技术人员、机器设备极其简陋的困难条件下，制造出了保定历史上第一辆汽车。

当时在"人人学张飞，个个当诸葛"的口号下，保定汽车保养厂发挥个人和集体智慧，除仪表、轮胎、轴承等少量不能生产的部件外，汽车上 1400 多种零件都是该厂自己制造的，为保定制造现代交通工具掀开了历史的一页。

1969 年，河北省石家庄组织全省 60 个厂家，协作试制仿解放 CA10B 型 4 吨载货汽车；唐山则以唐山市汽车修理厂为主，组织全市协作试制了仿 BJ212 轻型越野汽车，并于 1973 年改产仿 BJ130 型 2 吨载货汽车。

真正让河北省成为汽车制造业大省的则是邢台汽车工业的发展。据《邢台历史大事记》记载：1970 年 5 月 26 日，北京新都机械厂、天河汽车修造厂迁建邢台，分别改为邢台长征汽车制造厂、红星旅行车制造厂。此后，这两大汽车制造厂在河北省的汽车发展过程中留下了浓墨重彩的一段历史，也让邢台成为我国除长春、十堰之外另一个重要的汽车工业基地。

河北红星旅行车制造厂曾生产出了我国第一辆轻型面包旅行车，填补了国内市场的空白。据说当年丰田入华时，寻求合作的第一个汽车制造企业便是河北红星旅行车制造厂，可见其不俗的实力。

而长征汽车制造厂则是邢台在商用车领域的代表。1984 年 6 月 27 日，长征汽车制造厂与捷克莫托阿柯夫对外贸易公司在北京签署《组装太脱拉 T815 组装合同》。1985 年 11 月 10 日，长征汽车制造厂与捷克太脱拉公司合作的 T815 装配线举行投产剪彩。

20 世纪 80 年代末 90 年代初，保定市打出建设"汽车城"的口号。那是在改革开放初期，当时保定拥有的汽车制造厂和改装厂共计 7 家，包括 38 军大迪汽车厂、空直天马汽车厂、保定地区田野汽车厂、保定市长城汽车厂、北京空军四十五厂汽车改装厂、中国红十字会汽车厂、保定市胜利汽车改装厂。一路走来，大浪淘沙，现在只剩下了民营企业长城汽车和中兴汽车。

回顾河北汽车工业史，不得不提石家庄汽车企业——双环汽车。双环汽车进入乘用车行业很早。1988年4月，当时长城汽车董事长魏建军还没有创办长城汽车，奇瑞汽车董事长尹同跃还是一汽的车间主任，吉利控股董事长李书福还在生产铝合金制品，双环汽车就已在石家庄成立，主要生产经济型SUV。到20世纪90年代中期，因其产品定位准确和民企体制灵活的优势，双环汽车创造了很好的经济效益，全国名噪一时。

看今朝
在冀车企创收增效势头猛

正所谓"窥一斑而知全豹"，作为河北省规模最大、最知名的汽车企业，截至2018年底，长城汽车资产总计达1118亿元，下属控股子公司40余家，为7万余人提供了就业岗位，成为拉动当地经济综合发展的龙头企业。但事实上，长城汽车只是河北省汽车制造业蓬勃发展的冰山一角。在长城汽车的带动下，如今越来越多的零部件供应商围绕长城汽车落户河北省，并逐渐形成完整的产业生态，进一步吸引了其他整车厂的入驻。

2009~2018年河北省汽车产量及同比增速

数据来源：河北省统计局各年份国民经济和社会发展统计公报。

浙江吉利控股集团同样是中国品牌的杰出代表,其在河北省张家口市先后建立了两座工厂——沃尔沃汽车张家口发动机工厂和领克汽车张家口工厂,两座工厂先后于2016年和2018年投入使用。据了解,沃尔沃汽车张家口发动机工厂总投资为32亿元,2018年共生产发动机21.38万台,工业总产值完成37.1亿元,税收总额完成5706万元;而领克汽车张家口工厂的投资更是高达125亿元,也是吉利集团目前投资最大的整车厂。据悉,新工厂基于"工业4.0"的理念规划,自动化率达到全球整车制造先进水平,规划年产能为20万辆,领克02、领克03、领克03+等产品都会出自该工厂。根据企业预计,领克汽车张家口工厂将为当地提供超过4000个就业岗位,年利税30亿元。

北京现代沧州工厂也是河北省的一大整车制造基地,这个被冠以京津冀协同发展国家战略实施以来单体项目体量最大、建设时间最短等多个头衔的重大项目,一时成为沧州市乃至河北省的产业明星,也成为京津冀协同发展的一个标杆。2017年北京现代沧州工厂产销整车9.8万辆,2018年产销量猛增到17.4万辆。落户沧州的两年多时间里,该工厂已累计产销整车突破31万辆。与销量一同增长的,是北京现代沧州工厂的整体效益:2016年向沧州纳税1.42亿元,2017年纳税额增长到2.69亿元,2018年企业的纳税额猛增到8.28亿元。

不甘落后
零部件企业纷纷来筑巢

整车企业的蓬勃发展吸引了更多零部件供应商的加入。以沧州为例,随着北京现代沧州工厂和北汽威旺黄骅基地投产,零部件供应商呈包围之势,蜂拥而来。截至2019年初,沧州市汽车及零部件制造业共涵盖上下游配套规模以上工业企业147家。

2019年1月,位于沧州经济开发区的中韩(沧州)产业园暨中日韩产业园举行揭牌仪式。在现有北京现代汽车及摩比斯、岱摩斯、矢崎等日韩产业基础上，加快建设清华汽车产业园、北工大汽车创新园、中国航天科技产业园、韩国南山商业小镇等中韩高端项目，以现代汽车为起点的高端制造业将完全取代传统产业成为园区主要产业支撑。

在北京现代沧州工厂的带动下，沧州经济开发区聚集了北汽海纳川、北汽韩一、瑞荣汽车配件、友信配件、嘉诚兴业等 20 多家知名汽车配件生产企业，汽车整车及配套零部件企业总投资 269.8 亿元，产值超 200 亿元，构建起"一极引领、多元支撑"的现代产业体系，形成了骨干企业引领、上下游紧密衔接、关联配套强劲的汽车产业链，带动起上下游配套企业投资超过 30 亿元，现代汽车产业基地初具规模，汽车及零部件产业集群初步形成。同时，沧州工厂汽车整车及配套零部件企业直接带动就业 6000 人以上，间接拉动 2.4 万人就业，带动整车零部件物流、服务贸易、汽车金融以及相关产业产值加速增长。

雄心勃勃
沧州、黄骅重点聚焦汽车业

2018 年，沧州经济开发区聚焦把汽车产业打造成沧州"产业新地标"的要求，强化对接服务，协助北京现代沧州工厂解决发动机出口申办等发展难题 22 个。同时，政府制定出台了《沧州经济开发区"优化营商环境护航项目发展"专项行动工作方案》等系列文件，全面提升工作质量和标准，实行"日清日结"工作制度，大力推行"一趟清""不见面"审批服务，力争做到进一个门办所有事，全年共办理各类审批服务事项 290 件，叫响"效率开发区"，让资本进得来、留得住、发展好，打造宜业、宜居、宜创的升级版投资环境。

而在黄骅市，针对汽车产业的高质量发展，政府设立了产业优势项目扶持基金 3000 万元，并制定了《黄骅市产业扶持基金管理办法》，充分发挥政府资金的拉动作用，重点支持新能源汽车、高档汽车及高附加值零部件、关键技术及设备研发等项目，优先满足土地、电力等要素的需求，设立绿色通道，扶持汽车及零部件特色产业集群做大做强。2018 年 5 月，支持北京北汽大世汽车系统有限公司 101 万元，用于支持企业项目技术升级改造。

同时，黄骅设立了综合服务中心，开展了行政审批事项集中划转，实现了项目集中受理、集中审批、限时办结。成立了质量学校，实施"5511"（500 名机关干部，500 名企业负责人，1000 名企业中层干部，10000 名蓝领技术工人）工程，依托深圳大学、河北大学、河北经贸大学等高等院校，助力企业高质量发展。以北京交通大学海滨学院、河北省昌骅专汽装备工程技术研究中心等教育机构和省级研发机构为基础，培养专业化人才，加强产品技术研发，加快科技成果产业化速度。

浙江：民营车企的摇篮

《中国汽车报》 记者 李亚楠

新中国成立70年来，浙江省经济飞速发展，成为我国经济大省。在浙江省，汽车工业又是其经济发展的重要支柱产业之一。

在2018年中国汽车工业营业收入三十强企业中，浙江有4家企业上榜，它们是吉利汽车、众泰汽车、万向集团、万丰奥特控股集团有限公司，两家整车企业和两家汽车零部件企业。

从无到有的汽车产业

与国内外其他汽车产业集群不同，浙江省汽车工业最先涉足发展的是汽车零部件产业，然后整车制造业才兴起。

据有关数据显示，目前，仅宁波市就有4000多家汽车零部件企业，规模在5000万元以下的企业居多。宁波市汽车及零部件企业产值在2400亿元左右，其中有 2/3 的产值来自零部件企业；在温台地区，中小汽车零配件企业居多；杭甬地区，以整合资源强、规模大的汽车零配件企业为主。

在国内汽车市场迅速增长的背景下，浙江的目光从零部件转向整车制造，民营资本投资整车制造业的热情高涨。浙江省内一些民营企业的创新观念，打破了行业准入壁垒，开始进入汽车整车制造业。浙江最大的民营汽车企业吉利汽车，1997 年开始正式进入汽车产业。

在吉利之后，一批整车厂项目落户浙江。东风裕隆投资 4.9 亿美元在杭州市萧山区临江工业园建成了规划年产 24 万辆的生产线，首辆汽车 2011 年 4 月正式下线。上海上汽大众投资 120 亿元的第六工厂于 2022 年 11 月正式落户杭州湾新区，一期项目规划年产 30 万辆乘用车，2013 年 10 月实现了首辆整车下线。长安福特投资 7.6 亿美元的第四工厂于 2012 年 8 月在杭州市前进工业园正式开建，规划年产整车 25 万辆，2015 年 3 月首辆锐界下线。青年集团于 2009 年在杭州市萧山区投资年产 2000 辆客车、15 万辆 SUV 乘用车项目。吉奥汽车 25 万微车生产项目落户萧山江东工业园，首辆吉奥星旺微车于 2009 年 5 月 25 日下线。

目前，浙江初步建成了杭州、台州、金华、宁波（杭州湾新区）四大整车基地，形成了以上汽大众、长安福特、吉利、青年、众泰、吉奥、裕隆等汽车公司为主导，其他整车、专用车生产企业为骨干的汽车产业发展格局。浙江逐渐崛起的汽车产业，正吸引越来越多的整车企业落户。宝沃进驻嘉兴，威马落户温州，长城牵手平湖。这些落户浙江的整车厂，提升了整车项目在整个浙江汽车产业的地位，改变浙江汽车产业"小而散"格局。

如今，汽车产业制造也逐步成为支撑浙江经济发展的四大战略性支柱产业之一。据浙江统计局数据显示，2012 年，浙江规模以上工业企业总产值为 59124.2 亿元，汽车制造业规模以上工业总产值为 2898.53 亿元；2017 年汽车制造业规模以上总产值为 5006.2 亿元，规模以上工业企业总产值份额占比由 2012 年的 4.9% 增至 7.5%。有数据显示，汽车产业成为浙江仅次于电气机械和器材的第二大制造产业。

2019 年，浙江省人民政府办公厅《关于印发〈浙江省汽车产业高质量发展行动计划（2019～2022年）〉的通知》中提出，通过汽车产业结构的不断优化，将浙江打造成世界级汽车产业集群。到2022年，浙江要培育出万亿级产业规模，汽车产量超过350万辆，其中新能源汽车产量超过80万辆；规模以上工业总产值超1万亿元。其中，汽车整车工业产值超4000亿元、汽车零部件工业产值超6000亿元。

2008～2018年浙江省汽车产量及同比增速
数据来源：国家统计局。

纵观浙江的汽车制造企业，除了吉利汽车等几大巨头企业外，绝大部分是新能源汽车制造企业。这与浙江省政府早在2010年就在全国率先发布新能源汽车产业发展规划，并出台一系列扶持政策密切相关。此外，在浙江省经信厅印发的《2019年汽车产业高质量发展工作要点》中，再次明确了提高燃油车节能水平、推进新能源汽车关键技术突破。

此外，在《2019年浙江省政府工作报告》中，浙江省省长袁家军再次指出，提升浙江制造品质、培育发展新能源汽车等先进制造业集群，是浙江省2019年的重点工作。

汽车产业集群特色发展

浙江块状经济发达的特色，同样渗透在浙江汽车产业的发展过程中。浙江各区域在发展过程中，形成了各自汽车或零部件的产销规模，并以专业化的产品生产支撑各地经济发展。

责任与担当
——新中国 70 年汽车工业发展纪实

十余年前,浙江吉利控股集团将总部搬到杭州,填补了杭州一直以来缺乏大型车企的空白,推动了也引领着杭州汽车工业的发展。尽管杭州的汽车产业起步比较晚,但在发展速度上却丝毫不输其他地区。杭州利用独特的区位优势和产业基础,搭建汽车和零部件产业平台,推动汽车产业抱团聚集发展。据杭州市统计局数据显示,2018 年杭州市汽车制造业增加值同比增长 4.5%。

在杭州大江东,无数辆由一个个零部件组装成的整车从这里驶离。自大江东布局汽车产业以来,广汽传祺、吉利新能源、林肯等大项目相继落户。长安福特、林肯汽车、广汽传祺、吉利、东风裕隆这五驾马车,拉动着大江东经济倍增式成长,为浙江汽车产业步入新的发展阶段加码。除大江东的乘用车、萧山的汽车零部件和余杭的新能源客车三大生产基地外,杭州还有近百家企业布局汽车产业链。目前,杭州"一极两翼多点"的汽车产业空间布局,形成了以整车为龙头、零部件为配套的完整汽车产业基地。

与杭州相比较,宁波的汽车产业起步比较早。经过近 40 年的快速发展,宁波也已构筑起庞大的汽车产业集群。自 2016 年开始,宁波规模以上汽车制造企业产值规模首次超过电气机械业、化学原料制品业,跃升为全市第一大行业。据宁波统计局数据,2018 年宁波市实现规模以上工业增加值 3730.8 亿元,汽车制造业增长 11.6%。而在宁波提出的加快培育"246"万千亿级产业集群计划,汽车产业无疑一马当先。

随着 2011 年年产 2 万辆的吉利帝豪 EC7 生产线的建成投产,宁波杭州湾新区驶入了汽车产业发展的快车道。在吉利汽车和上汽大众两大整车企业的带动下,100 多国内外汽车零部件名企扎根于此。宁波深知龙头整车企业对零部件产业的带动作用,聚焦整车制造业就成为打造汽车产业的核心。

另外,《浙江省汽车产业高质量发展行动计划(2019~2022 年)》明确了优化汽车产业布局,打造全国汽车产业创新高地等重点任务。这给浙江省各地区带来了汽车产业发展的新课题。其中,杭州需加快推进智能汽车与数字经济深度融合,打造具有国际有影响力的智能汽车创新中心,重点建设杭州江东新区千亿级汽车产业平台;宁波重点发展新能源乘用车和汽车现代服务业,力争成为国际知名的汽车及零部件研发、制造、物流基地。宁波前湾新区建成国内新产业示范平台,发展宁波梅山集聚区,大力发展中高端自主品牌汽车;台州着力建设以整车及关键零部件制造为核心的现代化、全产业链汽车城,重点以台州湾产业集聚区为核心,打造临海头门港、沃尔沃汽车小镇、台州东部新区三大汽车智造片区。

吉利汽车

在推进汽车产业集群发展方面,金华重点建设金华新能源汽车小镇、义乌绿色动力小镇、永康众泰汽车小镇,打造以纯电动、混合动力以及电机、电池、电控关键零部件为核心的新能源汽车产业链;温州则需要打造瓯江口产业集聚区整车产业基地,以纯电动乘用车、专用车为重点,提升新能源汽车整车生产及关键零部件配套能力;湖州应以湖州经济技术开发区、长兴经济技术开发区为主平台,重点布局新能源汽车、变速器等关键零部件产业,提升发展动力电池产业;嘉兴重点发展纯电动汽车产业,依托嘉善经济技术开发区,探索发展氢燃料电池产业,开展氢燃料电池汽车试点示范。

整车企业蒸蒸日上

在浙江省工业行业龙头骨干企业名单中,汽车行业共有12家。其中,吉利、众泰这两家整车企业,不仅拉动当地经济发展,还提供了大量就业机会,是当之无愧的浙江汽车产业的标杆企业。

据中国汽车工业协会数据显示,2019年1~8月,吉利汽车累计销售76.16万辆。在国家和地方汽车产业政策开放的形势下,这家民营车企实现了质的飞跃,迅速成长为国内自主品牌汽车企业的翘楚,开创了中国汽车工业发展历史的多个先河。

一直扎根在浙江省的吉利,是我国最早的民营汽车生产企业,也是我国最大的民营汽车生产企业。它能够迅速在杭州、台州、宁波落地多个大项目,当然离不开浙江省对自主品牌汽车企业的政策性支持,以及良好的投资环境。吉利的成长和壮大,也不断地推动杭州、台州、临海等多个浙江汽车产业基地的发展。

截至目前,吉利拥有吉利汽车、领克和几何三大自主品牌;持有宝腾汽车49.9%的股份及全部经营管理权,以及豪华跑车品牌路特斯51%的股份;拥有1000多个国内销售网点及400多个海外销售和服务站点。基于遍布世界各地的产品销售及服务网络,2018年,吉利汽车集团的汽车累计销量达150万辆,同比增长20.3%,国内市场占有率从2017年的5%提升到6.3%。埋头苦干的吉利,实现了首次年销超150万辆的里程碑式跨越,稳居国内自主品牌车企"一哥"位置。

具有明确的企业定位和战略布局的吉利,将坚持以用户为中心、市场为导向,通过持续性研发投入,构建世界一流的研发体系。吉利规划,截至2020年实现年销量200万辆,跻身全球汽车企业销量前10强。

与吉利等国内自主品牌一样,众泰汽车前期所选择的逆向研发之路曾遭遇多方质疑,甚至各种冷嘲热讽。从饱受争议到逆袭而来,从制造到研发,在抓住国内外汽车发展机遇的情况下,众泰仅用不到16年的时间完成蝶变。

目前，它已成为著名的自主品牌车企。十多年的研发积累，众泰始终以"造老百姓买得起的好车"为目标，旗下已拥有多款明星车型。在经历了连续5年销量增长，众泰成为连续两年销量超过30万辆的规模化车企，具备了打造畅销车的体系能力。为进一步提升研发能力，众泰汽车在杭州、重庆、意大利都灵和日本横滨设立了四大研发中心。

零部件企业在转型中前进

目前为止，生产汽车所需的3万多个零部件，鲜有浙江不能制造的。仅在浙江省玉环市这个陆地面积仅为378平方公里的海岛上，就遍布着2300多家大大小小的汽车零部件企业，产品远销全球150多个国家和地区，被誉为"中国汽车零部件产业基地"。2018年，玉环市汽车摩托车配件行业实现产值564.16亿元，占该市工业经济总量的34.56%。

浙江省的零部件产品涵盖整车制造需要的五大类零部件系列，这些零部件除主要用于汽车维修市场外，部分产品已进入到了一汽集团、一汽-大众、上海通用、上海大众、天津汽车、东风汽车等国内主要的汽车企业的配套体系中，并有部分产品进入了国际市场。而在浙江诸多的零部件企业中，一直被誉为中国企业"常青树"的万向集团，出现在"2019年中国民营企业500强"的榜单中，并跻身前五十。

多年以来，杭州市萧山区诞生了一大批优秀的民营企业。1969年，杭州萧山乡镇工厂万向正式开门营业。从创立之初的农机修配厂，到成为我国汽车零部件的龙头企业，历经半个世纪的万向集团，以年均递增25.89%的速度，发展成为营收超千亿元、利润过百亿元的企业集团，成为浙江乃至中国国际化最成功的民营企业之一。在国内，万向的主导产品市场占有率在65%以上。在国外，万向在美国、英国、德国等10个国家拥有近30家公司，40多家工厂，海外员工超过1.6万人，是通用、大众、福特、克莱斯勒等国际主流汽车厂配套合作伙伴，主导产品市场占有率达12%。

而今，万向凭借50年积累的优势，准备投资2000亿元以上，启动"万向创新聚能城"的建设，发展新能源汽车零部件、电池、客车和乘用车。扎根于杭州、发展于杭州、服务于杭州的万向，不仅积累了巨大的物质财富，而且创造了弥足珍贵的精神财富。据万向钱潮公布的2018年年报显示，其营业收入114亿元，同比增长1.86%。事实上，浙江省内像万向这样走向转型之路的零部件企业不在少数。早在2018年，浙江省工业转型升级领导小组关于印发《2018年传统制造业改造提升工作要点》的通知中提到，要启动汽车零部件等7个重点传统制造业改造提升。

第三部分

七十载汽车行业发展

改革开放是做强的不二选择

《中国汽车报》 编辑部

在举国欢庆新中国成立 70 周年之际，回首 70 年来中国汽车工业的发展历程，翻看那些历史数据，不禁有种恍若隔世之感。与其他方面的事业一样，产生这种天翻地覆巨变的力量正是来自改革开放的伟大国策。抚今追昔，展望未来，中国品牌汽车企业要进一步做大做强，只有在更加开放的环境中接受更加激烈的竞争，才能强身健骨，磨炼出更强大的本领，主导中国汽车市场，进而驰骋于世界市场，进化为世界著名品牌。

1978 年底，党中央之所以把"阶级斗争为纲"的基本国策改为改革开放和以经济建设为主，为的就是改变闭关锁国、计划经济统领一切、严重缺乏竞争所带来的显著弊端。1949 年新中国成立时，现代汽车制造工业是空白；1953 年，在苏联的支持下，新中国的汽车工业开始起步。发展了 25 年，到 1978 年，中国汽车年度总产量为 14.9 万辆，其中轿车只有区区 2611 辆。党的十一届三中全会后，改革开放的春风吹遍神州大地。汽车工业和汽车市场对外开放以后，发展了 30 年，到 2009 年，中国汽车年度总产量高达 1379.1 万辆，超越美国，成为世界最大的汽车制造国和最大的汽车市场。2009 年的汽车总产量是 1978 年的 93 倍，轿车总产量是 1978 年的 2800 多倍。2017 年，中国汽车总产量更是冲到 2901.54 万辆，逼近 3000 万辆，再创新的世界纪录。

不用说与 1949 年相比，即便是与 1978 年相比，中国汽车产业结构也甩掉了"缺重少轻、轿车几乎是空白"的落后特征。1978 年，中国只有 21 种国产汽车，只是现在的数千分之一。如今，世界约 30% 的汽车在中国制造，汽车工业早已成为中国国民经济的支柱产业之一，为中国成为世界最大的工业制造国和最大的进出口贸易国做出了巨大贡献。1978年以前基本靠手工打造轿车的生产方式早已不见踪影，代之以一条条具有世界顶尖水准、大批量、柔性化的高速流水线，很多企业生产一辆轿车的速度还不到1分钟。作为汽车工业的塔基，汽车零部件工业也在中国形成完整的产业链，许多中国品牌零部件企业已经走向国际市场，成为巨型跨国企业。

最为重要的是，以2001年为发端，中国步入轿车大规模走进寻常百姓家的伟大历史进程。2001年11月，中国加入WTO，这件事情显著加快了中国人"轿车梦"实现的速度。经过近20年的高速发展，现如今，你若要在北京、上海、广州和深圳等诸多中国大城市里寻找一个有两三辆自行车的家庭可能有点困难，但若要寻找一个有两三辆私家车的家庭却相当容易。这在20年前是不可想象的事情。

70年来，新中国汽车产业变化之大，可以用"当惊世界殊"来形容。然而，这个巨变的历程却很不平凡，并不像西方国家那样自然而然。1978年以前，中国汽车行业在被西方封锁、计划经济统管一切的条件下缓慢地成长着，政府和企业之间均不熟悉市场经济运作方式，经济改革的系统性还不够强，所以，起初的对外合作之路走得跟跟跄跄，有的企业就"中道崩殂"了。

1978年，上海市想建设一条轿车组装线，试图通过与外方的合作获取技术，改造上海牌轿车。当年10月21日，美国通用汽车公司派出访问团来中国商谈合作生产重卡和轿车事宜。在谈判过程中，通用汽车董事长墨斐提出了合资经营的建议。中方将该建议上报后，邓小平批示："合资经营可以办。"是为中外合资经营之发轫。

20世纪八九十年代，由于国门打开不久，中国对外合资合作不仅缺乏外汇，还缺乏知识和经验，在发展轿车工业方面还缺乏社会观念做支撑，以至于有些时段政策没有及时跟上。比如说，1982年，上海正式向国家打报告要求自己生产轿车，以满足国内公务用车需求，但有官员却认为："轿车是资产阶级生活方式，决不能为它开绿灯！"也是在那个时期，北京吉普的合资谈判历经重重波折后还得由国务院6位副总理来签署意见，如此这般事情才搞定。

由于经济发展和外交需要提升形象，1984年，国家解除了县团级以下官员只能配用吉普车的规定。从此，不只是那些"万元户"渴求小轿车，公务用车市场的潜力也被激活。高关税又使得进口轿车的价格比国际市场高出三四倍。当年，红旗、上海、北京212的年产量不到5000辆，一车难求，价格奇高，三五辆轿车就相当于一座楼房。上海桑塔纳轿车刚上市时，全国统一售价14.539万元，加上其他费用，总价是17.972万元；计划之外的价格高达25万元，而真正的出厂价才7.92万元。由于需求高速增长，国产乘用车产量尤其是质量档次无法满足需求，一度走私相当猖獗。

1985年，党中央在"七五"计划建议书中第一次明确提出："要把汽车制造业作为重要支柱产业，争取有一个较大的发展。"次年4月公布的"七五"计划明确写道："把汽车制造业作为重要的支柱产业。"于是，全国各地兴起"汽车热"，可谓"户户点火，村村冒烟"，除西藏、新疆之外，每个省市自治区都要造轿车；据福特汽车透露，那时有22家中国工厂找他们商谈合资合作。

调控、治理散乱差，成为当务之急。1987年8月，具有重大历史意义、影响深远的北戴河会议明确：设定一汽、二汽和上海3个轿车生产点，以"高起点、大批量、专业化"的原则进行建设。1988年，国务院进一步确定"三大三小"的布局。

20世纪90年代后期，"6字头"乘用车产品大量涌现，猛打"7字头"轿车的"擦边球"。其中就包括拼命找"户口"的民营企业。在这个奋进过程中，有的企业倒下了；有的企业顽强地活了下来，成为改变中国乃至世界汽车工业格局的"鲶鱼"。

经过15年的探索，1994年，政府管理汽车产业的方式方法发生了显著变化。这年7月3日，中国第一次颁布系统性的《汽车工业产业政策》，主要目的是进行调控，遏制散乱差，首次提出"鼓励个人购买汽车"的导向。由于有法可依，此后，中外汽车合资项目数量迅猛增加。可惜的是，民营企业被挡在轿车产业门外。为了抢占市场份额，全力"跑马圈地"，"以市场换技术"被绝大多数中外合资整车企业束之高阁。直至 2005 年，在国家的要求之下，国内各大汽车集团才拿出巨额真金白银建设乘用车研发体系。

多年来，舆论对限制民营企业参与竞争颇有微词。事实也证明，如果 2001 年底加入 WTO 之前没把吉利、长城、奇瑞、比亚迪这几条"鲶鱼"放进来，给他们的产品发放"准生证"，也不会有现在的自主品牌乘用车占据四成左右市场份额的成就。

2001 年 6 月，上海通用汽车推出"小别克"赛欧三厢轿车，矛头直指不降价的"老三样（桑塔纳、捷达、富康）"。赛欧不仅被冠以"10 万元家轿"的头衔，而且与国际市场接轨，搭载了"老三样"所不具备的 ABS、双安全气囊、可溃缩转向柱等安全配置，开启史无前例的轿车进入中国家庭的宏大潮流。中国汽车工业开始迎来"黄金十年"。此后，在中低档轿车细分市场上，尤其是在 SUV 市场上，自主品牌一直引领着性价比的潮流。假如提前 10 年就给他们"户口"，兴许自主品牌乘用车现在所占的市场份额会超过 50%。

习近平总书记在十九大报告中指出，中国特色社会主义进入新时代，我国社会主要矛盾已经转化为人民日益增长的美好生活需要和不平衡不充分的发展之间的矛盾。未来，中国的国门将越开越大，改革开放的力度会越来越大，竞争将越来越公平。新中国成立 70 年的历史表明，惟有以开放促改革，以改革促竞争，汽车产业才会健康快速地往前发展，中国人的"轿车梦"才能及早实现，人民日益增长的美好汽车生活需要才能及时得到充分满足。政府主管部门应当进一步调整管理思想，紧紧抓住维护公众利益这根主线，努力减少对企业具体事务的直接干预，促进竞争，政策制定少打"摆子"，最好不打"摆子"，自主品牌汽车产业自会固本强基、行稳致远。

万钢：为全球汽车业转型贡献中国智慧

《中国汽车报》记者　桂俊松　朱志宇　王璞　施芸芸 ‖ 王世华/摄影

经过十多年的精心培育，我国新能源汽车产业取得了显著成绩，产销量连续四年全球第一，保有量居全球首位。传统车企持续投入、加快研发，不断推出具有差异化优势的新能源汽车产品，快速占领市场；新兴汽车企业勇于创新，利用互联网优势，从中高端和共享市场切入，打造专属品牌形象；合资企业虽然起步稍晚，但稳扎稳打，新产品陆续上市，受到市场欢迎；关键零部件企业的创新能力和产品质量迅速提升，进入全球产业链。

但与此同时，我国新能源汽车产业存在三电核心技术掌握不足、基础设施尚不完善、产业链水平不高等突出问题。为总结成绩、审视不足、展望未来，全国政协副主席、中国科协主席万钢接受了《中国汽车报》的专访，就当前产业发展现状、问题和路径等提出了相关看法和建议。

全国政协副主席、中国科协主席　万钢

> "面向 2035 年的新能源汽车产业规划将更具复杂性和系统性，也更为长期前瞻。"

《中国汽车报》：2012 年，国务院发布了《节能与新能源汽车产业发展规划（2012～2020 年）》，促进我国节能与新能源汽车产业发展，发挥了至关重要的统领性作用。如何评价这一阶段产业规划的实施效果？

万钢：新能源汽车是世界汽车工业转型升级的主要方向，是中国实现由汽车大国向汽车强国转变的必由之路。回首过去 20 年的发展道路，我国新能源汽车产业始终坚持战略引领、创新驱动，成功谱写出了具有中国特色的发展三部曲，即科技先行、试点示范和产业化应用。

从 2001 年启动的国家新能源汽车重大科技专项，到 2012 年国务院发布的《节能与新能源汽车产业发展规划（2012～2020 年）》，相关政策支持贯穿了产业纵横发展的主线，对推动我国新能源汽车产业从科技创新到产业化发展，发挥了至关重要的作用。

规划针对战略取向、发展目标、研发布局、技术路线、产品定义等当时产业急需解决的重大问题做出了明确指示和全局部署。在规划的战略指引、政府的积极作为、科技的支撑引领、巨大的市场规模和创新的商业模式共同作用下，我国新能源汽车产业在研发、产业、市场、政策创新和基础设施建设方面奠定了明显的综合优势。

2018 年，我国新能源汽车销量达 125.6 万辆，同比增长 61.7%，占全国新车销售 4.5%。截至 2018 年底，全球新能源汽车累计销售突破 550 万辆，其中中国占比超过 53%。我国新能源汽车在全球产业体系中有举足轻重的地位，引领和加速全球汽车电动化进程，可以说规划实施效果斐然。

《中国汽车报》：当前，相关部门正在着手研究制定面向 2035 年的新能源汽车产业发展规划，从战略目标、政策支撑以及技术路线等方面来看，下一阶段的产业规划会有哪些创新？

万钢：当前，在世界范围内，汽车电动化、智能化、共享化叠加融合，成为产业发展的主要方向，汽车产业正经历百年未有的大变革。我国新能源汽车正站在新起点，处于由市场导入期向产业成长期过渡的关键阶段，行业面临的挑战今非昔比，产业变革日新月异，跨行业、多领域的融合发展新趋势逐渐明朗，需要新的战略规划引领，指明方向，坚定信心，持续推动新能源汽车产业从大到强，实现高质量发展。

因此，面向2035年的产业战略规划要坚持问题导向，迎难而上，精准解决产业面临的全新且重大问题，用电动化应对能源环保的挑战、智能化保障安全高效的交通、共享化适应通畅便捷的需求，积极探索汽车与能源、交通、信息、人工智能等跨产业、多领域融合发展的政策衔接机制，做好前瞻布局和协同创新。

总体来看，面向2035年的产业规划更具复杂性和系统性，也更为长期前瞻，必将有效推动产业持续健康发展，引领产业变革、支撑转型升级。

> **"新能源汽车的覆盖面正在从城市内向城市间、从区域向广域拓展，需要探索新技术和新策略。"**

《中国汽车报》：在纯电动汽车、混合动力以及燃料电池汽车三大技术路线中，电动汽车是发展最好、走得最快的。电动汽车现在面临的最大不足和短板是什么？

万钢：以纯电动、混合动力和燃料电池汽车为"三纵"，电池、电机、电控等共性关键技术为"三横"的研发和产业布局是新能源汽车发展的长远架构。从应对大气污染、能源节约的社会需求，特别是城市交通需求来看，纯电动汽车首先在大中型城市推广应用是符合市场发展规律的，因此也取得了快速发展。

随着科技和产业的进步，新能源汽车的覆盖面正在从城市内向城市间、从区域向广域拓展，需要探索新技术和新策略。

首先，燃料电池汽车具有零排放、加注快、里程长和（能源）来源广的优势，无疑是面向未来的最佳选择；其次，传统内燃机驱动系统面临更加严苛的降耗、减排和低碳的要求，转型的压力要转化为产业升级的动力；第三，基础设施建设不平衡、不充分，建设、运营、服务和商业模式还需完善；最后，面向未来电动化、智能化、共享化的发展趋势，现有的政策体系要相应调整，相应的标准法规也要加快制定和完善，使之更加精准和高效。

《中国汽车报》：普及充电基础设施是推动和完善纯电动汽车市场的关键，但整体来看，我国充电基础设施建设仍然滞后于新能源汽车产业发展，如何解决？

万钢：近年来，我国电动汽车配套环境逐步优化，根据中国电动汽车充电基础设施促进联盟（简称"充电联盟"）的统计数据，截至2018年底，全国已建成80万根公共充电桩，但与新能源汽车数量的持续放量增长态势相比，充电基础设施仍存在结构性供给不足的短板问题。

根据充电联盟的采样调查，未随车配建充电设施的占比约为29%，主要原因有三方面：集团用户自行建桩、居住地物业不配合以及居住地没有固定停车位。针对居住地物业不配合，全国政协调研发现，建成小区已有车位安装充电设施普遍较难，关键在于利益分配机制不顺，建议各地方政府出台政策，建立兼顾用户、电网和小区维保三方利益的分配机制，鼓励充电设施市场化建设和运营维护。据了解，一些地方在公交、出租、网约车、分时租赁领域采用换电模式，这值得鼓励、尝试和推广。

"全球主要发达国家均把氢作为能源管理，我国仍作为危化品管理，管理理念不同制约了我国氢能的利用。"

《中国汽车报》：当前颇受业界关注的燃料电池汽车还处于商业化初期，面临包括氢能作为能源管理还未明确、关键核心技术不足、基础设施过少等问题。在这些问题中，目前最关键且最急需解决的是什么？

万钢：在远程公交、双班出租、城市物流、长途运输等领域，氢燃料电池汽车具有清洁、零排放、续驶里程长、加注时间短和氢燃料来源广泛的特点，是适应市场需求的最佳选择。

经过奥运会和世博会等小规模示范运行，目前我国燃料电池汽车产业化已开始起步。由国家能源集团牵头，国家电网公司等多家企业参与成立了跨学科、跨行业、跨部门的国家级产业联盟——中国氢能源及燃料电池产业创新战略联盟。上汽、潍柴、福田、长城等骨干企业已经明确相关规划，加大投入，推进燃料电池汽车研发和商业化，逐渐探索出具有中国特色的燃料电池汽车"电电混合"动力系统技术路线，并在全国范围内初步形成了京津冀、长三角、珠三角、胶济带等各具特色的燃料电池汽车产业集群，累计运行车辆超千辆，运营加氢站12座，在建20余座。

总体来看，我国燃料电池汽车产业仍处于发展初期，虽然具备了一定基础，但还存在不少问题。例如产业链相对薄弱，膜电极、空压机、储氢罐等核心技术与国际先进水平的差距还在拉大，需要进一步加强基础研究、技术创新和系统集成。

当前，全球主要发达国家均把氢作为能源管理，创制了科学安全的氢加注站建设和车载氢罐技术标准及检测体系，有力推动了燃料电池汽车商业化。相较之下，我国仍把氢作为危化品管理，管理理念不同制约了我国氢能的利用。我建议，应尽快破除制约氢能和燃料电池汽车发展的标准检测障碍和市场准入壁垒，完善标准法规体系，提升测试评价能力，加强和完善氢能生产、储运和供销体系建设。

《中国汽车报》：2009年启动的新能源汽车"十城千辆"工程为新能源汽车的推广应用打下了基础，燃料电池汽车是否会沿用这一示范运营路线？

万钢：推广燃料电池汽车要系统推进制氢、储氢、运输、加注和车辆运行各环节，采用"十城千辆"的方式是合适的，但规划中要结合远程公交、物流运输的特点，构建城市间氢设施和运行网络，才能更好地发挥优势。

氢能及燃料电池汽车是能源技术革命的重要方向，对改善能源结构、保障能源安全具有重要意义。我相信，国家主管部门将会保持政策的连续性，发挥地方政府积极性，加强体制机制创新，研究制定种类更多、更丰富、更具针对性的综合政策体系，持续推动燃料电池汽车技术和产业化突破。

> "要因地制宜，推动车用动力和能源多元化发展，着重研究如何最大限度发挥各种动力的优势，在有效应对节能、减排、低碳的同时提高效率，实现高质量发展。"

《中国汽车报》：刚才提到，传统内燃机驱动系统正面临更加严苛的环保要求，转型的压力要转化为产业升级的动力，企业应该如何应对这种压力？

万钢：内燃机是工业革命中最具核心价值、最有代表性的发明，不仅大大提升了生产效率，而且推动了工业社会的快速发展。当前，内燃机仍是汽车等各类机械的主动力并占据较大的市场份额。在我国大运输、大水运、大农业、大工程等应用领域，内燃机仍具有广阔的市场需求和顽强的生命力，也必须为实现交通领域节能减排、应对气候变化发挥不可或缺的基础性作用。

我国政府高度重视环境保护，着力推动节能减排，在制定严苛的汽车能耗、排放标准和检测规范的同时，积极推动新能源汽车技术创新和产业化。在汽车动力系统电动化的国际大趋势下，产能巨大的传统燃料汽车产业以及与之配套的内燃机产业，面临着应对节能、减排、低碳三重压力，要把压力变成转型升级的动力，持续推进内燃机－机电一体化创新发展是一条行之有效的技术路径。

事实上，内燃机行业的机电一体化从20世纪90年代就已开始，电喷、增压、共轨、电子气门等已经形成系统技术，在高效燃烧和降低排放方面取得了革命性进展，也带动了天然气、醇类燃料等替代燃料的高效利用。从最近的国际发展趋势来看，动力侧机电融合将成为新的热点：把内燃机动力输出端与双电机驱动系统融合一体，可实现串、并、混联和纯电驱动的灵活组合，通过智能控制系统可以使内燃机保持在相对稳定工况下，实现高效率和低排放，通过电机驱动获得驱动系统的最佳动态响应。

日产、本田和上汽、广汽、精进电机等企业已经在这方面进行了有益探索，取得了产业化初步成果。动力侧的机电耦合为我国在内燃机领域长期投入的稀薄燃烧、均质压燃（HCCI）、米勒循环等科研成果找到了新的用武之地，也可以促进燃烧排放侧的技术进步，推动替代燃料的高效利用。

未来很长一段时间内，多种动力并存将是总体趋势。我们需要因地制宜，推动车用动力和能源多元化发展，着重研究如何最大限度发挥各种动力的优势，在有效应对节能、减排、低碳的同时提高效率，实现高质量发展。

> **"在三元体系中，随着高镍材料的大规模应用，电池安全风险剧增，稳定性、可靠性仍需进一步提高。"**

《中国汽车报》：目前，主流车用动力电池是锂电池，随着新能源汽车产业的进步，我国电池产量和相关技术指标不断提升。从国际上看，我国车用动力电池的竞争力如何？未来发展方向是什么？

万钢：近年来，我国动力电池关键材料性能指标稳步提升，成本明显降低；单体模块、电池包、BMS（电池管理系统）等方面的技术水平和安全性能也全面提升。

目前，纯电动乘用车产品中，续驶里程高于 300 公里的比例已经达到了 81%，电池系统能量密度在 140 瓦·时/千克以上的产品已经成为主流，单体的比能量基本上超过了 250 瓦·时/千克，有些已经达到了 300 瓦·时/千克的预定目标。我国注重基础研究、技术创新和系统集成，在重大专项支持下，比能量达到 304 瓦·时/千克、65 安·时锂离子电池已经完成了相关检测，2019 年开始装车。

磷酸铁锂电池也在不断进步，突出表现在安全性、稳定性、可靠性和性价比方面，在城市客车上应用广泛。

从 2018 年装车的动力电池总量来看，排名前五的电池企业占比为 74% 左右。高端动力电池产品与国外的差距不大，宁德时代、比亚迪等企业的产品可以与三星、松下、LG 等同台竞争。面向未来，我们要更加关注下一代核心关键技术的发展，进一步提高动力电池的安全性和效能。

此外，我们已经在基础研究领域前瞻布局新型固态电池，这也是美国、日本、欧洲等国家和地区全力部署的前沿方向，成为全球电池技术热点。

在电机驱动方面，三年前科技部启动了以碳化硅、氮化镓为代表的宽禁带半导体（第三代半导体）研发；在智能控制方面，在实施《新一代人工智能发展规划》之初，我们构建了以企业为主体的跨界研发和产业化平台，在智能芯片、激光传感、北斗高清地图等方面已经初见成效。新材料、轻量化等众多相关技术的基础研究和技术创新也已经立项实施。

《中国汽车报》：近期，国内发生了数起新能源汽车起火事件，安全性受到广泛关注。提升新能源汽车的使用安全性要从哪些方面入手？

万钢：安全是新能源汽车发展的最关键指标，高比能量动力电池安全性已经成为制约新能源汽车发展的瓶颈和挑战。特别是在三元体系中，随着高镍材料的大规模应用，电池安全风险剧增，稳定性、可靠性仍需进一步提高。

从当前技术指标来看，需要从动力电池的单体、模块、电池包、电-热管理以及结构布置、应急防护等方面综合考虑，特别要重视材料的稳定性、充放电机制、热失控防护和电-热管理系统，实现最佳系统解决方案。

> "新能源汽车是智能化最佳载体，未来方向必然是智能化、纯电驱动二者互为依托、互相促进，共同引领汽车产业创新发展。"

《中国汽车报》：智能化和网联化被视为汽车产业未来发展的两大重要趋势，包括2019年将进一步加快建设的5G移动网络也正成为国家和企业抢占的技术制高点，未来智能网联汽车的发展趋势是什么？

万钢：智能化在出行方面体现在智能网联和自动驾驶，在制造方面体现在智能制造和工业互联网，面向未来还要实现与道路交通设施的感知和与能源网络的互动。

智能网联和自动驾驶融合了汽车、芯片、人工智能、大数据、云计算、信息通信等高新技术产业，是汽车产业发展的重要战略方向。从世界范围看，智能网联汽车已进入快速发展期，汽车、互联网、通信、电子信息以及相关半导体、传感器等相关企业作为市场参与主体空前丰富。L1、L2级驾驶辅助系统已经开始大规模标配量产，在当前4G移动互联网下，普通道路上行驶的L3级自动驾驶技术已经进入商业化阶段，基于智能网联汽车的出行服务市场成为竞争焦点。

我国在智能网联汽车技术创新和产业化方面已取得较好进展，随着5G通信、移动互联、北斗导航、传感技术、人工智能、智慧交通和能源基础设施等相关支撑技术和产业优势日趋强化，未来几年我国智能网联汽车技术将迎来高速发展期。

《中国汽车报》：智能网联技术与新能源汽车如何才能更好地协同发展？

万钢：从技术创新的角度看，新能源汽车是智能化最佳载体，未来方向必然是智能化、纯电驱动二者互为依托、互相促进，共同引领汽车产业创新发展，共同促进形成汽车社会新生态，共同支撑汽车产业转型升级、由大变强。

事实上，电动化和智能化协同发展在世界范围内也成为重要趋势。自一些北欧国家宣布从2030年起停售传统内燃机汽车后，欧、美、日等汽车工业发达国家和地区以及跨国集团从电动化、智能化等方面同时发力，制定发布了产业转型路线图和时间表，并且在努力实施。

> "基于电动化、智能化和共享化的出行服务极具发展空间，将成为培育新增长点、形成新动能的重要一环。"

《中国汽车报》：当前，几乎国内外所有传统汽车制造商都在表态，要向出行服务供应商转型，出行市场呈现多种商业形态，如何解读这种趋势？在未来的移动出行社会中，新能源汽车扮演什么角色？

万钢：自2010年起，随着基于移动互联网的共享出行的发展，汽车共享出行步入全面快速发展的新阶段，共享化成为汽车企业新的商业模式。分时租赁、网约车、综合出行服务受到了市场的欢迎。国内实际运营的分时租赁企业有几十家，规模较大的在万辆车左右，较为活跃的有环球车享、Gofun、盼达用车等。

综合出行服务也是各大企业拓展市场的一个方向，大众、通用、宝马、戴姆勒、福特、日产、吉利、北汽新能源等国内外主流车企陆续宣布向移动出行服务提供商转型，并通过自主发展、合作、战略投资等方式布局出行服务。

安全、绿色、便捷、高效和低成本是人们对出行方式的主要诉求，新能源汽车凭借节能环保、经济适用的优势将在出行业态中扮演重要角色。有机构对北京地区使用电动汽车的成本做了统计分析，同款汽车的电动版和汽油版相比，在同样的行驶里程下，电动版的使用成本是燃油版的1/5左右。目前，网约车中大约1/3是新能源汽车，新能源汽车企业也开始从单一的提供汽车产品向提供产品、服务、充电、运营多环节组合的新型商业模式转变。前不久，宝马和奔驰组建了专营共享出行的合资公司，长安汽车、阿里等共同投资97.6亿元组建了新能源汽车共享出行公司，吉利与奔驰共建"SMART"平台，探索共享出行也是其未来方向。

新时代青年人愿景中的汽车是"招之即来，挥之即去"，实现这一便捷、共享、高效的愿景需要加大智能化的力度。未来，随着新产品、新业态、新模式的不断涌现，基于电动化、智能化和共享化的出行服务极具发展空间，将成为培育新增长点、形成新动能的重要一环。

面向未来，我们需要不断加强科技创新体系建设，提升自主创新能力，抓重大、抓关键、抓基础，尽快突破瓶颈制约，并推动早日实现产业化应用，为新能源汽车产业高质量发展提供有力的引领支撑。

电力驱动、智能驾驭、共享未来三者协同发展将会产生强大的同频共振效应。我们需要结合中国国情补短板、挖潜力、增优势，明确电动化、智能化、共享化的新方向，按照市场需求，完善新能源汽车技术转型战略，以新能源汽车为载体，着力研发智能网联和自动驾驶技术，充分发挥我国汽车市场优势，顺应共享出行、个性化服务的市场需求，为构建安全、绿色、高效、共享的全新汽车产业生态，贡献中国智慧。

新时代下，我国新能源汽车产业要发挥率先引领作用，扎扎实实地落实好改革开放的政策措施，与世界各国的汽车界精诚合作、协同创新，为全球汽车转型升级做出应有的贡献。

胡汉杰：解放属于一汽，更属于中国汽车业

《中国汽车报》记者　朱志宇　赵建国

7月15日，以"百万跨越　信以致远"为主题的一汽解放第100万辆J6下线仪式在长春一汽解放卡车厂总装车间举行。从12年前的第1辆到如今的第100万辆，解放再次在中国汽车工业发展史上写下了浓墨重彩的一笔，也以实际行动证明了"国车长子"的责任与担当。

12年来，J6如常青树一般，以孜孜不倦的技术升级，伴随着解放的持续攀升；如轩辕剑一般，以不断刷新的销量纪录，铸就了解放的"王者归来"；如定海神针一般，奠定了自主品牌在商用车市场的势不可挡！

不过，这仅仅只是一个新的开始。J6仍将践行使命，J7则已蓄势待发。在与解放掌门人胡汉杰交流时，我们感到，其笃定儒雅的言语中，流露的是对未来的期待与自信。伴随着一汽改革大幕的渐入尾声，解放的脚步也逐步从转型过渡至升级阶段。

访谈主持（左）：《中国汽车报》社有限公司总经理辛宁　访谈嘉宾（右）：一汽解放董事长　胡汉杰

（一）初心

> "解放的初心，就是要'产业报国'，助力建设汽车强国，真正让解放与欧美品牌比肩。"

辛宁：1953年7月15日，第一汽车制造厂奠基，拉开了中国汽车工业发展的序幕。三年后的7月13日，第一辆解放牌汽车下线，结束了我国不能生产汽车的历史，翻开了中国汽车工业的崭新一页。您作为老一汽人、解放人，怎么评价这60多年来解放在中国汽车工业史上的地位和贡献？

胡汉杰：作为解放人，我感到无比荣耀。尤其是今天解放J6第100万辆下线，当我看到下线仪式上播放的历史纪录片时，很多画面历历在目，作为参与者的我感到非常激动，非常自豪。

中国汽车工业从无到有发展到今天，世界瞩目。解放从第一代发展到第七代，全程参与和见证了中国汽车工业的发展。目前在中国市场销售的商用车以国产车为主，其中解放已经连年占据销量第一的位置。这是因为用户感觉到并且高度认可我们的价值。

能够引领行业发展，我们感到无比荣耀，同时也深感重任在肩。我们要不忘初心，牢记使命，解放的"初心"，就是要实现"产业报国，做强自主"，助力建设汽车强国，真正让解放与欧美品牌比肩。J6的100万辆，部分成就了我们的梦想，也给了我们自信，那就是我们不仅能造车，而且能造好车。2018年，我们在吸收J6经验的基础上，推出了J7，市场调研反馈不错。我们提出"要将J7替代进口，且出口到发达国家市场"的目标，也正在朝着这个目标努力。在解放2018年召开的品牌战略发布会上，我们提出，要从单一的商用车制造者向智慧交通运输解决方案提供者转型。2019年1月在厦门召开的"生态合作伙伴大会"上，我们又发布了"哥伦布智慧物流开放计划"。作为汽车工业的"长子"，我们力争牵好这个头，在做好自身的同时，推动整个产业生态链的发展。

辛宁：一汽奠基时，毛主席等老一代领导人曾做出过指示，中国一定要发展自主品牌的汽车。为此，解放承担了重任。如今商用车行业自主品牌占主导地位，解放功不可没。一路走来，可以说，解放不仅仅是一汽的，也是全中国的。

12年前，解放J6下线；10年前，解放J6被选定为中国年产第1000万辆的下线车型。这些都是我国汽车工业从小到大的标志性事件，也是几代中国汽车人艰苦奋斗的结果。如今解放J6的第100万辆下线，又是一个历史性时刻，对企业、对行业都有重要意义。您对此有何体会？

胡汉杰：我是这一段历史的见证者。这些年的总体感受有如下几点：

一、中国汽车工业一定要走技术领先之路。60多年来，解放一直是按这条路坚定不移地在走。目前，解放已经做到对所有核心技术的掌控，比如电控系统、长换油、体系节油、气驱尿素等，有这样的技术，就能按照我们的想法去标定、去设计、去开发、去组合。如果没有核心技术，就是供应商给什么就用什么，而解放是需要什么就要求供应商提供什么，这是不一样的，我们自身技术进步带来了更多的话语权。

二、多年来我们培养了一支非常优秀的员工队伍，积累了大量的产品开发经验。更难能可贵的是，他们始终保持旺盛的创业激情。每一次重大时刻、每一份重要荣誉，其实都是在鞭策我们这个团队要做得更好。

三、我们还有很多需要学习、提升的地方，所以要坚持"以我为主，开放合作"，不断加强与上下游企业的合作交流。

四、汽车"新四化"的大趋势必将对商用车行业产生巨大影响，所以我们也要顺应形势，转型发展。在这方面，解放已经做了很多尝试，我们还会继续努力。

辛宁：您提到一个非常重要的词"转型"。在我看来，创新容易转型难。这么多年一路走来，解放也曾经历低谷。20世纪80年代由长头车转成平头车，之后从平头车转到J6系列，我认为解放的这些转型是成功的，也是不易的。

胡汉杰：您对解放非常了解。我是1986年大学毕业到一汽，当时正值

CA141 转产，对一汽来说是天大的事。那是完全自主开发的一款车，虽然现在看来简单，但当时非常不易，可谓举全厂之力。投产后也发现了一些问题，后来通过调整逐渐成熟。第二次从 CA141 转型到平头车，这对解放来说也是历史性的跨越，因为需要对车身进行完整的造型、设计、模具加工等，这对全行业来说都是个挑战，当然最终也成功了，基本解决了解放没有重型平台的问题。此后我们又在这个平台上推出了第三、四、五代奥威车型。

2007 年解放推出 J6，这是在总结奥威的基础上，充分分析欧洲车型的特点完全自主开发的。当时遇到很多挑战，但我们的设计、采购、质量等团队与供应商一起，不断打磨、改善、提升，最终克服了困难，其间有艰辛也有收获，尤其是零部件体系的完善，令人欣慰。

到我们推出 J7 的时候，大环境已经变了。在全球采购过程中，跨国零部件供应商认识到中国市场的重要性，开始愿意把最新技术拿到中国，用在中国商用车上。作为整车厂，解放要发挥好牵头作用，与大家一起打造生态圈，实现共同发展。

（二）使命

> "我们是中国第一家车企，始终把争第一作为历史使命，在销量、市场份额、产品性能、服务水平等方面，都希望以第一来诠释，这个文化支撑了企业的发展。"

辛宁：您认为，作为中国商用车行业的龙头企业，解放的核心竞争力是什么？

胡汉杰：一是优秀的员工队伍。他们在每个岗位上兢兢业业工作。二是不服输的企业文化，这个文化的精髓是"永争第一"。我们是中国第一家车企，始终把"争第一"作为历史使命，在销量、市场份额、产品性能、服务水平等方面，都希望以第一来诠释，这个文化支撑了企业的发展。三是经过 60 多年不断实践，积累了独有的技术体系，包括整车、三大总成、汽车电子等。四是在管理上不断完善与提升。"中国第一、世界一流"的商用车企业，必须有强大的运作体系。这个体系要落实到现代企业制度的方方面面，通过打造流程化组织，提高运作效率，确保战略目标实现。五是在"以我为主，自主发展"的前提下，保持"开放合作"的胸怀。

辛宁： 我理解解放的核心竞争力体现在三个方面：一是传承、基础和积累，包括人才、技术等多方面。二是不断在前人的基础上根据环境变化进行战略调整。三是不断创新，把创新打造成企业文化。如果说J6承担成为"中国第一"的责任，J7就是承担争当"世界一流"的使命。

胡汉杰： 确实是这样。J7是对标欧洲先进水平开发的，在性能、效率、主被动安全等方面都不逊色。我们希望让J7去发达国家市场接受检验，目前我们已经派两个团队去欧洲做市场调研，正在着手一系列布局。

不仅如此，2019年初解放推出"哥伦布智慧物流开放计划"，此计划包含两个子计划：以解放智能车平台为核心的智能加（Ai＋）开放计划和以解放车联网平台为核心的互联家（Connect＋）开放计划。面对新能源、物联网、大数据、人工智能、区块链的新技术趋势，一汽解放将从单一商用车制造者向智慧交通运输解决方案提供者转型，以开放共享的理念、科技创新的产品，为物流行业智能化发展赋能，为智慧城市升级赋能。

在智能车方面，从L2级辅助驾驶功能到L4、L5自动驾驶的落地，我们都做好了规划，并为参与其中的人才队伍制定了新的激励方法。预计2025年落地L4级别自动驾驶；2025年以后推出L5全工况无人驾驶汽车。我们同时想打造一个面向社会的开源平台，让相关技术实现共享，共同推动商用车行业发展。

在车联网方面，我们正在打造"解放行"平台提升用户体验。相比乘用车，商用车通过相关技术可以解决更多问题，不仅是消费娱乐，更多体现在商业价值，帮助用户节油、提高效率和安全驾驶，我们将率先在全行业实现国六车型软件的在线升级功能。

除此之外，我们也在布局燃料电池汽车，正在做基础开发，未来也会在J7上有所体现。

在这个过程中，技术是基础。我们会通过一个新的机制，将新业态、新技术、新模式打通。

（三）改革

> "一汽改革大幕拉开后，为我们提供了难得契机，让我们做了原先想做却不能做的一些改革方面的事。"

辛宁：如今，互联网、大数据以及人工智能让传统企业由以产品为中心向以用户为中心转型成为可能。这对企业产品研发及与用户的协同，甚至与用户共同创造产业生态链都有利。当然，我们也要有一个良好的体制和机制对人才进行使用、管理，并创造更多机会。

2017年9月，一汽集团开始内部大变革，引起全行业关注，大家带着各种心态来看一汽的这次变革。经过两年，可以看到一汽已经呈现出一种新面貌、新境界。解放作为其中的实践者、参与者，对此有哪些体会？

胡汉杰：2017年徐留平董事长到一汽工作，揭开了一汽改革大幕。事实上，这也助推了解放的改革。解放是老国企，在体制上有很多僵化、低效的地方，需要推动改革，但是难度大。一汽改革大幕的拉开为解放提供了难得契机，让我们做了原先想做却不能做的一些改革方面的事。所以，解放能有今天，和这场改革也是密切相关的。

这次解放的变革体现在如下几点：

第一，组织上实现重大调整，打通研、产、供、销全价值链。原先研、产是脱节的，比如技术中心，虽然在人员上，技术中心的副主任兼任解放副总，分管研发，但从组织上并没有把它打通。改革以后，商用车研究院独立出来，归到解放，同时成立了产品开发部。原先在解放，一个令人头疼的问题就是产品，生产设计什么产品，谁说了算，到底谁定义产品，这个问题始终没有很好地明确。我们成立产品管理部后，它负责产品定义，后交给策划，再定义一个完整的产品，然后由商用车研究院开发，就解决了这个问题。所以，解放的改革推动了产品能够进一步实现以客户为中心，快速适应市场变化并不断迭代。

第二，打通整个体系价值链。解放是一个老企业，亏损的或非核心企业很多，利用这个契机，把有些效率低、亏损的企业兼并、重组，按照业务单元成立了本部的整车事业部、青岛整车事业部、发动机事业部、传动事业部，这样每个事业单元的价值定位、责任、分工就很清晰，并形成了围绕利润中心运行的机制。比如，我们把原来的变速器厂、车桥厂、轴齿中心和零件厂合并成立了传动事业部，这样就把整个价值体系打通了。

第三，人员实现"四能"。干部能上能下，薪酬能增能减，员工能进能出，机构能增能减，完全以绩效考评，这样更能激发大家的战斗力，而不是干好干坏一个样。这几年，解放推行全员绩效管理，每个事业单元的绩效好坏决定了其奖金、工资能拿多少。每个人也有绩效，包括承接单位的绩效，层层转化，个人工作的好坏决定收入报酬。"四能"改革，真正激发了员工的活力、创造力，使老企业焕发了青春。

第四，管理上的变化。通过改革，管理打通了，责任更明确了，沟通也容易了，提高了整个组织的运行效率。有代理商评价我们，和过去比，和友商比，这几年我们应对市场的反应更快了，对大家提出的问题，反馈更快，效率更高。

辛宁：借助变革契机，解放整合了资源，打通了价值链，调动了员工积极性，提升了管理效率，为解放提出的"中国第一、世界一流"奋斗目标的实现奠定了坚实的基础。当然，任何一个企业的发展都不会一蹴而就，总会出现新的困难。您认为难点在什么地方？

胡汉杰：改革大幕拉开以后，还有很重要的一点是集团授权，就是集团给解放这个事业板块充分授权、充分信任，这使解放的决策反应加快了，多数事情自己就能拍板。

说到企业发展面临的挑战，有这么几点：

第一，中国产业政策进一步开放，中国市场将成为国际市场，且商用车要率先放开股比，这为一直想进入我国市场的跨国公司提供了机会。实际上就是同场比拼，因此必须加速转型升级的步伐。我认为，如果说中国商用车原来的成功是因为有一些特定条件的话，那么未来想要成功就必须靠实力。中国市场的比拼也是国际市场比拼的一个分战场，因此我们提出凭实力"挡住进口，走出国门"。很多国外尤其是欧洲供应商，也问我对这个问题怎么看，我觉得虽然有挑战，但非常有信心。因为通过60多年积淀，解放有自己的独到之处，我们更了解中国市场，也能通过自己的努力解决问题、弥补不足。当然，我们也需要去国际市场补课。

第二，现在技术进步的步伐越来越快，这就要求研发有前瞻性、有储备。在汽车"新四化"转型中，虽然说电动化是趋势，但究竟是什么样、什么形式、什么结构，对每个厂家都是考验，我们也在做深入思考、深入布局。这既是挑战，也是机遇，我们要把它做好。

第三，商用车的发展也有环境影响。比如国六的实施对每个汽车厂家都是挑战，有很多技术壁垒需要攻克，但是对解放来说，这些挑战通过我们自身的努力是能够解决的，我们更关注的是国六车的使用环境，比如有没有达标的国六柴油？有没有品质好的尿素？如果这两个问题不解决，可能就会使发动机或后处理报废。通过多年实践，我希望国家能够加大环境治理力度，否则国六的实施会非常困难。再比如严查大吨小标的问题，实际上对解放来说是好事，只要法规能严格执行，企业就只需去研究开发什么产品，怎样实现轻量化，怎样提升技术，怎样给用户带来更大价值。事实上，技术标准严格，环境得到改善，执法严格始终如一，对解放等技术领先的企业是利好的。

（四）实力

> "竞争实力、技术实力、市场规模决定着企业下一步在整合中处于什么位置，我希望解放在这个过程中处于主导地位。"

辛宁：没错，这些问题对企业、对政府都是考验。能不能转变观念，创造良好环境，在体系建设、体系治理上实现突破，这一点很关键。现在我们面临两个历史机遇期,一个是百年未见的大变革期,第二个是中华民族伟大复兴进入关键期。

伟大复兴势必要落在产业的肩上。作为在中国汽车行业历史上每个发展阶段都会写下光彩一笔的企业,解放承担着重任。刚才您也谈到,技术大变革对企业管理、技术研发,以及对用户的理解、商业模式和整个市场都会带来新挑战,市场格局也会发生变化。所以,您怎么看待未来重卡市场的竞争格局?站在更高的高度,真正的汽车强国不仅是中国的,一定是世界的,您又怎么看待世界汽车行业竞争格局的变化?

胡汉杰:中国市场开放,就变成了国际市场。要做到世界一流,汽车就要出口到发达国家。首先,解放要在进一步改革开放中继续承担起中国商用车主力军的责任。其次,我们要"走出去"。目前我们在很多国家有销售网点,有汽车出口,但都是欠发达地区。如何成功进入发达地区,我们已经做了海外战略的系统规划,准备按计划逐步落实。

技术进步和产业发展会助推整个行业发生质的转变。从国内来看,国六排放标准实施、安全法规趋严将带来新的竞争。这个竞争既要靠技术实力,也要靠经济效益。原来技术相对简单,很多企业都能支撑,以后则会发生行业的整合。低档次的竞争不可能有好的发展。解放要以健康、可持续的发展来引领产业进步。

国外企业为什么看重中国市场来谈合资合作,因为它需要巨大的市场来支撑其较高的研发投入。解放会把握这个历史机遇,在以我为主的情况下开放合作,最大限度地协同、共享,共同推动行业发展。竞争实力、技术实力、市场规模决定着企业下一步在整合中处于什么位置,我希望解放在这个过程中处于主导地位。

(五) 融合

> "建立解放生态伙伴圈,既是为解放自己发展所需,也是为生态伙伴搭建一个共同成长的平台。"

辛宁:前几天我在昆明主持一个技术论坛,当时华为公司汽车板块负责人上台发言,第一句话就说华为原来没有想进入汽车领域,但在发展过程中汽车闯入了他们的视野。由此我想到,未来一定是跨界融合,所以您说的协同非常重要。事实上,解放已经开始布局了,比如解放与物流公司的智能生态建设,与金融体系的合作,给用户提供更高效率、更高资金利用能力,以及与互联网公司开展合作,共同推动体系建设。中国企业要做智能物流体系的生态建设者、国际标准的制定者,解放有很大机会,有希望抢占制高点。因此,我想听听您对解放在下一阶段竞争中融合发展的具体想法。

胡汉杰: 解放作为一个整车企业,已经变成一个行业的载体。解放不仅是解放的解放,一汽的解放,它是中国汽车行业的解放。我们提出打造生态圈,和合作伙伴一起成长,这对解放未来发展很重要。因为需要面对的问题很多,不可能靠一个企业面对一切,我们建立解放生态伙伴圈,既是为解放自己发展所需,也是要为生态伙伴搭建一个共同成长的平台。从 2019 年初在厦门召开生态伙伴大会至今,我们已经有了广泛的合作伙伴。

其中的重点主要有:

第一,产品端。如何更好地打造产品,除了自身以外,还需要和上下游企业齐心协力。

第二,使用端。要为广大客户提供更好的极致体验,这个体验不单是开车,还要有解决方案。比如金融解决方案,涉及代理商、保险公司各环节;比如车联网解决方案,不仅可以提升驾驶安全,监测的驾驶习惯数据还可以为保险公司提供依据调整保费;比如加油等成本数据,可以在使用端提供给用户。

第三,我们的合作伙伴有物流公司,也有租赁公司。不一定全靠自己去卖车。为了满足很多运输企业轻资产的现实需求,可以与租赁公司合作,挖掘新的商业模式。还有一些新业态平台,也是合作伙伴。我们在把自己平台加速建好的同时,要与这些平台合作好,把数据打通,这是我们面对的新环境。因此,我认为生态建设不是想做不想做的问题,而是如何认真、主动地做好的问题。只有解决好这些问题,才可能在未来的行业发展中实现健康、可持续发展。

付于武：自主创新是中国汽车技术发展的永恒话题

《中国汽车报》 记者 施芸芸

1956 年，我国第一辆国产解放牌载货汽车驶下了总装配生产线，这标志着我国汽车产业正式走上了自主创新发展的新征程，如今，中国汽车产业实现了从无到有、从小到大的蜕变，成为全球最大的汽车产销国，也在全球汽车产业体系中发挥着无可替代的重要作用。在中国汽车产业走过的 60 多年时间里，汽车技术领域的发展尤其引人注目，从自主研发体系的一片空白，到各大车企的研究员已经走出国门、实现全球布局，从产品质量的不尽如人意，到敢于接受欧美等发达国家测试的检验并取得好成绩，从核心技术的无一掌握，到如今，在某些技术领域已经走在了世界的前列，并开始参与和主导制定全球范围内的标准规程。"一路走来，中国汽车工业走向市场，走进了千家万户，更走向了世界。在各项基础薄弱、落后的情况下，中国汽车工业能走到今天非常不易。"中国汽车工程学会名誉理事长付于武表示："今天，恰逢百年一遇的技术革命和产业变革。我相信，我们有体制优势，我们能做到协同创新，中国汽车产业的崛起与强大势不可挡。"

中国汽车工程学会名誉理事长
付于武

初期
为新世纪腾飞扎实技术储备

1953 年 7 月 15 日，长春第一汽车制造厂破土动工，中国汽车工业的历史翻开了第一页，此后，伴随着湖北、上海、北京、南京等地先后成立了二汽（后更名东风）、上汽、北汽、南汽等汽车企业，汽车产品也逐渐丰富起来：第一辆汽车解放牌货车下线，第一辆东风牌小轿车实现量产，井冈山牌小轿车诞生，上海凤凰牌轿车成功试制，第一辆轻型载货车跃进 NJ130 问世……无论是在工厂的建设过程中，还是在产品的打造过程中，中国汽车人始终秉持着自力更生、创新发展的初心，始终坚持着不懈奋斗、自主造车的梦想。

付于武指出，在这一时期，汽车还不属于消费品，定义为生产资料，因此大多数产品为商用车，技术形态也以逆向开发为主。这一时期，付于武印象最深刻的是黄河 JN150 型 8 吨载货汽车，这一产品是我国第一辆自主研发的重型汽车，由济南汽车制造厂通过对斯柯达 706 系列拆解后研制而成。以这款产品为参照，当时国内以"150"命名的产品遍地开花，包括南阳 NY150、湖南 HN150、龙江 LJ150 等。在评价这一时期的汽车技术发展时，付于武坦言，虽然当时没有开始真正意义上的自主研发，产业发展也并不快，但在改革开放之前，中国汽车人有斗志、有精神，基本满足了当时国家对车辆作为运输工具的基本要求。

1978 年，我国迎来了改革开放的发展新时期，几乎还停留在 20 世纪四五十年代技术水平的中国汽车产业，也从这一年开始迎来了巨变，从合资合作的"破冰"，到"三大三小"的建立，中国汽车产业不仅基本结束了"缺重

责任与担当
——新中国 70 年汽车工业发展纪实

少轻、轿车一片空白"的局面，而且正式成为了国家的支柱产业，被写入了政府工作报告中。在这一发展阶段，中国汽车技术走上了正向研发之路，这为新世纪中国汽车产业的腾飞打下了重要且坚实的基础。

"重要的一个标志性事件就是一汽解放 CA141 的换型。"付于武感慨道，虽然从产品本身来看，这一次换型并没有进行太多"惊天动地"的改革，但在当时，这结束了一款产品生产 30 年的历史，开启了汽车产业发展的新篇章，这让当时的研发人员意识到，产品要不断迭代，技术要不断创新，一汽集团的整体研发体系迎来一次史无前例的"大练兵"。据付于武介绍，CA141 载重量从过去的 4 吨升级至 5 吨，采用了前翻式的新型驾驶室，四档变速器变为六档，同时还采购了一些国际零部件产品，例如英国 AP 的离合器，此外，前后桥和转向等也进行了改动。更令人惊叹的是，在条件不足的情况下，一汽解放实现了"不停产、不减产、垂直转型"。实践出真知，付于武强调，经历过这一轮"洗礼"，一汽集团的研发体系开始逐渐完善和成熟，这一次产品的换型可以被视为中国汽车产业迈出了正向研发的第一步，这也为我国商用车的自主创新发展开了一个好头。为什么我国现在的商用车能处于国际先进水平？付于武认为，商用车走过的这一段历程至关重要。

入世
从"三大三小"到全球第一

回顾过去，我国乘用车与商用车走的发展路径并不相同，由于起步较晚，缺乏相应的零部件配套体系，以"三大三小"为重点，我国乘用车产业的起步主要依靠合资合作，在 20 世纪 80 年代到 90 年代，一汽－大众、东风雪铁龙、上汽大众、北京吉普、广州标致以及天津夏利（由天津汽车公司从日本丰田汽车公司所属的大发公司引进技术生产）的合资公司先后成立，相应产品也逐渐落地。

虽然当前业内外对于合资发展这一模式存有不同看法，但付于武指出，这是快速构建我国乘用车零部件体系、培养乘用车领域人才的重要途径，为后来我国民营乘用车企业的迅速崛起打下了重要基础，毫不夸张地说，没有最初的

"三大三小"，就没有如今站在世界汽车舞台闪闪发光的民营汽车企业。

2000 年，是我国乘用车发展历史的关键节点，在这一时期前后，发生了两件重大事件。第一件是 2000 年 10 月，党的十五届五中全会通过的《中共中央关于制定国民经济和社会发展第十个五年计划建议》中，首次明确了"鼓励轿车进入家庭"，这完全打开了国内乘用车市场发展的新局面，市场的繁荣也为技术的发展提供了土壤和营养。第二件就是 2001 年，中国正式加入了 WTO。"当时几乎没有人想到，入世后中国汽车产业会迎来如此出人意料的发展。2009 年，全球遭遇金融危机，我国一跃成为全球最大的汽车生产国和销售国。"付于武提出，也正是因为市场经济的繁荣发展，竞争压力空前，中国汽车企业真正意识到了掌握自主核心技术的重要性："最早的时候，有的车企没有研发中心，甚至没有设立技术科。但现在，几乎每一家汽车企业都拥有了从造型设计、产品开发、到仿真实验、道路验证等一系列的实验室和场地，建立了海外研发中心，研发团队规模不断扩大，吸纳了很多国际知名的汽车工程师，研发流程也日益成熟，逐渐搭建起了属于自己的产品平台。"以研发经费为例，我国主流整车企业研发投入占营业收入的比例为 4.48%，中位数为 4.22%，而国际主流整车企业研发投入占营业收入比例为 4.92%，中位数为 5.06%，差距正在不断缩小。

付于武认为，当前，中国汽车产业、中国汽车工程师以及学者，已经和全世界的同行站在了同一起跑线上，尤其是在电动化、智能网联化和轻量化方面。举例来说，在智能网联汽车领域，凭借着制度和互联网、通信产业的优势，我国已经进入了以标准引领产业发展的阶段，积极参与到相关国际标准制定的工作中，并发挥了重要作用。2018 年，在开罗举办的 ITU-T（国际电信联盟电信标准局）SG20 会议上，中国移动牵头完成了基于网联式（C-V2X）自动驾驶功能架构标准立项，旨在定义网联自动驾驶的网络架构及功能，同时制定统一的网联自动驾驶系统接口规范。

付于武认为，在智能网联和新能源汽车等方面，我们拥有制度和体制优势，拥有了良好的技术基础和庞大的市场，整零关系也比传统汽车领域更和谐，加上宁德时代等一批有份量、有核心竞争力的企业已经在国际市场上崭露头角，中国汽车产业一定能做大做强。

70年，砥砺前行，铸就产业崛起之路

《中国汽车报》记者　陈萌 || 杜琳/整理 || 韩冬/摄影

70年风雨兼程，70年砥砺前行，中国汽车工业秉承强国初心而生，乘改革开放大势而上，经历沧桑巨变。回忆峥嵘岁月，行业和企业在崛起之路上那些筚路蓝缕、栉风沐雨的故事，总能催人奋进。

汽车产业是践行中国特色社会主义的典型

中国汽车工业协会原常务副理事长兼秘书长　张书林

70年来，中国汽车产业砥砺前行，发展过程中坎坷重重，在缺资金、缺技术、缺人才的条件下，能形成现在的规模可说是奇迹，政策起到关键作用。中国汽车业从商用车起步，在第一个五年计划里，建设第一汽车制造厂就是重点，第一辆下线的汽车就是商用车。在计划经济体制下，国家规划和管理引导了汽车行业发展，打下了基础。

与商用车一直走自主发展道路不同，轿车走的是合资道路，后来在行业引起了很大争议。不过，从当时中国汽车工业的实情出发，轿车走合资道路

是正确的,要肯定其作用:外方带来了产品、生产技术、管理经验和发展资金,由此我国形成高起点、专业化、大批量的生产概念;中方通过消化、吸收引进技术,逐渐掌握了轿车生产企业的核心内涵;快速形成产业和市场规模,推动轿车进入家庭;培养大量行业人才并吸引国外人才回流,为自主品牌汽车的发展奠定了基础。

不过合资也是一把双刃剑,在某种程度上,它延缓了汽车企业尤其是合资企业中方发展自主品牌汽车的步伐。从2000年前后吉利等企业拿到轿车生产资质算起,我国自主品牌轿车也就发展了20年。如今自主品牌汽车已经走出国门,并开始战略转型,新能源汽车行业具备了全面对外开放的条件。

总体看来,我国汽车产业发展道路在全球独树一帜,是具备中国特色社会主义道路明显特点的代表性产业。

汽车强国梦并不遥远

中国汽车工业协会常务副会长
兼秘书长 付炳锋

伴随着新中国的建设,汽车工业发展经历了前30年的计划经济时代,和改革开放40年市场化培育阶段,今天能取得如此巨大的成就非常不简单,这让我们对未来充满希望,中国汽车强国之路不会太遥远。如果按照跑步进入汽车社会的发展节奏,我们的汽车强国梦会更快实现。按照"两个一百年"的奋斗目标,再过30年,汽车工业一定是社会主义现代化强国的重要组成和支撑。一批中国品牌将成为世界知名品牌。

如今，中国汽车企业和世界一流品牌企业的差距在不断缩小。在传统造车领域，产品质量、技术水平的差距在缩小，只是品牌上还需要积淀；在电动化、智能化方面，我国取得先发优势，企业广泛采取开放融合的态度。在持续的政策支持和新时代中国特色社会主义制度的优势下，相信我们的汽车强国梦会更早实现。

掌握技术才有更大话语权

一汽解放董事长、党委书记
胡汉杰

在新中国从贫穷落后到繁荣富强的崛起历程中，汽车工业做出了重大贡献；在中华民族伟大复兴的崛起道路上，汽车工业也承担着振兴中国工业的责任。

一汽是中国汽车工业的"摇篮"，解放是一汽的根。1956年，第一辆汽车解放CA10下线，结束了新中国不能生产汽车的历史；2018年11月30日，第700万辆解放货车下线。从1956年到2019年，解放商用车从无到有、从弱到强，展示了中国商用车成长和崛起之路。

70年里，中国商用车取得了长足发展和巨大成就，培育了强大的制造能力，建立了全面的零部件配套体系和营销服务体系，出现了一批优秀的品牌，产品实现了"走出去"。国家层面的推动是商用车发展壮大的条件，满足用户需求是商用车企业聚焦的重点，保持技术领先是商用车行业锤炼内功的根本。中国汽车品牌必须掌握核心技术，通过技术创新提高企业的竞争水平和盈利能力，从而提高话语权。

展望未来，中国将长期保持全球第一大商用车市场地位，自主品牌商用车将长期占据市场主导地位，在"新四化"道路上走在世界商用车前列，产业政策的调整将持续推动我国商用车行业发展。未来，一汽解放要向"智慧交通运输解决方案提供者"转型。70年来，我们见证了中国汽车工业从无到有、从小到大的转变，今天更应该不忘初心，干好自主商用车；牢记使命，为实现汽车强国梦努力。

核心技术和研发能力是竞争力最大源泉

长安汽车执行副总裁　谭本宏

回顾历史，长安汽车起初为军工企业，在1958年曾生产过吉普车，后来又重新回归军品。1984年与日本铃木开展技术合作，进入微车领域，生产交叉型乘用车，进入民用车市场。2006年自主研发生产了第一款微型乘用车奔奔。如今，长安自主品牌汽车累计用户已达到1700万，形成了一定规模；产品平均价格为11万元。

一直以来，长安汽车坚持核心技术自主研发，这是长安2003年开始自主造车时就确立的。2008年，长安在意大利都灵建立第一个海外研发中心，主要进行造型设计。后来，又相继在英国诺丁汉、日本横滨、美国底特律等地建立研发中心。这些海外研发中心都是长安汽车的全资子公司，因为只有这样才能真正拥有自己的技术。核心技术和研发能力是企业核心竞争力的最大源泉。通过多轮研发，长安沉淀了技术规范，通过三代产品的发展，企业基本具备了产品和技术的正向研发能力。

在产业发展新时代，智能化、5G 技术扑面而来，长安汽车必须拥抱这样的力量才有可能迸发更大的活力，只有加大跨领域合作、更加开放融合才能保持企业竞争力。因此长安汽车近两年与华为、腾讯等企业合作，共建汽车互联网生态，为下一阶段发展夯实基础。

秉持开放心态　让中国车走遍全世界

吉利控股集团资深副总裁
张爱群

吉利的造车之路并不平坦，1997 年进入汽车业，从初期的一穷二白和懵懂无知，到第一次转型时期的壮士断腕和拨云见日，再到国际并购后的资源整合和理念突破，创新创业过程波澜起伏，但一直没有放弃心中的梦想——让中国的汽车走遍全世界。2018 年，吉利控股集团实现销售 214 万辆，营业收入 3285 亿元，连续 8 年进入世界 500 强。

对于吉利来说，首先要自己做强，这得益于坚定的转型升级。创业之初，吉利以低价战略切入市场，冲破合资轿车价格垄断和市场垄断；2004 年实施质量战略，实现工艺和内在质量上的重大突破；2007 年向"技术先进、品质可靠、服务满意、全面领先"战略转型，提出"造最安全、最环保、最节能的好车"，通过收购沃尔沃做到"总体跟随、局部超越、重点突破"；2014 年进行品牌转型，提出"造每个人的精品车"。

二是坚定持续的创新引领。吉利高度重视研发投入，已在平台化、发动机和变速器技术、智能化方面取得突破。同时开展全球化开放与合作创新，先后收购了英国锰铜、沃尔沃轿车、宝腾、路特斯，入股戴姆勒，实现了快速发展。收购沃尔沃，吉利既学到了先进的技术和管理经验，带动自主品牌的发展，也推动中国汽车品牌向国外输出技术、产品、人才。在海外并购方面，吉利秉承"尊重、适应、包容、融合"的理念，实行全球型企业本土化管理。

吉利感恩党和国家改革开放的政策，赶上了中国汽车工业快速发展的大潮流，未来将坚定整合全球资源的战略，特别是在"新四化"下，更要秉持开放合作的心态，为中国汽车工业由大到强做出贡献。

政策变迁与产业发展息息相关

国家发改委产业发展司处长
吴卫

从我国产业发展政策上看，大到国务院规划、政策和法规，小到各政府部门在投资、环保、金融、科技、质量、能源、交通等方面的政策，都对汽车产业发展影响颇深。我认为可以从6个维度回顾并展望产业政策。

一是时间维度。从1953年一汽奠基兴建算起，我国汽车工业已发展了66年。第一阶段是从无到有、自力更生；第二阶段是从改革开放开始，通过引进、提升、扩展，实现从小到大；当前正进入由大到强的第三阶段，目标是不断提升国际竞争力。期间，产业政策始终与时俱进，顺应国情和产业发展需要。二是改革维度。政策的核心是处理政府和市场关系，最初是全部由政府计划，起到保护产业平稳进步的作用；之后政策开始下放自主权、向市场靠拢，体现竞争性和功能性，着眼于公共利益和产业体系的优化；当前主要采用法治化、市场化方式管理，通过"放管服"发挥市场作用，支持企业科技创新。三是开放维度。政策变迁推动了产业从闭门造车到引进消化，再到加入WTO后扩大开放，直到当前全面开放的演变。四是政策功能维度。1994年《汽车工业产业政策》属于选择性、保护性政策；2004年以《汽车产业发展政策》为标志，政策开始向竞争性、功能性转变；今后要突出战略性和引导性，顺应产业新产品、使用方式、能源变化等趋势，制定前瞻性政策。五是技术维度。我国汽车产业起步期在技术水平上明显落后，经过自主车企初期摸索建设，以及后期通过合资掌握现代化管理体系，现在已逐步具备自主研发能力，今后政策还要继续支持创新体系和平台建设及合作。六是价值维度。汽车业已成为国民经济的重要支柱产业，政策将着眼于促进消费、培育新消费点，以及鼓励新形态的探索和扩展，激发行业新的活力和创造力。

当然，产业政策还存在协同性和效率不足、衔接配合不畅等问题，需要在鼓励产业融合、开放方面有更深刻认识，关注领军企业的担当。同时要防范汽车产能利用率下降、某些领域盲目投资的风险。未来，政策将重视配套产业环境的改善及税收改革，完善淘汰退出机制，推动产业结构调整。

发扬红旗精神　　不负国人期待

中国第一汽车集团公司副总经理　孙志洋

新中国成立以来，我国汽车产业取得了举世瞩目的成绩，现阶段除了追求速度之外更要注重质量。

红旗轿车是中国第一辆高级轿车，发展过程既有经验也有教训。第一阶段是自主创牌，走的是自力更生的道路。从1959年国庆阅兵亮相时就在国民心中留下深深的烙印，此后红旗长期作为外事接待用车，1966年后副国级以上领导开始使用，1972年为毛主席定制防弹车用于阅兵及国事活动，由此确立了国车地位。那时红旗产量少，让人感觉神秘，是特定年代的一种情怀。第二阶段是长期的徘徊和困惑期，1981～1996年红旗轿车因油耗较高停产，但期间也先后与多个外国品牌合作研发新车，但这种方式与红旗品牌形象不符，之后终于明确自主发展、自力更生、艰苦奋斗的路线，逐渐实现批量化、现代化生产。2010年开始，红旗品牌走上复兴之路，面向公务、民用市场，期盼更多中国人坐上红旗车，调整产品线。2018年1月8日，发布新红旗品牌战略，系统地阐述了红旗的发展规划，以"中国式新高尚精致主义"为品牌理念，追求高质量发展。在管理运营方面，红旗品牌由一汽集团直接负责，提升了效率。自主品牌发展的根本在于研发，所以红旗建立了造型中心、智能中心，让产品年轻化，走市场化、多元化道路，传统汽车和新能源汽车两手抓。同时，强化对"卡脖子"技术的攻关，争取2022年后和国外品牌同台竞技。

"红旗"是自强自立的精神，是民族奋斗的旗帜，希望未来把红旗做好，不负国人期待。

坚持自主品牌和技术先导

东风商用车技术中心党委书记
张　华

从1969年9月28日二汽（东风汽车前身）开始大规模施工建设算起，东风汽车走过了整整50年，即将迎来1800万辆东风品牌车和第600万辆东风商用车下线。

东风最早是军工企业，1975年生产第一款产品2.5吨越野货车EQ240，装备军队反响很好。后来"军转民"，自主研发出第一款商用车EQ140，曾一度风靡全国，市场占有率超过60%，这是东风商用车发展的第一阶段，那时整车及零部件是完全自主开发制造的。第二阶段是20世纪80年代中期进行技术引进，包括日产驾驶室、变速器等；和美国康明斯合资，在此基础上打造了东风第二代产品EQ153 8吨平头柴油车，开辟了中国柴油商用车先河。第三阶段是国际合作合资，导入日产的管理模式，打造流程和标准。以欧洲现代重型货车卡标准开发天龙重型货车，投放市场十年畅销不衰，成为重型货车行业新标杆。与沃尔沃合资后，引进部分商品技术和管理技术应用到新一代天龙、天锦中，商品的特性及可靠性又上一个台阶。

东风一直坚持发展自主品牌，坚持技术先导，坚持改进一代、开发一代、预研一代的研发体系，注重掌握自主核心技术，引进技术也是引进消化、本土化自主制造，而不是简单的拿来主义。

广泛合作　将电动化进行到底

比亚迪股份有限公司高级副总裁兼
汽车工程研究院院长　廉玉波

比亚迪从2004年开始造车，最开始生产的是燃油车。由于比亚迪最早是做电池的，所以很早开始研发新能源汽车，2008年推出首款量产双模电动汽车F3 DM。经过近10年的发展，2019年基本能够实现新能源汽车20万辆的销售目标。

应该说，比亚迪赶上了汽车业高速发展和国家政策有力支持的好时期。自2009年以来，为促进新能源汽车发展，国家在科技创新、投资管理、财政补贴、税收优惠、智能化发展、金融保险等13个方面出台了相关政策，全方位支持，大大促进了产业发展。当前，我国新能源汽车技术基本与国外企业齐头并进，局部领域处于世界领先。

从比亚迪自身发展来看，最初造新能源汽车时就确定要攻克基础核心技术，产品要安全可靠。产品安全性非常重要，否则会动摇社会对新能源汽车的信心，影响产业持续发展。只有掌握核心技术才能不受制于人，目前比亚迪新能源汽车研发团队有5000人左右。

此外，比亚迪也在加强与国内外企业的合作。既与东风、一汽、长安、长城、北汽等国内车企展开广泛合作，也和奔驰、丰田等外国公司成立合资企业，这也显示出合作伙伴对比亚迪的认可。近些年，比亚迪电动汽车尤其是电动大型客车的出口形势和海外发展也很好。

未来，汽车行业的竞争是上半场电动化，下半场智能化，比亚迪将把电动化进行到底，和其他汽车企业一起，共同努力把新能源汽车市场这个蛋糕做大。

70 年，汽车社会波澜壮阔成长史

《中国汽车报》记者　张忠岳

新中国成立 70 年来，是我国汽车产业奋发图强、不断成长的 70 年，也是我国汽车消费从死气沉沉到蓬勃生长再到规范成熟的 70 年，更是我国汽车社会从初具雏形到不断发展成熟的 70 年。如今，我国汽车社会已经成长为一个具备新车、二手车市场、多元化多层次配件市场、丰富多彩的汽车后市场组成的功能齐全的汽车社会。成长，已经成为中国汽车社会的一个内在属性与特点。

1949 年～2019 年，新中国走过了波澜壮阔的 70 年光辉岁月，从建国初期的一穷二白、积贫积弱、百废待兴到如今繁荣昌盛、民主富强的新时代，丰功伟业来之不易。作为国民经济发展支柱产业之一的汽车工业，与新中国始终同呼吸、共命运，而中国汽车工业从无到有、由小到大的发展历程，也让汽车成为中国社会发展变迁的重要参与者之一。看七十载新中国辉煌史诗，我国汽车社会栉风沐雨、玉汝于成的成长史不可或缺。

从依赖进口到自主生产

1949年10月1日，新中国成立了。然而，当时中国人民面临着一穷二白、百废待兴的局面，刚刚成立的新中国，根本没有建立自己的工业体系。作为当时的普通百姓，难以碰及的汽车更是稀罕物。

资料显示，1949年全国公路通车里程只有7.5万公里，汽车保有量仅约5.1万辆。汽车运货量仅563万吨，客运量1800万人次。可以看出，当时道路运输极为落后，人背畜驮仍是主要运输方式。1951年，新中国第一家出租汽车公司在北京成立，仅有6辆运营车辆。

百废待兴的新中国，无论哪方面建设都离不开汽车，但由于孱弱的工业基础，根本不具备制造汽车的能力，无奈只得依赖进口。资料显示，1950~1956年，我国共进口汽车67523辆，其中货车占75%以上。

从1953年开始，第一个五年计划两大任务之一便是集中力量进行工业化建设，而中国第一汽车制造厂的建成投产即是"一五"时期重要的工业建设成果。1956年7月13日，我国第一批解放牌汽车在长春第一汽车厂试制成功。据悉，当时装配工人给下线的汽车加完水和油以后，司机立刻跳进驾驶室。接着，在一阵阵"嘀嘀"的喇叭声中，又高又大的深绿色载货汽车开出了总装配线。

解放牌汽车的问世，结束了我国不能生产汽车的历史，更使得我国对外进口汽车数量直接下降了七成之多。虽然解放牌汽车是商用车，距离普通百姓普遍购买汽车、使用汽车还遥不可及，但仍然激发了广大群众对祖国能够生产汽车的喜悦之情。据记载，第一批下线的解放牌货车，参加了1956年的国庆阅兵式，之后部分汽车留在天安门展出。在那里，无数群众争睹解放牌汽车的风采。

红旗轿车成几代人的记忆

在中国汽车社会发展历程中，轿车的起步可以从红旗轿车的诞生说起。

据记载，1958 年 8 月，中央向一汽下达了制造国产高级轿车的任务。一汽的工人以从吉林工业大学借来的一辆 1955 型的克莱斯勒高级轿车为蓝本，根据中国的民族特色进行改进后，以手工制成了一辆高级轿车。据老一辈的一汽人回忆："奋战 33 个昼夜，从一张白纸开始设计图纸，以油泥模型来取样板，手工制造车身钣金覆盖件，百里挑一地试制零部件，凝聚着所有中国人感情的第一辆红旗高级轿车样车终于完成，以 CA72 作为车型代号。"

1959 年 10 月 1 日当天，崭新的 CA72 红旗轿车在首都的国庆庆典上登台亮相，全球瞩目，人民欢腾，国内外争相报道了红旗轿车的消息。从此，全国人民都知道了红旗。

从 60 年代开始，红旗轿车被规定为副部长以上的首长专车和外事礼宾车，坐红旗车曾一度被视为中国政府给予外国来访宾客的最高礼遇，被誉为"国车"。

在红旗轿车的历史上，不得不提美国总统尼克松访华乘坐红旗轿车的故事。按照惯例，美国总统从来都是使用总统专车，惟一特例是 1972 年尼克松访华。当年在尼克松访华之前，中美提前进行访问细节的商谈，中方坚持尼克松在中国境内必须乘坐中国飞机及中国提供的防弹红旗车，而美方坚持使用美国总统专车。商谈陷于僵持，最后尼克松亲自拍板同意乘坐中国飞机和汽车，周总理则亲自挑选并试乘了红旗 772 防弹车。尼克松访华，使得红旗轿车名扬海外。

红旗轿车为国家赢得了巨大荣誉，也极大地激发了中国人民的民族自豪感。但一个现实是，身处计划经济时代的中国并没有建立自己的汽车市场，对普通百姓而言，坐上小汽车、开上小汽车仍是不敢想象的事情。

在计划经济阶段，中央和各级地方政府严格控制着汽车生产与分配，汽车企业一直没有产品自销权。汽车分配一般先由国家计委编制计划分配表，经国务院批准后下达给主管汽车生产的一机部，一机部组织供需双方参与订货会，按分配指标签订供货合同，汽车企业负责生产和供货。

1976 年以后，汽车改为中央和地方两级管理，属于中央安排的生产计划，由中央供给原材料，产品由中央调拨分配；属于地方安排的生产计划，由地方组织供销。到改革开放前的 1978 年，我国汽车年销量还只有 14.9 万辆，几乎全部为公务车和商用车。

改革开放春风吹动汽车市场

1978 年后，伴随着改革开放的春风，我国乘用车大规模生产开始起步。中外合资，引进技术，成为我国汽车产业具有划时代意义的重要事件。合资车企的涌现，使我国乘用车实现了"从无到有"的关键性质转变，为乘用车发展创造了新契机，注入了新鲜血液。

1983 年，国务院做出决定，汽车生产企业具备一定比例的汽车产品自销权。这意味着汽车企业在完成国家供货合同后，可自行安排生产一些满足市场需求的产品。从 1984 年开始，多年来私人不能购车的限制被打破，国家承认个体经济和私人购车的合理性，允许私营企业和个人参与运输业，私人汽车保有量开始增加。

这个阶段，以"老三样"桑塔纳、捷达、富康为代表的合资品牌乘用车，出现在普通百姓的视野里。但对于当时的绝大部分中国消费者来说，他们依旧没想过能拥有这么一辆车，其高昂的售价，让普通消费者望尘莫及。据悉，当时一辆桑塔纳的售价大约为 20 万元。不仅如此，即使能拿出这笔钱，私人购买还必须得到工商局的指标和相关介绍信，还要办理烦琐的购车手续，才能获得购买资格。因此，在很长一段时间内，桑塔纳等轿车一直是身份和地位的象征，也是很多机关和事业单位公务用车的首选。

1989 年是我国汽车社会发展的又一关键节点。这一年，我国的汽车工业从计划经济体制向市场经济体制转变。此后的十年，是我国乘用车飞速发展的十年，乘用车企业具备了一定的自主开发能力，奠定了基本的生产格局和产业基础。通过引进技术、合资经营，乘用车产品的技术水平有了较大提高。

此外，1994年公布的《汽车工业产业政策》，通过产业政策对汽车工业进行宏观管理，确认了私人购买汽车的可行性，并明确到2000年，我国汽车总产量要满足国内市场90%以上的需求，轿车产量要达到汽车总产量的一半以上，并基本满足进入家庭的需求。从20世纪90年代中期以后，随着合资企业的发展，汽车产量迅速提升，汽车市场开始发展壮大。

汽车流通领域的变化促进了汽车市场的发展，从1998年开始，一些国外汽车品牌开始在国内引进品牌专卖方式，许多原来的汽车销售代理商由车企进行整顿，重新命名或授权为"特许经销商""品牌专卖店"。原来由国家批准的所谓代理制

企业的批发权逐渐消失，与此同时，各地大型汽车交易市场快速发展。

可以说，1999年前是我国汽车社会"前夜"，由国民生活水平和消费能力有限，乘用车消费一直未被激活，轿车成为很多"先富起来"人群的追求，但为日后市场的大发展打下了比较坚实的基础。

新世纪汽车进入寻常百姓家

2000年10月，《中共中央关于制订国民经济和社会发展第十个五年计划的建议》首次提出"鼓励轿车进入家庭"。2001年3月，"十五"计划把轿车进家庭列入国家发展规划，拉开了汽车由"奢侈品"向家庭代步工具转变的帷幕，我国汽车市场开始快速发展。鼓励措施让普通家庭购买轿车成为可能，企业也纷纷响应，推出满足普通私人消费者需求的车型。从此，私人消费开始逐步成为我国汽车消费的主流，轿车开始走进千家万户，成为普通家庭的代步工具，极大提高了人们的生活水平。

2002 年是一个特殊的年份，这一年中国汽车产销量均首次突破 300 万辆，轿车产销量均突破 100 万辆，家庭轿车拥有率大幅攀升。2002 年被称为中国私家车普及的元年，汽车市场出现繁荣景象。

连年高速增长的汽车市场在 2009 年又迎来一个标志性年份。这一年，中国汽车产销量超过 1300 万辆，首次超过美国成为全球第一新车消费市场。更让人想不到的是，自此之后，中国汽车新车销量连续 9 年居全球第一，2017 年更是创造了产销量近 3000 万辆的历史新高。

中国汽车市场的繁荣，一是得益于供给侧的大发展，无论是合资品牌、还是自主品牌，均生产出价格比以往更低、质量比以往更好的汽车产品；二是得益于中国消费者消费水平的迅速提升，上至城市，下至乡村，购买一辆汽车已经不是一件稀罕事，汽车逐渐成为一个家庭必备的出行工具。

从那以后，百姓的汽车消费也不再局限于轿车，SUV 开始逐步占据一席之地。SUV 在过去十年中的爆发性增长，一度蚕食了轿车车型三成以上的市场份额，成为乘用车中快速崛起的车型类别。近年来，在乘用车销量中所占的比重逐年提高。统计数据显示，从 2009～2017 年均复合增长率对比来看，SUV 年均复合增长率为 40.93%，远高于整体市场的 9.83%。

据公安部统计，2018 年全国新注册登记机动车 3172 万辆，机动车保有量已达 3.27 亿辆，其中汽车 2.4 亿辆，小型载客汽车首次突破 2 亿辆；机动车驾驶人突破 4 亿人，达 4.09 亿人，其中汽车驾驶人 3.69 亿人。如今的中华大地，汽车无处不在，或被用于城市上班出行，或被用于商务接待，或被用于节假日家庭自驾出游，亿万中国人正在享受美好的汽车生活。

新时代汽车与社会和谐共处

汽车保有量的急剧攀升，一方面带给中国人的是汽车生活的便利，另一方面则带来包括城市交通拥堵、交通事故频发、尾气排放污染、公共资源占

责任与担当
——新中国70年汽车工业发展纪实

用等一系列社会问题，汽车消费与社会发展产生了严重的矛盾。

2010年，为了遏制机动车带来的日益严重的交通拥堵，北京市于当年12月23日开始实行摇号购车，实施小客车数量调控措施。此后因机动车保有量导致的城市拥堵开始普遍出现，上海、深圳等数座城市开始跟进推出限购措施。

在大气污染问题上，汽车同样难辞其咎。机动车污染已成为我国空气污染的重要来源之一，是造成雾霾、光化学烟雾污染的重要原因之一。一系列不断升级的尾气排放标准的陆续实施，给汽车环保提出了越来越高的要求。甚至在一段时间内，汽车成了千夫所指的对象，而其为社会经济发展所做出的贡献被忽视。

世界银行最新公布的2019年全球20个主要国家千人汽车拥有量数据显示，中国每1000人汽车拥有量为173辆，位列榜单第17名，与排名榜首的美国千人汽车拥有量837辆相比，仍有很大差距。这意味着，中国在未来的一个较长时间周期内，仍然会保持较高的汽车产销量，汽车保有量会继续攀升。

既要坚定不移地发展，还要与社会协同共赢。痛定思痛之下，汽车产业乃至整个中国社会开始思考，究竟汽车该怎样与社会和谐发展。

今后的汽车应该更绿色环保。自2008年以来，在国家一系列政策的助推下，越来越多的新能源汽车开始出现在中国的大街小巷。随着技术和产品的快速进步以及充电配套设施的不断完善，中国消费者也越来越接受这一新生事物。

今后的汽车使用率应该更高。近些年来，租赁汽车、网约车和共享车市场开始蓬勃发展，中国消费者开始转变思想观念，享受汽车生活并不一定需要拥有一辆车的所有权，只需要拥有一辆车的使用权也能满足需求。

今后的汽车应该更聪明智慧。中外汽车企业纷纷开始研发基于中国特色道路环境的自动驾驶。未来，基于自动驾驶技术的汽车分时租赁值得中国消费者期待，一旦形成成熟的商业化模式，意味着汽车使用将更加节能、环保、安全、舒适。

站在新中国70年发展的新起点，中国未来的汽车社会蓝图可期。

70年，中国汽车内燃机产业风雨向上敢担当

《中国汽车报》 记者　赵玲玲

新中国成立以来，不断创造奇迹，从一穷二白，走向繁荣富强，车用内燃机工业的发展就见证了这追风逐日的历程。

新中国成立70年来，是我国内燃机行业艰苦奋斗的70年、是自主创新的70年、是不断突破的70年。在从无到有、由小到大、由大到强的过程中，内燃机行业砥砺前行，谱写出精彩华章。

阔步前行的70年

新中国成立后，我国车用内燃机迈出发展的脚步，通过三个不同历史阶段，实现了一次又一次的跨越。

新中国成立到改革开放是内燃机行业发展的起步时期。在这段时间里，我国初步形成了汽车内燃机体系。中国真正工业化生产汽车内燃机始于1956年第一汽车制造厂建成投产，随之建成中国第一个中型货车用CA10型汽油机生产基地。其后几年，随着一批地方汽车厂的兴起，不少配套的内燃机企业得以发展。到1966年，中国汽车内燃机产业初现雏形，具有汽油机、柴油机年产能力8万台左右，基本满足装车需要。接下来，随着二汽的建成，中国又诞生了第二个大规模汽油机生产基地。20世纪60年代中后期，一批企业开始试制、生产矿用自卸车及其柴油机。20世纪70年代后期，国家倡导商用车特别是货车柴油化，并组织相关单位开发了6105Q柴油机，一批生产农用柴油机的企业提高产品性能，发展车用柴油

机。到1978年，汽车内燃机年总生产能力达到约22万台、1800万千瓦，基本满足了装车需求，技术有所积累，初步形成了自主发展型汽车内燃机体系。

1978~2000年，我国车用内燃机产业迎来全面发展的新时期。改革开放扩大了企业的自主权，企业更加重视市场需求，大力调整产品结构，实行系列化、多品种生产。同时，国家实施机构改革，努力调整汽车相关产品结构。1982年，机构改革后成立的中国汽车工业公司提出汽车产品结构改革方针，实施老产品换型；调整产品结构，改变"缺重、少轻、轿车近乎空白"状况；加大客车、农用车（低速货车）、专用车、柴油车的比例；发展系列化、多品种，结束单一品种生产的历史。在这一时期，内燃机产业有三个显著特点：一是老企业技术改造，产品换代升级；二是企业积极开发新机型，产品技术水平有所提高，汽油机进入电喷时代；三是引进新技术、新机型，开始涌现合资合作的典型案例，引进生产国际先进机型。

2000年以后，跟随中国汽车工业的发展，车用内燃机产业也进入了高速发展的时期。2001年，中国加入世界贸易组织，实施更广范围的对外开放政策，汽车进口关税不断下降。再加上中国汽车市场发展空间广阔，几乎所有汽车跨国公司悉数进入中国，绝大部分零部件跨国公司也是如此，不断带入新技术、新产品，在中国合资或独资建厂，市场竞争日趋激烈。

值得骄傲的是，中国内燃机企业在引进、消化和吸收的基础上，不断自主创新，推出具有自主知识产权的新产品不断上市，以满足高速发展的汽车工业需求。同时，内燃机的可靠性、使用寿命不断提高，技术指标接近世界先进水平。

别具特色的成长史

在70年的成长历程中，我国车用内燃机呈现出了许多发展特色。

首先，在相当长的一段时间内，我国载货车以汽油机为主。在1980年以前，我国汽车工业主要生产商用车，如解放、东风、跃进、北京130等均装配汽油机，只有很小一部分重型货车搭载柴油机。这主要是受当时我国石油加工工艺与设备所限，柴汽油比相对较低，再加上柴油使用成本低，要优先保证农用机械使用柴油，而轿车产量很低，汽车工业主要生产载货车，因此汽油首先归其所用。

第二，乘用车的发展为我国汽油机发展揭开了新篇章。乘用车的研发和生产仅比商用车晚几年，但发展速度和水平却无法相提并论。1988年前，乘用车在汽车总产量中所占比例仅为2.69%。20世纪80年代，汽车工业为了改变缺少轻型、微型和轿车用汽油机的局面，积极引进国外先进技术和产品，提高自身产品质量和制造技术水平。从汽车行业第一家合资企业北京吉普公司的诞生，到上海大众（后更名"上汽大众"）、一汽-大众、神龙、上海通用（后更名"上汽通用"）、广州本田（后更名"广汽本田"）等一批合资企业相继建成，汽油机在我国也得以快速发展。

第三，我国走的是从引进车用发动机技术到自主开发的道路。最开始，企业基本上参照国外样机试制，向国外著名内燃机机构咨询、引进外资公司产品，在消化吸收基础上改进、提高、创新，委托设计或者联合设计，在合资企业内进行研发，最后走上独立自主的创新道路。

同时，我国机动车排放标准升级也积极促进内燃机技术水平不断提升。2001年7月1日，国一标准在全国范围内全面实施；2023年7月1日，所有生产、进口、销售和注册的重型柴油车应符合国六b标准要求。从国一到国六，机动车排放标准中每一项污染物的具体数值要求不断加严。为了满足相应的排放标准，发动机企业不断突破技术难关，生产符合市场需求的产品，发动机燃油经济性、可靠性也随之得到提升。

排放升级的考验

当前我国内燃机行业，机遇与挑战并存，市场格局正在重塑。以柴油机为例，2019年上半年，商用车市场出现许多大事件，如"大吨小标"、标准

责任与担当
——新中国 70 年汽车工业发展纪实

升级等，直接影响到商用车柴油机的表现。中国汽车工业协会的统计数据显示，2019 年 1~6 月，内燃机累计销售 2244.22 万台，同比下降 16.44%。其中，商用车车用多缸柴油机上半年累计销售 142.77 万台，同比下降 3.22%。

市场遇冷之下，内燃机企业与整车企业"联姻"现象层出不穷。在竞争日趋白热化的当下，打"组合拳"不失为一种保障生存与发展的好方法。2019 年 7 月 11 日，福田与玉柴就国六产品配套、海外市场开拓、新能源产品开发等议题，达成了一系列重要战略合作。潍柴也紧随其后，迅速与江淮汽车在安徽合肥正式签署战略合作协议，进一步深化在节能技术、新能源汽车等领域的合作，整合优势资源。更早些时候，潍柴还与一汽解放签署了战略合作协议。

国六时代已经拉开帷幕，国内主流发动机企业基本都围绕升级国六紧锣密鼓地进行部署。比如，玉柴 2018 年初就发布了全系国六产品，并在 2019 年批量供货。潍柴、锡柴、云内等发动机企业也均实现了对国六产品的布局。

如今，我国经济由高速增长向高质量发展转变，内燃机市场也需要高质量、高技术水平的产品，排放升级势必将推动产业进步，有所准备的企业将赢得更多市场份额。事实上，从 2018 年的市场表现看，车用内燃机行业"头部效应"已经显现，效益好、业绩突出的基本上都是业界耳熟能详的企业。排放标准不断升级意味着，车辆需要采用更先进的尾气后处理装置、电控等技术措施，这推动内燃机企业必须加快产品研发、整车匹配和产品投放，不可避免带来相当大的竞争压力。在这一轮产品技术升级过程中，一些小型内燃机企业已无力再投入巨额资金开展国六系列产品的研发，未来恐将逐步退出市场。

目前，我国已成为世界上最大的内燃机制造和应用国，正在由内燃机大国向内燃机强国迈进。近 10 年来，我国内燃机行业取得了令人瞩目的进步，在诸多关键技术上取得了突破性成果，开发的部分产品达到国际先进水平，摆脱了对跨国公司的依赖。总体来看，增压+直喷已成为当前汽车发动机技术的主流趋势，高效热循环、先进热管理、低噪声技术等，进一步提升了传统发动机的性能，智能机油泵、智能水泵、低黏度润滑油等新兴技术得到应用。

百年变革的路口

近些年，新能源汽车产业发展如火如荼，主流汽车公司也加大对相关技术和产品的研发与生产。特别是在政策的大力支持下，我国新能源汽车推广势头迅猛，技术水平、产品品质和市场规模都得到快速提升。与此同时，全球一些国家和地区宣布或开始考虑制订停售传统燃油汽车的时间表。一时间，内燃机是否将被颠覆、被取代，成为业内热议的话题。不过，经历了最初的扰动后，内燃机行业通过理性分析达成共识：内燃机在未来几十年中仍会占据汽车动力的主力地位。

比较权威的研究和预测显示，到 2050 年，纯内燃机汽车将约占 20% 的市场份额，纯内燃机汽车加上混合动力汽车将约占 60%~70% 的份额，纯电动汽车和燃料电池汽车的占比约为 20%~30%。

目前，内燃机行业一方面专注于提高内燃机的热效率，优化发动机结构和材料；另一方面更加注重与新能源汽车技术的融合，例如混合动力系统受到了更多关注，研发混合动力专用发动机系统成为一种潮流。此外，我国甲醇内燃机也逐步进入产业化推广初期，持续了 5 年的甲醇汽车试点工作成效显著。

不可否认的是，内燃机行业已走到百年大变革的十字路口。如何提振中长期产业信心，寻找未来合适的转型发展之路，成为我国发动机行业面临的重要课题。

在新能源汽车领域，不少传统发动机企业利用配套优势资源加快了转型的步伐。2019 年，玉柴率先推出多款新能源汽车相关产品，确定新能源汽车技术发展路线，其中包括集成发电式发动机动力总成、e-CVT 功率分流型混合动力总成、集成式电驱动桥总成、燃料电池系统四大新能源动力系统。潍柴则大力发展氢燃料电池系统。根据潍柴"2020~2030 战略规划"，其将在 2030 年前实现新能源业务引领全球行业发展。

70 年峥嵘岁月，70 年璀璨成就。回望不平凡的发展历程，中国内燃机行业不忘初心、牢记使命，将创造更加辉煌的明天。

70年，砥砺奋进，商用车凭自力担重任

《中国汽车报》 记者　李争光

70年艰辛，70年奋进，70年改变，70年发展。在这风风雨雨的70年中，中国商用车行业取得了长足进步，许多商用车企业不仅在国内获得了不俗成绩，还走出国门，向世界展示"中国制造"的风采。

在中国汽车工业发展史上，商用车发展历史最长、基础最好、自主品牌最多、出口创汇最高。当今国内商用车市场上，无论是货车领域还是客车领域，国内自主品牌均占有绝对优势。如今，我们可以毫不谦虚地说，与国民经济发展密切相关的商用车，称得上是中国汽车工业的基础和脊梁。

回望70年的发展历程，商用车在中国汽车发展史上写下了浓墨重彩的一笔，同时也把"自力更生""自主创新"内化到整个产业发展过程之中。

依靠外援结束"万国造"

1949年中华人民共和国成立。当时，中国汽车保有量仅有5万辆，品牌却五花八门，业内把这一阶段称之为"万国造"时期。

新中国成立之初，国内只有为数不多的汽车修配厂，当时中国汽车产业基础较差、水平较低，处于"缺重少轻"的局面。据《中国汽车工业年鉴（1983）》记载，直到1949年，我国仍不具备批量生产客车的能力，对于奔跑在街头的进口大客车，老百姓称之为"万国牌"。当时，我国汽车技术水平被一首打油诗形容为："一去二三里，抛锚四五回，摇车六七次，八九十人推"。

1949 年 12 月 21 日，毛泽东主席访问苏联，参观斯大林汽车厂，看到苏联先进的制造工艺，他用浓厚的湖南口音掷地有声地说道："我们也要这样的汽车厂。"毛主席深知，新中国要发展，无论哪方面都离不开汽车。

1953 年 7 月 15 日，中国第一汽车制造厂奠基典礼在长春市孟家屯附近举行，全国人民为之振奋。三年后，也就是 1956 年，第一批解放牌汽车正式下线，标志着中国汽车制造时代的到来。

当货车行业进入快速发展轨道之时，作为商用车的另一重要组成部分——客车行业也紧跟时代发展的步伐。当时，客车生产企业相继使用解放底盘开发公交车、团体客车，开启了使用国产载货汽车底盘改装客车之路。1957 年，上海、北京两地的客车制造厂首次采用国产解放牌 CA10 型货车总成件和全部国产设备，试制出全金属整体结构车身的五七型客车，成为我国首款完全自主制造的国产大客车。

"在那个时代，解放牌汽车就是中国人的骄傲，代表着新中国最先进的工业水平。"一位老汽车人表示，当年中国老百姓对解放卡车是由衷的喜爱，"解放牌"代表着自力更生、奋发图强，也证明了不管什么事都难不倒中国人。

自力更生谋生存

1950 年，汽车被列入苏联援助中国的 156 个重点工业建设项目之中。三年后，第一汽车制造厂奠基。1956 年，中国拥有了一辆真正自己制造的汽车。在几年的时间里，中国通过引进、消化、吸收、再创新，先后生产出多款货车、客车，建立了并不亚于当时日本和韩国的汽车工业基础。

中国商用车发展依靠"外援"起步不假，但能够获得成功，更多的是凭着车企研发人员自力更生和艰苦奋斗的精神和决心。1958 年 3 月 10 日，中国第一辆国产轻型载货汽车 NJ130 诞生，命名为跃进牌。同年 5 月，重庆长安汽车厂在没有任何经验和生产基础的情况下，对美制 CJ-5 吉普进行测绘设计，生产出国内第一辆"长江"牌 46 型越野车。1960 年 4 月，中国重汽前身济南汽车制造厂，通过艰苦奋战，成功试制出第一辆黄河牌 JN150 型 8 吨载货汽车，拉开中国重型汽车工业发展的序幕。

然而，随着国际、国内局势的风云突变，我国商用车发展也面临着巨大考验。20 世纪 60 年代至 70 年代中期，我国商用车行业总体进展缓慢。据统计，1949 年至 1977 年之间，我国累计生产汽车 125.25 万辆，国内主要汽车制造基地年产量还不足跨国工厂年产量的一半。改革开放初期，我国汽车工业"缺重少轻，轿车几乎空白"的局面依旧没有得到改善，同时零部件基础薄弱，生产布局"散、乱、差"的问题凸显。

好在，客车行业在改革开放之前还保持着稳步发展。20 世纪 70 年代开始，中国客车生产企业采用解放 CA10 载货汽车底盘和黄河牌 JN651 型客车底盘，大批量改装大型单体客车和铰接式客车。另外，还有以跃进、东风等货车底盘改装而成的客车产品。1974 年 12 月，第一机械工业部汽车局和国家建委城建局联合发文，由常州客车制造厂研制大客车专用底盘。1978 年 12 月，交通系统联合设计的 JT680 大型柴油长途客车在广东通过鉴定，随后投入批量生产。

"那个年代造汽车，困难是难以想象的。"另一位老汽车人介绍说，工业基础薄弱，配套体系空白，技术图纸、研发力量完全依赖外方，甚至连如何管理一个汽车制造车间都需要从头学起。可以说，我们与世界汽车工业先进国家差距明显。好在中国人通过自力更生、奋发图强，将不可能变为了可能。

▍引进吸收促发展

1978 年 12 月，十一届三中全会召开，中国拉开了改革开放的序幕，也是商用车技术引进的开端。

1983年12月，中国重汽集团的前身——中国重型汽车工业联营公司与奥地利斯太尔公司签订重型汽车制造技术转让合同，全套引进斯太尔91系列重型汽车整车技术。1985年，第一辆斯太尔91在四川汽车制造厂下线；1989年，第一辆国产斯太尔在济南汽车制造厂下线。这个当时为改变我国汽车工业"缺重"现状而引进的项目，改变了中国重型汽车行业格局。

在此后的20多年时间里，斯太尔技术成为中国重型汽车的主要技术平台，使中国的重型商用汽车制造技术向世界先进水平迈进了一大步。值得一提的是，考虑到汽车工业是一个环环相扣的整体，斯太尔技术引进项目还包含重型商用车关键总成的引进，如发动机、车桥、变速器、车架、制动系统等。目前，在国内占据重要位置的零部件厂商，如潍柴动力、法士特、汉德车桥等都是在斯太尔技术基础上发展而来的。

1985年则是我国解决"少轻"问题的重要节点。1985年1月，国家汽车行业主管部门采用技贸结合的方式，与日本五十铃汽车公司签订《五十铃N系列载货汽车技术转让合同》和《五十铃N系列轻型载货汽车驾驶室技术转让合同》。这次技术引进的影响极为深远，奠定了我国轻卡行业从改革开放到其后30年的竞争格局。自20世纪90年代中期起，国内的轻型载货车厂商推出了康铃、欧铃、奥铃、帅铃等以"铃"字命名的轻卡系列产品，并得到市场的广泛认可。至此，我国汽车工业"缺重少轻"的问题已基本得到解决。

改革开放初期，客车产业发展略有停滞，但也不乏亮点。1979年北京客装公司用解放CA10型载货汽车底盘开发生产出我国第一辆空调旅游客车。同年，北京市长途汽车公司修造厂试制成BCK652型长途客车，1981年再次进行改进，试制成BCK653型适合山区行驶的长途客车。

改革开放进一步深入，客车行业逐渐走上了专业化、规模化的发展道路。20世纪80年代，中国客车自制底盘诞生。当时，由政府部门牵头组织统型设计，开发适用于公交车、公路客车的专用底盘，结束了中国客车制造完全依赖货车底盘改装的历史。其中，1981年，扬州汽车修造厂用原交通部统型设计开发的JT663客车专用底盘试制的客车，投入市场后成为中国公路客运的主流车型，市场占有率超过30%。此后，在1988～1989年期间，由当时中国汽车工业联合会组织，国内主要的大客车及底盘厂家在济南组成大客车联合设计组，基于斯太尔技术和主要总成开发当时国内最先进的大客车专用底盘，为客车底盘的技术进步做出了重要贡献。

改革开放后的10年间，我国客车行业不仅突破了货车底盘的限制、形成了规模化生产，还在1988年推出国内第一款卧铺客车。这种车型是西安公路学院与扬州客车厂（原扬州汽车修造厂）联合开发的，在国家铁路运力紧张的情况下，利用公路卧铺客车满足人们长途出行的需求，具有经济和舒适双重特征，既缓解了铁路运力的紧张局面，又促进城乡道路客运市场发展。尽管随着时代的发展，这种车型已经逐渐退出客运市场，但它在我国客车历史上却留下了浓墨重彩的一笔。

积极改革增强实力

随着改革开放的进一步深化，我国汽车工业的任务已从最初的打基础转变为发展民族汽车工业。在这段时间，建立现代企业制度，培养适应市场经济的能力，成为我国商用车企业必须面对的挑战。

进入20世纪90年代，我国客车行业兴起了一股引进技术、合资合作生产客车的潮流。当时欧、美、日、韩等地区在国际商用车市场上具有很强的技术优势，因此我国企业技术引进也不外乎欧美和日韩两条路线，方式主要为技术合作或合资建厂。当时，采用欧美技术路线的客车生产企业较多，代表车型有北方尼奥普兰、安徽凯斯鲍尔、西沃客车、亚星奔驰、申沃客车等，采用日韩技术的典型代表为沈飞日野、桂林大宇、四川丰田柯斯达等。

不过，在20世纪90年代中后期，我国自主品牌客车开始崛起，其发展速度之快、势头之猛出乎所有人预料。标志着自主品牌客车快速发展的，是股份制企业和民营企业等企业形式的出现。当时走在前列的客车企业已开始谋求上市，为企业发展引入新动能。

1988年12月，厦门金龙汽车集团股份有限公司成立，1992年改制为股份制企业，1993年，公司股票"厦门汽车"（后更名为"金龙汽车"）在上海证券交易所挂牌上市；1993年2月，宇通客车抓住国家实行股份制改革试点的机遇，成立了郑州宇通客车股份有限公司。1997年5月，宇通客车在上海证券交易所上市。通过上市途径带来的充足资金，使宇通客车彻底摆脱了生产线陈旧、产能不足的困局。

金龙汽车和宇通客车的示范带头作用，拉开了此后众多客车企业上市融资的序幕。到2000年，中国已成为世界客车生产大国，无论在公路、旅游客车、公交车领域，我国客车都有不错的表现。客车生产规模化、集中化程度迅速提高，逐渐形成以"三龙一通"为代表的中国客车第一阵营。为适应我国高速公路快速发展，各客车企业开发出众多公路、旅游客车、旅游观光客车。为解决城市公共交通、倡导绿色出行，出现了多种形式的公交车，如低地板公交车、新能源公交车等，为满足机场接驳的摆渡车、机场大巴等，以及城乡客运车型，中国客车行业展现出勃勃生机。

随后，货车企业体制机制改革也迈开了步子。这其中，思路灵活、动作较快的当属福田汽车。1996年，福田汽车白手起家，以"百家法人造福田"的模式，从地方国有企业转型为股份制公司。1998年福田汽车股票上市，由生产四轮农用车的小厂发展成拥有全系列货车和客车的国内知名商用车制造商。

接下来，历史"包袱"沉重的国营重型载货汽车企业也下决心进行市场化改革。2001年1月~2003年1月，原中国重型汽车集团面临亏损倒闭，国务院决定对该公司实施改革重组，下放至山东、陕西和四川（重庆市原隶属四川）进行地方管理。2001年1月，中国重型汽车集团有限公司正式成立；2002年2月，陕西汽车集团有限责任公司挂牌成立；2003年1月，重庆红岩汽车有限责任公司成立。原中国重汽集团下属的3家企业在重组后获得重生，通过引入市场竞争机制，改革管理体制以及坚持制度创新，使3家企业从破

责任与担当

——新中国70年汽车工业发展纪实

产边缘逐渐发展成为我国重型载货汽车行业的中流砥柱。

可以看出，改革开放带来的管理体制上的政企分开和市场竞争环境的改变，给商用车生产企业增添了更多的自主权，有效调动了企业在经营上的积极性与主动性，增强了商用车企业的自主创新能力和对市场的把握能力。

自主研发显担当

2010年，我国商用车市场收获了有史以来的最好业绩。其中，重型载货汽车销量首次突破百万辆大关；轻型载货汽车销售196万辆；客车销量达35.86万辆，同样打破了历史纪录。达到一个顶峰之后，商用车销量开始逐年下滑，从持续几十年的卖方市场彻底转变为买方市场。

此前，由于我国商用车企业一直"不愁销量"，提高工艺、改进产品的动力较小。随着市场经济带来的竞争压力持续增大，企业逐渐认识到进行技术改进、提高产品性能的重要性。逐渐地，我国商用车产品与服务开始向高端化、精细化发展。

在这一过程中，商用车企业采取了多种方式。一方面，与国际商用车巨头合资合作。2007年，上汽依维柯红岩、广汽日野成立；2009年，中国重汽（香港）与德国曼合资，一汽与通用成立一汽通用轻型商用车；2012年，福田戴姆勒汽车正式成立。在近几年新能源汽车快速发展的背景下，2017年江淮与大众成立合资公司，华晨与雷诺组建合资公司，新能源商用车均在他们未来战略计划之中。

另一方面，我国商用车企业还在不断挖掘自身的潜力。从2014年至今，排放升级一直是商用车行业关注的重点，各家企业都在加大研发力度，力求推出符合标准和用户需求的产品。

如今，我国商用车企业实力雄厚，技术和产品储备不但充足，而且处于世界先进水平。无论是货车领域还是客车领域，我国都有与外资企业一较高下的实力。不仅如此，我国商用车企业在智能网联技术、新能源汽车技术等方面也颇有建树，电动化、智能化的技术应用已日渐成熟。

凭实力角逐国际舞台

中国商用车不仅充分满足国内发展需求，在海外市场表现更是一枝独秀。客车领域中，宇通客车"出口之路"最具代表性。早在2002年，宇通客车便收获了海外订单；2005年，宇通成立了海外市场部。同年，第一批12辆客车销往古巴，开启了宇通海外拓展的序幕。迄今为止，在古巴进口客车市场中，宇通客车已占90%以上的份额。

在货车市场，中国重汽海外出口稳坐头把交椅。2004年，中国重汽正式提出实施国际化战略，2005年即实现整车出口4920辆；到2007年，中国重汽已实现整车出口1.5万辆。据国家海关统计数据，2019年上半年，中国重汽出口量占国内重型载货汽车行业出口总量的47.2%，继续保持重型载货汽车行业出口第一位，这也是中国重汽连续14年保持国内重型载货汽车行业出口首位。

70年栉风沐雨，70年艰苦奋斗，一代又一代的商用车有识之士用自己的勤劳与智慧，书写下中国商用车的传奇事迹。70年的发展历程也在向世人证明，中国商用车坚持自主创新的基因始终未变，坚持自力更生的精神始终未改。

70 年，乘用车流通向用户靠拢

《中国汽车报》 记者 焦 玥

站在新中国成立 70 周年波澜壮阔的历史长河中，回望汽车行业的发展历程，一路艰辛坎坷，成就了从一穷二白到世界瞩目的奇迹，这背后既得益于博采众长的后发优势，又归功于市场的智慧与力量。

由于历史原因，我国乘用车生产起步晚，而汽车作为商品实现销售的历史更短。不过，在这短暂的二十多年中，我国以令人难以置信的崛起速度，实现了汽车进入家庭、汽车市场的壮大、汽车社会的形成、汽车文化的丰富，完成了汽车发达国家将近半个世纪的晋级之路。与此同时，随着政策的松绑，市场在资源配置中所起的决定性作用愈发显现，进而推动乘用车销售模式加速迭代，销售服务体系不断优化，并呈现百花齐放的格局。

结束有产无销时代

建国伊始，百废待兴，振兴民族工业，建设富强新中国，成为全国上下的头等大事，而汽车作为民族工业的代表，自然也被列入重点工程。1953 年，集全国之力筹建的第一汽车制造厂，在吉林长春破土动工，由此开启了我国汽车工业艰苦卓绝的创业史。三年后的 7 月 14 日，12 辆解放货车从第一汽车制造厂缓缓驶出，终结了中国造不出汽车的历史。这一年，毛主席发出的一句"哪一天开会时，能坐上自己生产的轿车"的感慨，又吹响了我国生产乘用车的号角。

此后，在苏联的援助和我国老一辈汽车人的艰苦奋斗下，红旗检阅车、上海牌轿车、北京吉普等车型陆续下线，并在相当长的时间内承担起重要角色。不过，虽然我国汽车工业在车型和技术上实现了从无到有的突破，但由于当时我国施行计划经济，汽车行业并不具备商品属性，销售更是无从谈起，长期处在政府的指令性计划管理之下，生产出的有限的乘用车几乎都供应给军队、政府及相关部门，服务于国民经济的建设。

直至20世纪70年代末，国家适当放开政策支持一小部分人先富起来，于是出现了一批个体工商户，荷包渐鼓的他们产生了消费需求，除了置办全套家用电器外，还将目光瞄向多年来一直让寻常百姓深感高不可攀的汽车。

随着汽车消费需求的萌动，东南沿海出现了从国外进口零部件组装的拼装车，但并不能完全满足需求，还有一部分人看中了官车。当时，上海汽车制造厂生产的上海牌小轿车SH760（俗称"老上海"），一直作为领导干部的座驾，因此成为身份地位的象征，有些敢想敢干的个体户揣着现金直奔上海汽车制造厂，要求购买汽车。为此，上海汽车制造厂还专门商议上海牌小轿车的定价问题，最初价格确定为2.5万元。就这样，在需求的推动下，我国乘用车销售以直销的模式蹒跚起步了。

汽车从产品变为商品

1978年，中央召开了具有划时代意义的十一届三中全会，我国走上了以经济建设为中心的道路。沐浴着改革开放的春风，汽车行业受到前所未有的重视，掀开了新的篇章。在遍访世界主要汽车制造商后，国家领导人决定采用"中外合资"的方案来发展汽车工业，扭转我国"缺重少轻、轿车空白"的产业结构。与中外合资经营方式共同提上议事日程的还有汽车销售的确立和放开。

在计划经济体制下，汽车企业每年的生产和分配，都被纳入国家指令性计划，统一安排，订货要在全国汽车订货会上，由各省市的计划主管部门，按照国家下发的汽车分配单，与生产厂家签订合同。

为了调动汽车生产厂的积极性,自 1983 年开始,国家在每年生产计划中列出 10%的份额由企业自销,以后逐年扩大自销的比重,汽车产品从此开始走向市场。获得部分自产自销权的汽车企业开始建立直营网点,比如一汽贸易总公司、东风汽车贸易公司等。随后,一些汽车厂家又与物资系统内的汽贸公司试水工贸联合体,涌现出了一批联营公司。在此阶段,汽车逐渐从产品变为商品。

1984 年,国务院发布《关于农民个人或联户购置机动车船和拖拉机经营运输业的若干规定》,首次从政策上明确了私人购买汽车的合法性,我国汽车消费开始从公务用车单一需求转向多元化消费。为适应这一市场特点,我国从严格的计划管理体制切换到双轨制,即计划分配的车辆实行国家定价,投放市场的车辆实行市场调节价的制度,政府开始培育建立市场价格体系。

为进一步管控销售渠道,国家规定物资部门设立的机电贸易公司和中国汽车工业销售服务公司设立的汽车工业贸易公司,可以从事汽车销售及组织交易活动。当时由于市场上产品种类少、各家车企的生产能力有限,两个渠道不存在竞争,销售人员也无需市场营销,只是坐在办公室接打电话就把车卖出去了。

随着国内车企产能的提高和汽车进口量的增加,计划体制内的购买力又相对不足,部分滞销车型产生了库存积压,一些汽车贸易公司尝试在报纸上刊登卖车广告,举办展销会、博览会,进一步刺激了个人消费需求的产生和汽车市场的形成。但此时,汽车销售模式还只是直销方式,且销售与服务是分离的。

有形市场引领潮流

1994 年,国务院颁布了我国第一部汽车产业政策《汽车工业产业政策》,鼓励汽车消费,让私人拥有汽车从梦想照进现实。随着政策的放开,民营经济进入汽车销售领域,汽车商品流通由较为单一的渠道逐渐发展成多种渠道、多种竞争并存的局面。一时间,在大城市的大桥下、马路边、废弃工地上……总能见到摆放的汽车和围观的看车人。

如何让从事汽车销售的商户拥有固定的经营场所，被政府纳入到城市规划中。在借鉴国外经验并结合中国特点的基础上，上海联合汽车交易市场、北京亚运村汽车交易市场等有形市场开始登上历史舞台，并推动了汽车销售民营化的进程，而现如今仍叱咤汽车流通行业的经销商集团中，不乏一些始于有形市场的一个摊位。

在各地纷纷兴起的汽车有形市场中，1995年开业的北京亚运村汽车交易市场，以其丰富的车型、全新的购车体验、超前的规划理念和符合市场需求的服务定位，一度成为辐射华北地区的汽车销售中心和全国汽车有形市场的模板，潜移默化地引导汽车销售模式、购车习惯和偏好的改变。

在经历了初创期的风光后，4S店的出现让有形市场面临严峻的挑战。当时，行业内有种观点认为，4S店模式将终结有形市场。2005年，商务部、发改委、国家工商总局颁布实施《汽车品牌销售管理实施办法》，确立了品牌授权销售模式在行业的绝对地位，同时也将业界针对有形市场未来的质疑推向了高潮。不过，经过市场检验，汽车有形市场所具备的多品类、互惠性、一站式的优势让其很难被取代。而且中国市场的广度和深度不容小觑，为满足不同消费者的需求，需要多种销售业态并存，市场才能更加活跃。

近年来，汽车有形市场在跨界融合、模式创新、拓展功能外延方面走出了具有特色的发展路径。作为一个具有包容性的平台，汽车有形市场与现代商业结合，就是新型的汽车主题综合市场；与互联网结合，就是线下汽车交易服务点；与金融合作，就是金融监管服务平台；与汽车品牌厂家合作，就是品牌的展示、交易、服务的中心。

4S店担纲流通体系中流砥柱

1994年，时任国务院副总理的李岚清带领冶金部、机械部负责人到日本、韩国考察商业流通模式，回国后提出要在汽车、钢材销售搞代理制试点的设想。当时，在国家经贸委、国内贸易部和机械部的共同推动下，一汽、二汽（东风汽车）、上汽、天汽、跃进汽车 5 家生产企业以及 79 家物资企业作为首批试点，开始推行汽车代理制。与此前的直营、联营模式不同，代理制不再以厂家而是以品牌为核心，成为 4S 店的雏形。

五年后，广汽本田借鉴本田的营销模式，将代理制发扬光大，引入了以品牌为核心，集销售、售后服务、配件供应、信息反馈四位一体的 4S 店销售模式。在当时的市场环境下，4S 店宽敞明亮的销售展厅、宾至如归的服务态度、专业便捷的品牌专修服务以及原厂配件的及时供应，给了消费者从未感受过的尊贵感，同时信任感也油然而生，引得各大车企纷纷效仿。在我国汽车社会形成的初期，4S 店以其独特的优势，客观上对普及汽车文化，助推私人购车的增长起到重要作用。

2005 年，《汽车品牌销售管理实施办法》的颁布实施，则从政策上确立了我国以 4S 店为主体的汽车销售网络。截至目前，我国 4S 店数量已达 2.8 万家，在全球可谓是首屈一指。在随后的二十年中，标准化的 4S 店模式规范了市场秩序，培养了消费者的品牌意识和消费习惯，培育了一支汽车销售服务的正规军，成为我国绝对主流的汽车销售模式，借助 4S 店搭建起较为完整的新车流通体系。

不过，自 4S 店在我国落地，业界对于这一销售模式的争议就从未停歇，其中最饱受质疑的便是投资巨大、经营品牌单一、对土地等资源造成浪费，而且过于标准化抑制了创新，并不能很好地适应各级市场的需求。此外，《汽车品牌销售管理实施办法》规定的品牌授权制，让厂家拥有了绝对主导权，无论是进货的品类、库存的数量还是销售政策、市场活动，经销商均无太多话语权，这种失衡的厂商关系在高增长时代相安无事，而市场增速一旦放缓，掩盖的矛盾便暴露出来，激化了厂商矛盾。

自 2013 年开始，我国车市换档减速，4S 店长期以来依赖新车销售的盈利模式受到严峻挑战，经销商退网及抱团维权的事件屡见不鲜，与此同时，消费者对于 4S 店小病大修等高收费、维修保养效率低的抱怨甚嚣尘上。业界开始对以 4S 店模式为主的流通体系进行反思。由于我国车企普遍实施"季度 + 半年度 + 年度"叠加考核返利政策，将其销售目标与市场需求之间的过剩供给转嫁为经销商的库存，致使经销商库存高企，被迫以价换量来消化库存，最终导致经销商购销价格持续倒挂，新车销售的毛利被高库存无情吞噬。同时，车企按产量规模设置的渠道网点与相对饱和的市场需求之间的矛盾也与日俱增，导致同城 4S 店恶性竞争，使消费者买车以价格为导向，削弱了经销商优化服务、业务创新的动力。

显然，我国以 4S 店模式为主的汽车销售体系已经不能适应汽车市场的高速发展和消费需求的增长，希望调整《汽车品牌销售管理实施办法》，打破品牌授权模式、给经销商松绑、鼓励销售业态多元化发展的声音渐强。

尽管 4S 店问题重重，近年来扬言要颠覆其的力量层出不穷，但事实证明若要彻底打破多年来基于此建立的销售体系，改变多年来培养的消费习惯并非易事，而且随着互联网、跨界力量的进入，4S 店也在根据市场需求进行自我进化，在融资租赁、连锁快修、共享出行、电桩运营等方面做出创新尝试。

汽车四化催生"新零售"百花齐放

经过二十年的发展，我国汽车社会逐渐从产品时代进入到以消费者为中心的时代。2015 年前后，汽车市场增长进一步放缓，在资本力量的推动下，一股互联网创业潮涌入汽车流通行业，电商开始介入汽车销售，这些入侵的"野蛮人"针对 4S 店的业务模式进行拆解重构，在一定程度上动摇了授权经销商网络的稳固地位。尽管政策尚未放开，但非授权体系的汽车销售服务网络以消费者为中心的创新姿态，引起行业及市场的高度重视。这类企业在创新的道路上前赴后继，业务模式不断迭代，不仅在一二级市场成功落地，而且在 4S 店难以企及的地方遍地开花，对现有汽车销售体系起到了延伸和支撑的作用。

2017年，业界呼唤多年的《汽车销售管理办法》出台，取代了实施十二年的《汽车品牌销售管理实施办法》，成为我国汽车流通行业的头号政策，打破了品牌授权、4S店一家独大的销售体制。而此时，以电动化、智能化、网联化、共享化为代表的汽车"四化"席卷而来，互联网、大数据、人工智能等技术正在推动汽车全行业的颠覆式创新，不甘于价值链后移的传统汽车制造商、以改造行业的姿态横空出世的造车新势力，以及高举"新零售"大旗的传统零售商、互联网巨头纷纷挺进汽车流通行业，试图重塑汽车销售服务业态及价值链条，汽车超市、O2O电商、无人售车、品牌体验中心等新型的汽车销售模式纷纷涌现，汽车销售模式的迭代进一步加快。

在2016年的云栖大会上，阿里巴巴创始人马云曾表示，传统电子商务将在未来被淘汰，取而代之的是基于大数据、物联网等技术下产生的新零售模式。而这种依托互联网基因，融合线上优势和线下资源的新零售正在汽车流通行业持续发酵。在这轮销售模式的进化过程中，一度被忽视的用户体验成为新型销售模式能否站稳脚跟的一块试金石。在跨界融合的背景下，汽车销售服务的边界被不断拓展，销售模式平台化、生态化逐渐成为行业趋势，并倒逼汽车产业链的重构。

未来的汽车销售模式将呈现怎样一幅图景？在市场和技术力量的双轮驱动下，行业的想象空间正在不断被重新定义。

70年，中国汽车代表性品牌纵览

《中国汽车报》记者　孙伟川　庞国霞　韩　冬

70年前，伴随着新中国的建立，中国汽车工业破茧而出，结束了中国没有国产汽车的历史。70年来，中国汽车工业不断发展壮大，不但新车产销量雄踞世界第一，品牌建设也卓有成效，涌现出一批让世人瞩目的汽车品牌。70年发展，中国汽车品牌从解放卡车开始，逐渐演化、衍生出广阔的品牌矩阵，涵盖乘用车、商用车和零部件等汽车工业的方方面面，且品牌地位不断提升。峥嵘岁月，品牌担当，我们将追寻新中国成立70年来，乘用车、商用车和零部件三大细分行业中具有代表性的品牌，以及近年来发展迅猛的潜力品牌，以此向那些对推动行业发展有着突出贡献的品牌，以及所有为中国汽车发展做出贡献的人们致敬。

红旗

成立60余年来，红旗品牌几番风雨沉浮，但初心始终不变，肩负起做强民族汽车产业的神圣使命。从20世纪六七十年代的"国车"传奇，到新时代"红旗精神"的发扬和传承，再到今天的品牌重塑与焕然新生，红旗品牌不仅是一个文化符号，更是民族精神、匠心精神的最好诠释。

哈弗

哈弗品牌的成功，是汽车消费市场对其品牌力与产品力的高度认可，而哈弗品牌销量持续逆势增长的事实，也证明由产品力和品牌力打造出的核心竞争力才是哈弗品牌无往不胜的法宝。

奇瑞

中国从"制造大国"向"品牌大国"升级的过程中,技术专利不仅是企业创新成果的"保护伞",还是能够不断创造新价值的"资本"和"富矿"。奇瑞汽车稳定向上的发展与其对于技术的执着追求密不可分。

江淮

江淮汽车长期坚持走质量效益型道路,持续深入推进精益生产,积极构筑民族汽车的品质和品牌优势。面向未来,公司坚持"系统思考、团队学习、协调平衡、追求卓越"的核心理念,创新发展自主品牌,振兴民族汽车工业,力争成为世界一流汽车厂商。

传祺

广汽传祺通过发展模式的"探路"、品牌向上的"探求"、创新路上的"探索",为中国汽车业乃至实体经济锻造了"高质量发展模式",为中国汽车品牌闯出了一条高端化、国际化之路,为"中国式创新"注入了务实且颇具成效的原动力。

长安

一直以来,长安汽车以出色的品质和口碑,已经成为行业领跑、媲美合资的自主品牌。随着香格里拉计划、北斗天枢计划、第三次创业——创新创业计划的不断推进,长安汽车紧抓未来战略机遇,把握行业发展趋势,正在向世界一流汽车品牌迈进。

比亚迪

比亚迪汽车在车型研发、模具开发、整车制造等方面都达到了国际领先水平,产业格局日渐完善。作为最具创新精神的自主品牌之一,比亚迪汽车坚持自主品牌、自主研发、自主发展的发展模式，以"打造民族的世界级汽车品牌"为产业目标，立志振兴民族汽车产业。

北京越野

一体化运营让拥有 60 年历史积淀的北京越野更具活力、更有效率、决策链更短，在巩固了固有发展优势的同时，结合客户需求和越野文化的发展，以全新的品牌形象、全新的产品阵容、全新的营销理念，打造"中国越野车第一品牌"，以全新的"硬核国潮"形象，进入北京越野发展新阶段。

东风风光

从研发到生产、销售乃至服务，东风风光都紧紧围绕用户需求，把握行业发展趋势和时代消费潮流，持续打造颇具竞争力的产品。

吉利

吉利汽车多款车型产品刷新了全行业对中国汽车品牌的认知，对车型设计的高标准和严要求，让吉利旗下车型产品力得到跨越式的提升，研发力量的厚积薄发更是使吉利汽车屹立于中国汽车品牌顶端。吉利汽车对中国汽车产品整体技术能力的提升，做出了突出贡献。

荣威

荣威品牌在中、高端车型产品领域实现的突破，展示了上海汽车强大的企业综合实力与竞争力。自主品牌在此领域的突破，是中国自主汽车工业健康发展所必须跨越的一步。上汽直接选择中高端的品牌定位，直面全球汽车巨头强势品牌的激烈竞争，其勇气令人赞叹，而荣威品牌在十几年间取得的市场成果也已获得了行业与消费者的高度认可。

一汽解放

一汽解放见证了中国汽车工业从无到有、逐步壮大的历程。在改革开放

责任与担当
——新中国 70 年汽车工业发展纪实

政策的推动下，一汽解放实现了第二次创业，推出了以 CA141 为代表的多款优秀产品。2018 年，一汽解放推出了最新一代、比肩世界重型货车水平的产品——解放 J7。

中国重汽

中国重汽是我国重型汽车工业的摇篮。在这里诞生了中国首款重型载货汽车，改革开放后，更是国内第一家全面引进国外重型汽车制造技术的企业，为国内商用车发展注入先进技术。

福田汽车

福田汽车成立于 1996 年，现已经形成了集整车制造、核心零部件、汽车金融、车联网、福田电商、二手车为一体的汽车生态体系。整车业务覆盖货车、客车、商务汽车、微车、多功能汽车、工程机械及环境装备、新能源汽车等 7 大业务单元、17 个产品品牌。

宇通客车

宇通客车是中国客车行业领先品牌。2018 年，宇通销售客车 60868 辆，大中型客车国内市场占有率 31.2%，全球市场占有率 13%。在中国，每 3 辆大中型客车中就有一辆来自宇通。在全球，每 7 辆大中型客车中就有一辆由宇通制造。

海格客车

海格客车是国内领先的现代化客车制造企业，下辖博士后科研工作站、江苏省级企业技术中心、江苏省新型客车工程技术研究中心、新型高速客车研发中心、苏州市海格新能源客车研究院、园区现代化客车生产基地。

东风商用车

东风商用车源于 1969 年成立的中国第二汽车制造厂，继承了东风品牌商用车事业的主体业务。其产品为长途运输、区域配送、城际运输、建筑工程及采矿业服务。东风商用车产品是专业运营商必备工具，满足现代社会及未来运营需求。

陕汽集团

陕汽是我国主要的重型军车生产基地。成立至今，出色地完成了我国历代重型军车的开发、生产工作。改革开放后，陕汽在产品、技术方面不断推陈出新，并在新能源汽车、智能化、国际化等多方面有所建树。

金龙客车

金龙客车是国内客车领域中自主创新与研发的代表之一。近年来，金龙客车在智能网联领域不断突破，2018年推出的L4级自动驾驶客车金龙阿波龙正式下线，并实现25个城市30个场景的商业化落地运营。

金旅客车

金旅客车是一家集大、中、轻型客车整车研发、制造和销售为一体的大型现代化企业。在新能源汽车领域，金旅客车品牌拥有自主知识产权的核心电控技术，在中国率先采用超级电容耦合锂电池。

华菱星马

华菱星马汽车集团旗下的华菱重型货车是替代进口的著名品牌，星马专用车长期居行业前列，汉马动力跻身主流品牌行列，产品出口到全球60多个国家和地区。

潍柴集团

潍柴创建于1946年，在全球拥有员工8万人，2018年收入超过2300亿元，是一家跨领域、跨行业经营的国际化公司，涉足动力系统、智能物流、商用车、工程机械、豪华游艇和金融服务六大业务板块。潍柴坚持国际化发展战略，在全球打造了协同并进的产业布局。

法士特

由陕西汽车齿轮总厂整体改制而成的法士特，是国内生产重型汽车变速器、分动器、取力器和各种汽车齿轮及其锻铸件为主的大型专业化生产基地。通过引进、消化、吸收先进技术，结合不断地自主创新，法士特的产品在重型车市场占据重要地位。法士特更创造了中国零部件"走出去"的成功案例。

云内动力

云内动力集团有限公司，前身为1956年成立的云南内燃机厂。云内动力发动机子品牌德威DEV，设计理念源自FEV，秉承现代电控高压共轨先进技术，进一步提升了动力性能，有效解决动力与燃油、噪声的平衡，实现了柴油发动机向极致性能发展的完美跨越。德威DEV系列发动机，在21世纪引领了中国动力总成领域的一场革命，国五产品功率覆盖75～195千瓦，国六产品功率覆盖75～235千瓦。

航盛电子

深圳市航盛电子股份有限公司是一家集研发、生产、销售、售后服务、物流配送于一体，为汽车整车企业研发生产智能网联汽车信息系统、智能驾驶辅助系统、新能源汽车控制电子系统等产品的国家级高新技术企业。航盛自1993年成立以来，经过25年的发展与历练，已成长为中国汽车电子行业的龙头企业。

亚太机电

浙江亚太机电股份有限公司成立于1979年12月，是中国汽车零部件制动器行业龙头企业，也是大型专业化一级汽车零部件供应商，目前拥有产业化的电子辅助制动系统、智能辅助驾驶系统和轮毂电机技术。

一汽解放发动机事业部

2017 年 10 月，中国一汽以一汽解放汽车有限公司无锡柴油机厂为主体，整合道依茨一汽（大连）柴油机有限公司、一汽无锡油泵油嘴研究所、一汽技术中心发动机开发所，成立一汽解放发动机事业部。事业部主要产品为柴油机、燃气机、运动件、再制造产品和共轨系统。其中，柴油机实现了重、中、轻型产品的全覆盖，市场保有量超过 400 万台。

玉柴机器

广西玉柴机器股份有限公司始建于 1951 年，是国内行业首家赴境外上市的中外合资企业。公司总部设在广西玉林市，下辖 11 家子公司，生产基地布局广西、江苏、安徽、山东等地，是中国产品型谱最齐全、应用领域最广的内燃机制造基地之一，年销售收入超 200 亿元，发动机年生产能力达 60 万台。

万里扬

浙江万里扬股份有限公司成立于 1996 年，是中国汽车变速器行业第一家上市公司，产品覆盖乘用车变速器、商用车变速器、新能源驱动系统以及汽车内饰件等汽车零部件。万里扬是以浙江为中心，安徽、辽宁、河北、山东、江西、湖南、江苏为基地的集团化企业，拥有 10 余家全资或控股子公司，总资产近 100 亿元，相关产品的产销量、市场占有率居行业前列。

德赛西威

德赛西威是国际领先的汽车电子企业之一，也是智能网联技术积极推动者。德赛西威专注于人、机器和生活方式的无缝整合，为智能驾驶舱、智能驾驶以及车联网技术提供创新、智能、具有竞争力的产品解决方案和服务。

德赛西威30多年来在开发设计、质量管理和智能制造领域的专业能力，确保其能够满足车企的多元需求，为客户提供卓越的产品和服务。

远东传动

许昌远东传动轴股份有限公司始建于1953年，是国内知名的非等速传动轴研发、生产和销售企业。远东传动在全国设立了46个营销服务区域和网点，积极推行"精益生产零距离，汽车基地办分厂"战略，在各大汽车生产基地分别设立9家全资子公司，为全国95%以上的汽车、工程机械厂配套，产品直接或随整车出口至北美、南美、欧洲、东南亚、中东等地区，被誉为中国汽车零部件行业的杰出代表之一。

蔚来

成立于2014年的蔚来不仅是一个汽车品牌，还是一个通过提供高性能的智能电动汽车与极致用户体验，为用户创造愉悦生活方式的"用户品牌"。

在产品方面，目前蔚来已有两款车型正式上市，旗下首款量产车蔚来ES8在2017年12月16日正式上市，第二款量产车型蔚来ES6也已于2018年底正式上市。蔚来是首家销量破万辆的造车新势力。

自成立以来，蔚来就非常注重核心技术的研发。智能新能源汽车六大核心技术：三电系统（电机、电控、电池包）、三智系统（智能网关、智能座舱、自动辅助驾驶系统）都由蔚来独立研发，并且全部拥有知识产权。

作为一家诞生于移动互联网时代的初创汽车企业，蔚来始终致力于利用数字技术拉近品牌与人、人与人、人与车之间的联系，创造超越期待的用车体验。

小鹏

小鹏汽车成立于2014年，是一家专注于针对一线城市年轻人的互联网电动汽车的研发、制造、销售的造车新势力企业。

一直以来，小鹏汽车对自主研发高度重视。小鹏汽车引进了整车、AI、自动驾驶、互联网、金融等领域人才，在全球超过 4000 名的员工中，研发人员占比超过 60%。

2017 年 7 月，小鹏汽车首款量产车型正式下线，是中国造车新势力中首家产品登上工信部产品资质公告、率先实现量产的车企。2018 年 1 月，小鹏汽车内部交付了 39 辆首款量产车型 1.0 版本，成为首家进入全国乘用车市场信息联席会新能源汽车销量榜的造车新势力。

随着市场布局的进一步扩大，产品的不断迭代进化、智能化的不断提升，小鹏汽车正快速向其品牌愿景迈进——通过智能制造，创造更美好的出行生活。

守正出奇，小鹏汽车以足够的耐心，最大限度提升汽车的品质，研发更符合中国用户习惯的自动驾驶系统，提供差异化的互联网服务，让智能汽车具有更高科技、更高颜值。

威马

威马汽车成立于 2015 年，是国内新兴的新能源汽车企业及出行方案提供商。从创立之初，威马汽车就将目标设立为"做智能电动车的普及者"，并通过数据高效驱动智能硬件发展，逐步成长为智慧出行新生态的优质服务商。

自 2015 年成立以来，威马迅速成长为国内新能源汽车头部企业。2018 年 9 月 28 日，威马 EX5 正式开启用户批量交付工作。威马汽车凭借 EX5 的上市和交付，完成了企业从 0 到 1 的发展阶段。2019 年 8 月，威马 EX5 销售 2175 辆，在 8 月造车新势力销量榜单中登顶；更是在前 8 个月实现累计销量 11312 辆，成为造车新势力 2019 年首个销量破万辆的车型。

作为国内新兴的新能源汽车产品及出行服务商，威马汽车在产品研发、智造、渠道布局、出行业务等方面进行了全方位创新，为用户提供了安全可靠、质量稳定、体验出色、成本合理的产品和服务。

爱驰

成立于2017年的爱驰汽车,一直稳步前进,成果颇丰。资产重组、获取生产资质、发布新车等一系列动作行云流水。2019年,爱驰汽车的第一款量产车型爱驰U5正式开启预售,这意味着爱驰汽车正式征战中国车市。

为了保障研发与生产的顺利进行,2018~2019年两年间,爱驰上海嘉定研发中心、爱驰江苏电池包工厂、爱驰江西上饶工厂相继启用和投产。在核心技术知识产权方面,爱驰汽车在国内外专利申请量达708项,已获得授权246项。这些背书为爱驰U5立足竞争非常激烈的新能源汽车市场奠定了基础。

自成立以来,爱驰汽车志在成为智能化电动时代造车功力深厚的企业。未来,爱驰汽车将顺应中国智造的时代浪潮,发挥爱驰汽车的智能化、全球化优势,以AI科技重塑汽车产业生态,成为汽车行业的智能化领军者。

赛麟

与造车新势力不同,赛麟品牌于1983年在美国由赛车界传奇人物史蒂夫·赛麟(Steve Saleen)创建。一开始,赛麟主要为其他车厂生产提供高性能的零部件,直到2000年,赛麟才推出完全自主设计制造的超跑赛麟Saleen S7。

2014年,赛麟首次参加北京车展;2019年,赛麟品牌正式进驻中国市场。

尽管赛麟品牌在国内鲜为人知,但这家公司在国外曾13次获得世界超跑制造商冠军,拥有先进的动力总成、热管理系统、轻量化材料应用及底盘和整车安全等核心技术。这一系列先进的技术也是赛麟进军电动汽车的重要支撑。

从不忘初心、注重汽车品质提升,到突破创新链接时代、打造智能化产品,再到强化与造车新势力合作、共谋发展,赛麟"中国智造,行销全球"的战略勾勒出其未来发展的美好蓝图,凸显了赛麟竞逐汽车行业的梦想与实力。

70 年，中国汽车经典车型纵览

《中国汽车报》 记者　张海天

70 年路漫漫，见证了中国汽车工业的发展全貌。从第一辆解放汽车到轿车鼻祖东风 CA71；从合资"老三样"到自主品牌崛起；再到汽车"新四化"的勃勃生机。在历史长河中，经典车型熠熠生辉，在汽车产业发展的关键节点上发挥了重要作用，为人所牢记。汽车技术水平一直在进步，从模仿、引进到自主正向研发；核心技术逐渐掌握，技术水平整体提升。到如今，在全球竞争格局下，中国汽车已经形成了一个朝气蓬勃、厚积薄发的全产业链。

汽车工业萌芽期

我国汽车工业处于初创阶段，车型基本以仿制和从苏联引进为主，商用车为主，乘用车规模相对很小。标准不统一，制式五花八门。当时，汽车工业在国民经济中地位不强，基础也不够牢靠，只是在低层次上满足了生产与生活需求。可喜的是，那个年代产生了我国首款应用自动变速器的汽车——红旗 CA770。

1958 年 5 月东风 CA71

1958 年 5 月，以法国品牌 Simca 旗下车型 Vedette 作为设计原型，代号为 CA71 的中国第一辆小轿车驶下了生产线。根据毛泽东《在各国共产党和工人党莫斯科会议上的讲话》中的"东风压倒西风"的说法，这款轿车被命名为

责任与担当
——新中国 70 年汽车工业发展纪实

"东风"。这是新中国成立后自主生产的第一款轿车。

1958 年 6 月井冈山

20 世纪 50 年代开始，中央鼓励地方发展汽车工业，北京第一汽车附件厂从零部件制造向整车研发转变。经过工人们的共同努力，"井冈山"牌轿车诞生。在庆功大会上，一机部汽车局领导人宣布将厂名改为北京汽车制造厂，北京市有了第一家汽车制造企业。

1958 年 8 月红旗 CA72

代号为 CA72 的红旗轿车经过多轮改进，于 1958 年 8 月驶下生产线。这辆以 1955 年款克莱斯勒 Imperial 为原型，引入凯迪拉克 Fleetwood 和林肯 Continental 作为参考进行升级的车型，后经取消车顶，成为新中国成立十周年庆典的检阅车，由此成为领导人座驾的象征。

1958 年 9 月上海凤凰

1958 年 9 月，上海汽车制造厂以奔驰 220S 为样板制造第一辆样车装配完成，起名为"凤凰"。1959 年 2 月，凤凰牌轿车的样车驶进了中南海的大门，周总理试乘以后给予了极大的肯定。1963 年，上海汽车制造厂的凤凰轿车实现量产，并更名为上海牌轿车。

1965 年 5 月北京 212

20 世纪 60 年代初，中苏两国关系破裂后，苏方停止军用吉普"嘎斯"69 的供货。1961 年 1 月，总参谋部、国防科委、一机部将研制军事指挥用轻型越野车的任务下达给北京汽车制造厂。1961 年 3 月，北汽轻型越野车项目正式上马，6 月，最终定型 BJ210C 样车。1964 年，以 BJ-210 为设计基础的 BJ-212 诞生，并于 1965 年 5 月量产。

第一批合资车型出现

改革开放大潮催生了第一批合资车型，它们中最著名的就是"老三样"——桑塔纳、捷达、富康，三款车都属欧系，两款属德系，这也间接造成日后中国市场对德系的欢迎，成就了日后的"神车"大众。当时，这一批合资产品引进的都是比较新的车型，品质和技术水平比国内其他车型高出一大块。但由于当时汽车供销仍处于计划体制，真正私人消费者很少，主要用于工商用途。

1983 年 4 月上海大众桑塔纳

桑塔纳（Passat B2）的引入比中德双方成立合资公司还要早——桑塔纳先期以 CKD（全散件组装）的形式，由德国大众交给上海牌轿车进行组装。当习惯了用榔头敲轿车的师傅们看到从木箱子里取出的"白车身"时，参与组装的工人们深深感受到了中外汽车工业的差距。

1985 年 9 月北京吉普切诺基

北京汽车与 AMC 合作成立的北京吉普是中国首家合资车企，而其引进生产的切诺基，也是 AMC 旗下一款刚投放市场的新车，于 1985 年 9 月下线。切诺基采用承载式车身，相对于传统越野车有着更好的公路性能和经济性，因此被普遍认为是第一款现代意义上的 SUV 车型。

1986 年 9 月天津夏利 TJ730

天津夏利以 CKD 方式引入 Charade，并在当年便迅速推向市场，走进了人们的生活，当时这款车被命名为 TJ730。该车一经上市便是一车难求，基于市场需求，1988 年天津微型车厂推出了名为 TJ7100 的夏利汽车。天津夏利为中国汽车工业发展做出了突出贡献。

责任与担当
——新中国 70 年汽车工业发展纪实

1989 年 8 月奥迪 100

1988 年 5 月，一汽与大众汽车签署引进 3 万辆奥迪 100 轿车及技术转让协议。1989 年 9 月，在中国生产的第一辆奥迪 100 轿车下线，中国从此开始批量生产拥有国际水准的中高级轿车，也是通过奥迪 100，奥迪在国内市场逐渐奠定了"官车"的形象。

1991 年 12 月一汽 – 大众捷达

1991 年 12 月下线的捷达，以硬朗大气的外观、相对平实的价格，以及出色的质量，在中国赢得了超乎想象的出色口碑，帮助一汽 – 大众奠定了市场基础。捷达在中国的征程经历了数次大小改进，包括引进 5 档手动变速器与先进的 5 气门 1.6 升发动机、率先引进了 ABS 系统等。

1992 年 9 月神龙富康

1992 年 9 月，由神龙公司同步引进国内，以 CKD 方式生产的雪铁龙 ZX（富康）在武汉生产。当时，"轿车"一词已深入人心，两厢版富康市场表现并不好，面对这一特殊情况，雪铁龙在 1998 年投放了 N23 富康 988 车型，也就是三厢版富康，该车以皮实耐用成为一代经典车型。

1995 年 3 月长安铃木奥拓

长安铃木奥拓是长安铃木最知名的产品。1995 年 3 月，第一辆国产的奥拓 0.8L 车型下线，这款车型是由日本本土生产的第二代奥拓改款而来。次年 10 月，长安铃木奥拓在中国市场上首创了分期付款购车模式，让这款小车得以更亲民。

车型更丰富

2000 年伊始，轿车开始真正进入家庭。这时车型数量更多，消费者的选择余地也比较大。日系车开始冒头，替代广州标致的广州本田（现更名为广汽本田）推出的雅阁成为畅销车，一举占据了中级车的高位。日系车省油成为共识。2001年，化油器轿车停产停售，标志着中国汽车市场迎来电喷时代，整车油耗和排放水平又上了一个台阶。

1998年8月吉利豪情

1996年，吉利在取得了轿车生产资格后，于1998年8月推出第一款产品"豪情"。这是民营自主品牌企业具有生产资质的第一款轿车，作为国产车的一员，豪情以便宜著称，虽然各种设施尚不完善，但还是受到很多消费者的青睐，为吉利汽车的发展奠定了基础。

1999年3月广汽本田雅阁

本田接下广州标致的债务后重新建厂，并与广州汽车合作，1999年将第六代雅阁引入中国。与此同时，广汽本田在中国汽车市场还开了个先河——在国产雅阁问世后，顺势开业了中国首家汽车4S店，建立了新的服务标准。

1999年12月上海大众帕萨特

1999年12月，上海大众首辆帕萨特的下线，标志着产品技术和生产技术的新飞跃。而在当时，帕萨特B5多是党政机关高级官员或者是企业单位高层管理人员的座驾，因此，帕萨特B5在当时的中国人眼中是身份和地位的象征。

2003年12月北京现代伊兰特

2003年12月，北京现代伊兰特上市。在北京现代的发展历程中，这款产品扮演着"主力军"的角色。均属于伊兰特家族的伊兰特、悦动、朗动、领动四款车型同时销售。如今，在北京的街头巷尾，人们还能看到最早版本的伊兰特作为出租车使用。

2004 年 2 月一汽丰田花冠

2004 年 2 月，一汽丰田花冠下线。实际上，这是国外版 Corolla 的第九代车型，也就是现在人们口中的卡罗拉。花冠在中国市场的征程长达 14 年，最终于 2017 年停产，共生产 131.88 万辆。作为全球销量榜上有名的畅销产品，卡罗拉确实深得消费者喜爱。

产品向精品化迈进

在这个时期，SUV 全面崛起，逐渐成为市场主流。在 SUV 崛起过程中，自主品牌车企无疑担当了非常重要的角色。2005 年左右，自主品牌车企逐渐摆脱了对外资发动机的依赖，开始自己开发和生产发动机。2010 年后，自主生产的发动机已经可以基本满足需求。而随着 C-NCAP 等一系列安全评价的实施，国产乘用车在安全装备和安全技术上都有较大幅度的提升。

2004 年 5 月东风本田 CR-V

在中国 SUV 市场基本上是空白一片的情况下，2004 年 5 月上市的东风本田 CR-V，以其空间大、动力强的特点，打开了中国 SUV 市场的大门。甚至可以说，是 CR-V 将 SUV 的概念植入了中国消费者的脑海中。

2006 年 6 月广汽丰田凯美瑞

广汽丰田凯美瑞的市场潜力惊人，在 2006 年 6 月上市后仅 9 个月，已经累计下线 10 万辆，刷新了我国乘用车生产的速度纪录。仅 4 个月后，这一数字被刷新至 20 万辆。与此同时，凯美瑞连续 16 个月夺得中高级车型销量冠军。

2006 年 8 月东风日产轩逸

2006 年 8 月上市的第 12 代轩逸在当年的国内汽车市场开启了"旗舰家轿时代",在国内市场经历的 13 年发展中,销量方面一直稳中有升。如今,轩逸在华累积销量突破 300 万辆,并在 2018 年超越朗逸,位居轿车销量排行榜第一名。

2010 年 3 月上海大众途观

作为大众首款国产 SUV,2010 年 3 月上市的途观配装了业界领先的 1.8TSI 和 2.0TSI 两款发动机,以及 Tiptronic 6 速手自一体变速器,使得其成为当时技术先进产品的代表,在市场中创造了合资 SUV 的销量奇迹。

自主进入高端新时代

在这个时期,中国汽车市场早已成为全球第一大市场,但市场竞争日益加剧,逆水行舟,不进则退。中国自主品牌向上趋势明显,涌现出 WEY、领克等高端品牌。其产品性能和品质已经可以媲美甚至超越合资产品。汽车行业正向研发成为主流,新车颜值受到称赞。自主发动机全面开花,有些更是已经达到国际一流水平。

2011 年 8 月哈弗 H6

2011 年 8 月,哈弗 H6 在长城汽车天津新工厂上市。自此之后,这款车型成为 SUV 市场中当之无愧的霸主,如今,哈弗 H6 已累计 75 个月在细分市场销量第一。在中国 SUV 市场的发展历程中,哈弗 H6 累计销量达百万辆仅用 4 年,同时也是带领自主品牌在困境中找到市场机遇的最大"功臣"。

责任与担当

——新中国70年汽车工业发展纪实

2015年4月吉利博瑞

2015年4月上市的吉利博瑞，是自主品牌在B级车市场投入的最具竞争力的一款产品，其硬件配置和科技配置在当时均达到了30万元以上外资产品的水准，尤其是博瑞全面的主动安全配置，让很多外资竞品感到压力。在博瑞的引领下，主动安全配置得以向低价位市场进一步释放。

2017年4月WEY VV7

WEY品牌旗下首款车型VV7在2017年4月上市。WEY品牌先后以"终结外资品牌的暴利时代"和"让豪华触手可及"为理念，逐渐兑现了给消费者许下的承诺。在WEY的坚持下，合资品牌确实不得不让利于市场，让更多消费者获得了实惠。

2017年11月领克01

领克品牌的诞生，看似只是新添了一个汽车品牌，但实际上，领克的出现可以看作是中国主流购车群体变化的象征：前卫的造型、前卫的配置、前卫的理念，领克专属年轻。

70 年，数说汽车工业发展

《中国汽车报》 记者 李 卿

从一穷二白到世界第二大经济体，新中国成立 70 年来，各行各业都发生了翻天覆地的变化。与新中国共同成长起来的中国汽车工业，历经建设与改革的风雨洗礼，也实现了跨越式发展。新中国成立伊始，我国并不具备生产汽车的能力。在国家的高度重视和数代汽车人的不懈努力下，中国汽车工业从无到有、从小到大，成为国民经济的支柱产业。1955 年，我国汽车产量仅 61 辆；2018 年，我国汽车产量已达 2781 万辆，占世界汽车产量的近 30%。自 2009 年以来，我国已连续 10 年蝉联全球新车产销第一大国。当前，新一轮产业变革加速推进，我国汽车业正处于由大变强、爬坡过坎的关键阶段，从高速发展向高质量发展转变。

"数说汽车"用数字说话，直观地呈现新中国成立 70 年来我国汽车工业取得的巨大成就，以及对国民经济的贡献。

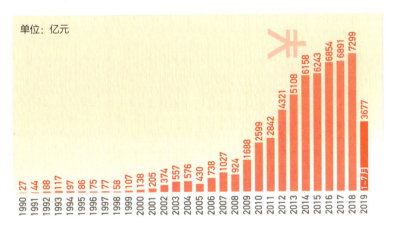

1990~2019 年（1-7 月）中国汽车工业利润额

注：2019 年 1-7 月数据源自国家统计局，其他数据源自《中国汽车工业年鉴》。

责任与担当
——新中国70年汽车工业发展纪实

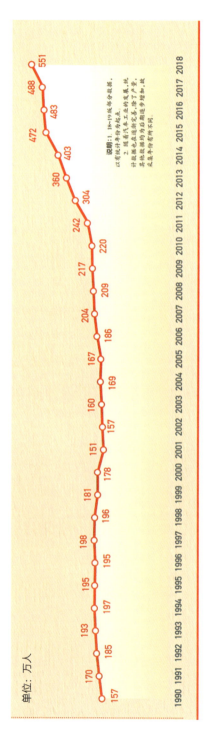

1990—2018年中国汽车工业总产值及占GDP比重

注：数据源自《中国汽车工业年鉴》。

1990—2018年中国汽车工业从业人数

注：数据源自《中国汽车工业年鉴》。

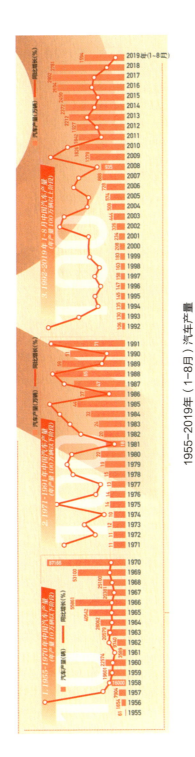

1955—2019年（1-8月）汽车产量

注：1955—2018年产量数据源自《中国汽车工业年鉴》，2019年1-8月产量数据源自中国汽车工业协会。

1949　　1955　　1986　　1999　　2001　　2005　　2008　　2019

第四部分

七十载汽车风云综述

红旗汽车：融入骨子里的复兴梦

齐嵩宇/口述 ‖ 李亚楠/采写

从业 25 年，我从未离开过深爱的红旗汽车，我的成长经历就像是红旗发展的缩影。我陪伴着红旗汽车经历低谷，又迎来创新转型；经历了汽车行业从单纯的手工制造，又见证了汽车行业向先进生产流水线迈进的过程，也见证了红旗汽车产量从少到多、规模从小到大、技术从依靠国外支持向自主创新突破的发展历程。

齐嵩宇

自主研发

我是学习电工电子专业的，1994 年从技工学校毕业后，我被分配到中国第一汽车集团。当时，在我面前有两个选择，一个是工资高出 2~3 倍的合资企业一汽－大众，另一个就是一汽公司的第二轿车厂（红旗的前身）。当时，我听别人说，合资企业学不到技能，设备设施只给中国人使用，但技术并不外传。于是，我主动到红旗当了一名维修工，不仅是因为心中的"红旗"情结，还想要在红旗踏踏实实学真本领。

我初期的工作经历，证实了来红旗之前听到的那些"传言"。发展初期，红旗的车间不乏德国技术工人的身影。但由于技术屏蔽过于严格，除了在设备软件上设置多层密码，德国工人操作处理结束之前，我和工友们都不许在场。因为设备是国外的，所以说明书都是英文。对于我们技工来说，看懂设备说明书上的专业名词难度很大，我们只能利用业余时间挨个查字典，在图纸和说明书上标注出来。通过模糊的理解和拆卸设备来掌握德方的维修技术。包括奥迪100车型的生产，德方也只告诉你怎么组装，但软件下载、设备上的应用等都是保密的。我们只能利用备用设备，私下摸索。正是意识到外资品牌严格的技术封锁带来的局限和困难，红旗更加注重自主研发。

开始生产世纪星时，德国工人全部撤离红旗工厂，但很多设备可以复用，因而没有进行大面积改造。外国人做电路板的技术领先，控制部分用电子主板焊接而成。在没有掌握核心技术的情况下，维修电路板只能邮寄到德国返厂，成本高且维修周期长。因为电路图有相通的地方，我试着查主板，绘制还原电路图纸，再去分析他们原来的逻辑思路，重新设计电路板，逐渐实现了自主维修。基于校企对接的便利性，在企业组织下，包括我在内的技术工人会定期到汽车高等院校培训，学习相关专业知识，这让我们越来越深入地了解电路的实际运用和逻辑概念。从一无所知到会维修，摸索外国核心技术的同时，我们也积累了绘图和设计程序能力。在这个基础上，我们和红旗一起走上了自主研发之路。

厚积薄发

善于发现、独立自主，正是"红旗精神"的真实写照。在汽车生产实际需要过程中，红旗从未停止自主研发的脚步，通过创新升级不断提高红旗汽车的品质。

  我见证了红旗从手工作坊的生产线,到用外国设备小规模的半自动化生产线,再到现在的大批量自动化生产的变革。刚到红旗时,工厂产量很小,2017 年红旗的产量只有几千辆。2018 年,红旗实现了 3.3 万辆的年产量。2019 年红旗则计划生产 13 万辆,力争 10 万辆保底。如今,红旗厂房的工人仍是 600 多人,产量却能像滚雪球一样增长。厚积薄发主要得益于红旗人前期孜孜不倦的学习、钻研。

  像我这样的汽车人在红旗层出不穷,在我们个人的成长中,红旗这个大集体发挥了不小的作用。一汽给员工搭建了非常好的学习和研发舞台,员工始终坚持初心,自主创新的热情也很高,对老一辈红旗精神的传承,都会注入红旗复兴的过程中去。坚持就是成功的关键,红旗的后劲很足,发展空间巨大。

江淮汽车：坚守产业报国初心，"实·现未来"

70 年沧桑巨变，中国从一个积贫积弱的国家，实现从站起来、富起来到强起来。伴随着新中国一起发展壮大的江淮汽车，一直与时代发展的节拍相契合，在实现自身发展的同时，持续推动我国的汽车强国梦一步步走向现实。

守正创新，谱写中国汽车工业新篇章

创新、实干是贯穿新中国 70 年发展的基本脉络，也是江淮人精气神的鲜明底色。江淮汽车的 55 年，也是中国汽车工业从蹒跚起步到逐步发展壮大的 55 年。回顾江淮汽车的发展历程，就是回顾中国汽车工业的艰难创业史、发展史。

时光回溯到 1964 年，在合肥南郊的一片农田之上，江淮汽车的创业者们白手起家，靠着各方技术人员与工人们的攻坚克难，用勤劳智慧的双手打造出安徽第一辆汽车，由此拉开了江淮汽车发展的大幕，艰苦奋斗、敢于抗争的"江淮精神"也从此萌芽。

20 世纪 90 年代初，江淮汽车经历了计划经济向市场经济转变之痛。二次创业从何处发力？江淮人将目光投向了客车专用底盘。通过对客运、公交等市场进行大量调研，江淮人发现当时国内客车厂大多使用的是货车底盘，以货车底盘改装成客车，其舒适性、安全性、能耗方面都存在不少问题。在艰苦奋斗、踏实肯干的精神鼓舞下，江淮人在 1990 年成功生产出了国内第一台客车专用底盘，结束了我国长久以来客车只能由货车底盘改装的历史。

技术创新作为"引擎"，为江淮汽车的由弱变强，发展壮大，提供着源源不断的动力。在江淮汽车的历史上，有多个里程碑式的重大技术创新，其中第一个就是底盘开发，这是非常关键的技术突破。

通过技术创新，江淮汽车从底盘开发起家，可是，江淮人并没有止步于在底盘上的成功，而是以此为基石，不断选择新的挑战。20世纪90年代中期，江淮汽车引进日本最新型轻型货车进行模仿创新，在缺少吊装流水线、缺少先进设备的条件下，江淮人肩扛手抬，手工完成轻型货车驾驶室安装。这款采用轿车化操作及轿车化内饰的HFC1061轻型货车在江淮汽车研制成功，开创了中国轻型货车轿车化的潮流，并凭借着亮丽的外观、扎实的底盘设计和可靠的性能，迅速红遍大江南北。

"人间正道是沧桑"，和新中国成立以来百折不挠、苦难辉煌的历程一样，江淮汽车也是在不断抗争中发展壮大的。紧紧握住创新这把"金钥匙"，江淮汽车开启了一扇扇大门，驶入成功的道路。2019年10月1日，在慷慨激昂的歌曲中，安徽彩车缓缓驶过天安门广场，向新中国成立70周年献礼。依托江淮格尔发重型货车底盘精心打造而成的安徽彩车，不仅彰显了江淮汽车作为"底盘专家"的创新、实干精神，更展示了江淮汽车以55年深厚积淀铸就的超高品质。踏实、务实的"底盘性格"已是植入江淮汽车最深处的基因，使江淮汽车有了敢于创新、善于创新、不怕困难、迎难而上的创新精神，也使江淮汽车拥有了推动技术能力不断提升的不竭动力。"底盘性格"成就了江淮汽车过去的辉煌，也一定会在未来创造更大的奇迹。

转型升级，迈出高质量发展坚实步伐

以供给侧结构性改革为主线，着力推进企业转型升级和结构调整，已成为汽车行业的共识。主动拥抱变革的江淮汽车，在"新四化"道路上阔步前行,这是一条立足前沿、面向世界的高质量发展道路,虽历经坎坷荆棘,却收获了累累硕果。

早在 2012 年底,曾亲自抡锤手工敲出第一台江淮客车底盘的安进出任江淮汽车董事长,启动了江淮汽车的第三次创业,重点解决自主品牌由弱到强的问题,开启了由传统汽车企业向先进节能汽车、新能源汽车和智能网联汽车并举的现代化汽车集团转型。

汽车产品功能和使用方式正在发生深刻变化,电动平台上的智能网联汽车已成为产业融合发展重点,成为新一轮产业布局必争之地,是未来产业发展的战略方向。与此同时,在全球化背景下,中国车企积极响应"走出去"战略及"一带一路"倡议,站在世界舞台中央发出中国品牌最强音。另外,在激烈市场竞争中,传统车企顺势而为,正在积极转变原有的以产品为核心的模式,加快向出行服务提供商转变。面对全球汽车技术和产业变革,江淮汽车再次发挥抗争精神,在自主创新的基础上深化开放合作,加快转型升级,努力实现产品转型、市场转型、经营转型,并通过技术、品质、品牌全方位升级,塑造世界知名汽车品牌。

汽车产业是资本、技术、人才、信息等优质资源的集大成者,汽车产业的不断融合与协同发展是大势所趋。作为"走出去"和"引进来"的排头兵,江淮汽车深谙跨界融合、协同发展、合作共赢的重要性。"走出去",江淮汽车已建立覆盖南美洲、非洲、中东、东南亚、西南亚和东欧 130 余个国家或地区的营销网络,并成功进入了土耳其、意大利、墨西哥等高端市场。截至 2019 年 11 月,江淮汽车累计出口超 65 万辆,对"一带一路"沿线国家出口量占到江淮汽车出口总量的 60% 以上。近年来国际市场销量已占江淮汽车总销量的 15% 左右。"引进来",自 2015 年 11 月起,江淮汽车积极推进与大众汽车的合资合作,江淮大众合资合作项目成为中外合资新能源汽车首个项目,也是安徽省先进制造业的"一号工程"。时至今日,大众先进管理体系、质量标准的引入,不仅赋能江淮汽车迈入乘用车 3.0 时代,也为中外车企开展此类深度合作提供了范本。另外,江淮汽车与世界银行巨头西班牙桑坦德联合成立的国内自主品牌车企首家中外合资汽车金融公司——瑞福德金融，经过六年多的快速发展，截至2019上半年，累计为超过90万名终端购车用户提供了购车融资业务，为230余家江淮汽车经销商持续提供库存车融资业务，管理资产超过220亿元。江淮汽车与美国康明斯公司各占50%的合资公司安徽康明斯，新的管理体系初步建立，提升后的国五产品竞争力十足，三款国六产品顺利下线，公司业务实现盈亏平衡，生产线智能化改造初步完成。江淮大众、瑞福德金融、安徽康明斯等中外合资项目取得亮眼成绩，表明江淮汽车开放合作进入新阶段。

当前，面对全球汽车产业百年变局，汽车行业转型升级的机遇与挑战将长期并存共生。唯有持续强化创新、聚焦用户价值，不断将创新凝结为品质升级的驾乘体验，方可破除困局，再获新生。2016年4月，江淮汽车正式与蔚来汽车签署战略合作框架协议。双方联合打造的世界级智造工厂，采用"互联网+智造"模式，拥有国内首条高端全铝车身生产线，实现了喷涂无人化、冲压生产无人化，焊装整体自动化率达到97.5%。截至目前，江淮蔚来已经累计交付超过3万台高端智能纯电动汽车，江淮汽车也借此成功实现了在先进制造领域、全铝工艺大规模生产的重要实践。

秉持"创造美好车生活"的品牌愿景，江淮汽车以"为客户提供最佳的交通解决方案和驾乘体验，推动世界持续进步"为使命，在"务实稳健　学习创新　勇于抗争　开放协同　客户中心　全向沟通"的价值观指引下，"实·现未来"。

强烈的产业报国信念、顽强的艰苦奋斗和抗争精神，以及坚持自主创新的道路，贯穿江淮汽车发展的始终。没有新中国，就没有江淮汽车的诞生；没有新中国的飞速发展，就没有江淮汽车的成长壮大；没有新中国的全新发展，就没有江淮汽车的今天和未来。站在新中国成立70周年和建厂55周年新起点上，江淮汽车迈出更年轻、更活力的步伐，再出发！

吉利汽车：李书福的汽车创业传奇

《中国汽车报》 记者　张忠岳

1963年出生的李书福放过牛、开过照相馆、生产过冰箱、卖过装饰材料、造过摩托车。20世纪90年代末，李书福有了造汽车的梦想。那时候，李书福对汽车的认识很简单，不就是四个轮子、一个方向盘、一个发动机、一个车壳，里面两个沙发吗？

吉利集团董事长　李书福

李书福对汽车的认识虽然听起来比较浅显，但里面透着一股天生的自信，这种自信并非盲目自大，而是一种坚定的信念，这体现在他在事后的一番回忆："我决定要研究、生产汽车，除了我自己信，还有少部分人信，真没有太多的人相信。大家都认为中国在汽车工业领域已经没有优势了，早已经被西方国家垄断了，中国企业只能与外国汽车公司合资或者合作才有可能取得成功。但是我认为中国的改革开放政策一定会更加成熟、更加稳健，中国的现代化建设一定会持续推进，中国一定会成为世界上最大的汽车市场，虽然那个时代，中国汽车市场每年才几十万辆，汽车进家庭才刚刚起步。如果中国每年汽车销量超过 3000 万辆,而又不是属于中国自己的汽车工业,那一定不是一个好消息。从几十万辆到几千万辆年产销量,这个成长的过程本身就是一个很大的商机,进入汽车行业虽然面临很大挑战,很多困难与问题,但商业空间很大,商业机遇期也很长,有足够的时间打基础、练内功,有足够的时间培养、培训人才,也有足够的时间、空间允许我们犯一次或几次错误,这是用钱买不来的机会效益。因此,我决定抓住这个时间窗口,坚定地进入汽车领域。"

可是,横亘在李书福面前的第一道难题是"准生证"的问题,造车对当时的民营企业来说,资质就是天方夜谭,李书福只好走迂回路线,一次偶然的机会,李书福得知四川德阳监狱下属的一个汽车厂有生产经营权。他赶到德阳,与其合资成立了"四川吉利波音汽车制造有限公司",后来改名为"吉利汽车制造有限公司"。

1998 年 8 月 8 日,吉利生产的第一辆车下线,但这辆车尚未列入国家规定的生产目录,资质问题仍然没有解决。直到 1999 年,时任国家计委主任的曾培炎视察吉利集团,李书福对他说:"请国家允许民营企业家做轿车梦。如果失败,就请给我一次失败的机会吧。"终于在 2001 年 11 月,恰好是我国正式入世的前夕,吉利豪情登上汽车生产企业产品名录,吉利集团成为中国首家获得轿车生产资格的民营企业。

吉利集团总部原址

拿到生产资质之后的吉利和其他中国自主品牌一样,在市场中处于弱势地位，所生产的产品虽然可以通过价格优势占据一定的低端市场，但核心竞争力根本难以和合资品牌抗衡。

誓要与外资进行竞争的李书福一边加强内生动力的培养，一边把眼光瞄向了全球汽车产业，而机会出现在2008年美国的金融危机，那一年的美国汽车产业整体陷入"寒冬"，大家熟知的克莱斯勒和通用汽车都先后进入破产保护程序，同样困难重重的福特，为了瘦身自救，不得不考虑将旗下已经连续三年亏损的沃尔沃汽车出售，而此时的吉利受益于国内高速发展的新车市场，势头正好，希望通过收购的方式走出国门，并学习国外先进汽车企业的先进造车技术和体系能力。

经过一番真挚而不懈的努力，最终在2010年8月2日，吉利控股集团斥资18亿美元正式完成对福特汽车公司旗下沃尔沃汽车公司的全部股权收购。

没有人想到收购沃尔沃之后的吉利以及被吉利收购后的沃尔沃会有什么样的发展前景，蛇吞象是两败俱伤还是合作共赢？

最终的答案是，沃尔沃在吉利的手中起死回生，而吉利也因此一战成名，并自此走向了全球化发展之路。这场堪称经典的国际并购，至今仍然为中国汽车人所津津乐道。

难能可贵的是，吉利并没有忘记初心，仍然坚持最开始认准的道路，即一条外延和内生两种方式并重的发展道路，即一方面吉利不断借助并购标的公司的技术能力来提升自己的技术创新能力，促进自身的有机成长。另一方面，结合自身发展战略的需要，在全球市场不断寻找适合的并购对象从而实现外延式成长。

近十年来，吉利控股集团研发总投入累计超1000亿元，在众多的自主品牌里无出其右者，甚至已经超过个别合资品牌。以2018年为例，吉利控股集团研发投入超210亿元，全年营收3285亿元，研发投入占销售总收入比例为6.4%。这一比例与国际一流汽车集团基本一致，也彰显了吉利控股研发水平的国际竞争力。

对核心技术研发的"疯狂"投入以及全球化的研发布局，使得吉利汽车已形成领先的 BMA、CMA 模块化架构体系，能够开发出 A0 级到 B 级，符合时代潮流趋势的轿车、SUV、MPV 等多种车型，满足不同细分市场多样化的用户需求。其中，BMA 模块化架构是吉利历时四年，集聚来自多个国家的 500 多位工程师，整合全球资源，全力打造的一个全球化模块化架构，能全方位满足全球市场需求。

坚持不懈的投入，最终换来的是市场的收获。近几年来，吉利汽车在中国自主品牌车企中持续领跑，一个个竞争对手被甩到了身后，甚至身前只剩下了南北大众。2018 年，吉利汽车累计销量达到约 150.08 万辆（含领克品牌），同比增长 20.3%，连续两年蝉联中国自主品牌车企销量冠军。在 2019 年汽车市场持续走低的情况下，1–11 月吉利汽车累计总销量超过 123 万辆，完成全年销量目标将是毫无悬念的事情，而就 11 月汽车企业销量排名来看，吉利又有了新突破，以超 14 万辆的单月销量超越上汽通用来到第三位，仅位居南北大众之后，可谓一个新的里程碑，这也意味着消费者用实际行动投出一个新的汽车消费风向标：大众依然是首选，大众之后选吉利。

在国际并购的道路上，吉利同样不曾停下脚步。2013 年 2 月，吉利控股耗资 1104 万英镑收购了英国锰铜控股公司手中所有伦敦出租车公司的股份。

2017 年 6 月，吉利控股集团与马来西亚 DRB-HICOM 集团签署最终协议，收购宝腾汽车 49.9% 的股份以及豪华跑车品牌路特斯 51% 的股份，吉利控股集团成为宝腾汽车的独家外资战略合作伙伴。

2017 年 11 月，吉利控股集团宣布与 Terrafugia 飞行汽车公司达成最终协议，将收购 Terrafugia 的全部业务及资产。

2017 年 12 月，吉利控股集团宣布收购沃尔沃集团 8.2% 股权，成为其第一大持股股东。

2018 年 2 月 24 日，吉利集团有限公司（由李书福拥有、浙江吉利控股集团有限公司管理）正式宣布，已通过旗下海外企业主体收购戴姆勒股份公司 9.69% 具有表决权的股份。这一持股比例意味着，李书福成为汽车鼻祖的第一大股东。

2019年9月，德国空中出行公司Volocopter宣布，完成C轮首轮投资5000万欧元，由吉利控股集团领投，戴姆勒股份公司参与投资，双方各持股10%。

一路走来，李书福和他带领下的吉利已经把一个个"不可能"变为了一个个"可能"。

回首来时路，李书福有着颇多感叹，特别是对伟大时代的感恩："我生在新社会，长在红旗下，从小接受朴素的家庭教育，对党的情感非常深厚。我爸是农民，无论是过去还是现在，我们全家人都是平民百姓，遇到这样一个伟大的时代，才有我们这些人参与市场公平竞争的机会，我们可以自由地研究新技术、新产品，这是改革开放前不敢想象的政策，今天已经成为现实。我们唯有勤奋工作、努力拼搏，才能报恩这个时代，才能感天动地；唯有遵纪守法、诚实做人，才能得到用户的认可。"

即使个人已经获得巨大成功，即使吉利已经逐步成为受人尊敬的全球化汽车企业，李书福依然保持着一颗奋斗的心，他为吉利的未来树立了更加清晰远大的奋斗目标：我们一定要在创新研发、人才培养方面继续加大投入；一定要在精准扶贫、能源可再生利用、汽车电动化技术、线上数字科技及车载芯片研发等方面有所作为；一定要为生态文明建设、汽车产业可持续发展积极贡献力量；一定要在上下游产业链的合规制度建设、员工合法权益保护、增加更多就业岗位等方面有所作为。我们必须积极承担企业社会责任，必须知恩图报，致富思源，必须团结带领全体员工干部、工程技术人员在创新创业的道路上实现更可持续的发展，必须积极践行习近平新时代中国特色社会主义思想，全心全意为实现中华民族伟大复兴的中国梦而努力奋斗。

第四部分

七十载汽车风云综述

让 世 界 充 满 吉 利

TAKE GEELY TO THE WORLD

长城汽车：从中国汽车工业"参与者"到"领航者"

《中国汽车报》 记者 张海天

如果要用一个词形容新中国 70 年的变化，想必没有比"翻天覆地"更合适的。在这 70 年中，中国经济实现了腾飞，各行各业均得到了快速发展。尤其对于中国汽车产业来说，经历了从无到有、由弱变强的过程。在这一过程中，长城汽车成为中国汽车工业发展进程中的见证者和领军者。

顺势而为坚持聚焦战略找准机会做大做强

20 世纪 90 年代初，对汽车怀着一腔热情的魏建军承包了保定南大园乡的一家乡镇小厂——长城工业公司。别看当时长城工业公司总资产有 300 万元，却实际亏损 200 万元。并且，长城工业公司的主要业务并非造车，而是改装车，为当地一些冷冻厂和石油公司定做特种车辆。魏建军并不满足于此，他决定实现造车梦。1993 年，他带领员工利用改装车的前桥和悬架制造技术，再加上外购的底盘，手工拼装了第一批"长城轿车"。虽然一辆只卖几万元，但在那个汽车产品极度匮乏的年代，这批车很快就卖光了。但这样的好光景并不长，随着 1994 年国家开始实施汽车产业目录制管理，"长城轿车"未能进入目录，上不了牌照。

为了寻求新的发展机遇，魏建军不得不绕开轿车领域。"真正让长城汽车站住脚的，是 1995 年转产皮卡的决定。"魏建军回忆说，1995 年河北长城集团有限公司成立，确定了主要生产皮卡车。而之所以选择皮卡，是由于当时国内生产皮卡的厂家大多是一些中小型国有企业，产品不仅技术落后、质量差，价格还高，很难满足市场需求。彼时，中国民营企业迎来了新一轮的飞速发展，不仅个体户和乡镇企业对皮卡车有着强烈的需求，且当时国家政策对于社会单位购买轿车也有着严格限制，有不少单位也转而选择皮卡。

这是一次可遇不可求的机会，魏建军大胆拍板，从绵阳采购发动机，从唐山采购变速器，从别的企业挖来技术人员，一年之间便推出了首款皮卡——迪尔。由于迪尔价格远低于国外品牌，质量又比国企产品好，长城皮卡在市场中获得了不错的销量，并借此机会逐渐站稳了脚跟。如今，长城皮卡已连续21年稳居中国皮卡品牌国内销量第一、出口销量第一。

而在SUV的发展过程中，魏建军也抓住了机遇。2000年之后，中国汽车市场迎来了井喷式发展，合资产品导入加速，但对于二、三级甚至更下级的市场而言，购买合资产品也并不容易，自主品牌迎来了机会。在这一阶段，缺乏汽车生产经验和核心技术的自主品牌，大多只能依靠测绘逆向研发，惟一的卖点就是价格低，但正所谓"站在台风口，猪也能上天"，由于市场需求量大，自主品牌产品仍能找到生存空间。

随着时间推移，外资、合资企业市场规模铺开，产品矩阵丰富、成本降低，人们生活水平逐步提升，对车的要求也更多了。在多方面的因素下，自主产品逐渐失去了市场竞争力。但魏建军敏锐地发现，当时国内SUV产品并不多，且价格高高在上，消费者也对庞大的SUV有一种莫名的好感，这一次魏建军把目光瞄准了SUV细分市场。

现在人们都知道，魏建军的这步棋又走对了。哈弗品牌不仅成为中国品牌SUV领域的佼佼者，更带领其他自主品牌走出"12个月连降"困境，真正为自主品牌赢得了主流乘用车细分市场的一席之地。而对于明星车型哈弗H6，国家信息中心副主任徐长明认为其对中国汽车工业拥有三大历史贡献：开拓并壮大了自主品牌都市型SUV细分市场、为自主品牌乘用车的发展增添了极大的信心、推动了SUV总体市场的快速发展。

在这一过程中，长城汽车其实也受到了不少质疑。为了深化聚焦战略，长城汽车将诸多资源都投向 SUV 的研发、生产和销售，从而相对"忽略"了轿车业务。很多业内人士不理解魏建军这种做法，因为直到现在，轿车依然占到乘用车市场整体份额的 50% 以上。但魏建军说："民营企业能够得到的资源有限，必须把有限的资源集中用在某个领域才能见到效果，绝不能求大求全。"

从跟随到引领核心技术才是企业灵魂

从靠敲敲打打艰难度日的汽车改装厂，到成长为中国车企的领军者，看似成功的发展之路，魏建军却比所有人更提前意识到了危机：缺乏核心技术。

由于在零部件方面吃了不少亏，魏建军在技术研发上始终坚持"过度投入"的理念。"最开始我们公司太小，大供应商不带我们玩，所以当时只能自己做零部件。"魏建军在接受采访时表示。得益于聚焦理念，长城控股集团及长城汽车旗下零部件供应商才能够由小做大，以至于魏建军已经可以拍着胸脯说，开发一款车几乎不需要走出保定。

据一位了解长城汽车的人士透露，此前长城汽车要外采一批氙气大灯，对方开价 5000 万元，对于彼时的长城汽车来说，5000 万元并非支付不起，但魏建军还是觉得太贵了。于是他投资 6000 万元建了个厂，专门搞灯具研发，化解了技术受制于人的窘境。如今，这个灯厂已经从长城汽车独立出来，它叫曼德电子电器——VV6 激光像素大灯的供应商，并在多项技术上已经领先宝马 7 系、奥迪 A8 所配备的激光大灯。

魏建军对技术的执着还体现在纯电动领域。据了解，欧拉所使用的 ME（Mini Electric）平台，在长城汽车的内部开发时间已经超过 7 年。与其他企业外采电池包或电控技术不同，长城汽车不仅在印度有专门的团队编写电控方面的程序，还在国内成立了单独的动力电池事业部，后独立为蜂巢能源科技有限公司，其创新的"高速叠片工艺"在全球范围内率先成功应用在方形三元电池领域，形成了独有技术。同时，蜂巢能源也在积极开发无钴和四元材料电池。

"问题更容易在逆境中显露出来,逆境让我们积累了很多宝贵财富。"魏建军深知,与外资品牌相比,自主品牌还没有真正经历过市场下行这一过程,企业的发展还有很长的路要走,但只有掌握核心技术,才能在日益激烈的竞争环境中赢得市场。

领衔中国汽车品牌走出去冲击全球更强阵营

2001年中国加入世界贸易组织。当时有人预测,自主品牌将不堪一击。但魏建军表示:"事实证明,把'狼'放进来,与'狼'共舞,我们才能不再是'羊'。"

魏建军从来都不畏惧困难与挑战,在他的带领下,长城汽车以"每天进步一点点"的企业精神,用扎实、稳健的做事理念,逐渐在各个涉及的领域成为行业的佼佼者:皮卡连续21年销量领先、SUV单品累计75个月销量领先、纯电动汽车产品迅速杀入国内销量前十名、在电池技术上取得领先的技术优势、积极投身于氢能源技术发展……一路走来,长城汽车在中国民用乘用车发展的各个阶段都发挥着自己的重要作用,从销量领先到技术超越,长城汽车不仅为国家经济的腾飞添砖加瓦,更在科技储备上,让世人看到了中国汽车产业从模仿到自主创新的蜕变。

其实,长城汽车只是想一心做好分内事,却在不知不觉中成为自主品牌"领航员"的角色。

立足皮卡和SUV市场的培育,长城汽车有了成熟的研发团队,有了核心的技术优势,有了爆款的"拳头"产品,也有了向世界发起挑战的信心。尤其是在国内车市的新常态下,魏建军意识到,越来越激烈的竞争环境势必是一次深度洗牌的过程,所有企业都将受到影响,没有赢家。只有走出去,才能拓展更多的客户群体,争取更大的市场空间,实现更大的品牌价值。这是自主品牌向上发展必须经历的"阵痛",因此,长城汽车选择再一次站在前端,扛起中国汽车工业发展的大旗。

长城汽车 WEY 品牌发布

在 2019 年法兰克福车展上，魏建军宣布 WEY 品牌将在 2021 年进入欧洲市场，这意味着中国汽车品牌将向全球更高汽车阵营发起冲锋。"不仅是为了销量，更多为了塑造品牌，改变中国品牌低质低价的印象，让长城汽车成为具有国际竞争力的企业。"对于海外市场的拓展，魏建军始终没有忘记长城汽车作为中国品牌的任务和使命，他说"宁愿死在国外，也要敢于去挑战"，虽然这只是个玩笑，却将一个民族企业家的家国情怀展现得淋漓尽致。

2019 年 6 月，长城汽车独资兴建的俄罗斯图拉工厂正式运营投产。因入职图拉工厂，安德烈·奥拉金把家从圣彼得堡搬到了图拉，这座中国制造工厂带给安德烈·奥拉金极大的震撼，诸多制造过程实现了全自动化生产，让他赞不绝口。这是中国汽车企业在海外设立的第一家全工艺整车制造厂，也是俄罗斯图拉州引进的最大规模工业项目，它已经成为中国汽车工业在海外的一张新名片——这是我国从汽车"输入国"向汽车"输出国"转型的里程碑。

从一个简单的汽车改装厂发展成为国内皮卡行业的领军者，再到全球知名的 SUV 制造商；从手工组装到拥有 100% 自动化焊装车间，再到如今实现全资海外建厂。长城汽车用一点一滴的行动丰满着自己的羽翼，实现着魏建军"把中国汽车带向世界"的理想。对于一个企业而言，长城汽车的高速发展得益于新中国成立 70 年来党的正确领导和国家的经济发展；对国家来说，长城汽车也没有辜负这个伟大的时代，用脚踏实地的行动，见证和引领中国汽车工业发展的过去和未来。

广汽自主：阔步前行的"传祺模式"

广汽乘用车有限公司，是世界 500 强企业中排名 189 名的广汽集团设立的全资子公司，成立于 2008 年 7 月 21 日，主要致力于生产销售传祺品牌整车。围绕品牌高质量发展理念，广汽传祺主动适应国家经济发展新常态，抢抓行业发展新机遇，打造高品质产品，走出了一条"品牌引领、品质驱动，持续高质量发展"的道路。

肩负使命，筑梦前行

回溯十一年发展历程，广汽传祺以敢闯敢干的勇气和自我革新的担当，在汽车市场上走出中国自主品牌的向上之路，不忘初心，砥砺前行，成为中国汽车品牌中高端典范，为中国汽车工业写下全新的篇章。

十一年前，广州已成为中国最大的汽车生产基地之一，汽车工业也成为广州市最大的支柱产业。广汽集团决策层敏锐地感觉到，必须构建企业长远发展必需的核心竞争力。作为一个国有大型汽车集团，广汽集团的肩头负担着特有的历史使命。

2005 年，是广汽集团的自主元年。11 月长隆会议，拉开了广汽集团"大自主"事业的序幕，它为广汽自主品牌的发展明确了思路，达成了共识。2008 年 6 月 10 日，国家发改委正式核准广汽集团自主品牌乘用车项目；7 月 21 日，广州汽车集团乘用车有限公司正式成立。

短暂的十一年间，广汽人完成了"造中国自己的好汽车"的民族工业梦想。广汽传祺的发展历程，为中国汽车、中国品牌乃至中国工业提供了现实的、可参考的全新发展路径。

品牌引领，品质驱动

怀揣着中国制造的汽车强国梦，广汽传祺以供给侧结构性改革为抓手，不断向科技创新要原动力，用质量提升竞争力，靠品牌增强影响力，走出了一条"中国制造向中国创造转变、中国速度向中国质量转变、中国产品向中国品牌转变"的有益探索之路，实现了自身高质量发展。

同时，也打造出了备受业界肯定的"传祺模式"——以"世界级品牌、全球化企业"为愿景、以世界级造车体系为依托、以"品牌引领，品质驱动，持续高质量发展"为路径，探索出高质量发展的汽车强国新模式。

广汽传祺始终紧抓产业转型风口，立足于全球化视野，在正向研发的基础上，通过开放合作高效整合全球资源，构建了以广汽生产方式、全球研发网、全球供应链体系为核心的世界级造车体系。

品质是自主品牌的核心。自诞生以来，广汽传祺秉持"品质至上"的初心，以"四心"品质（动心的设计品质、放心的零件品质、安心的制造品质、暖心的服务品质）为核心打造品质闭环与制造文化，实现了从汽车设计、生产流程、销售流通以及售后服务的全方位细节管控，提振了"中国质造"的信心。

回望广汽传祺的发展路径，从最初的勇于创新，到决定正向研发、以中高端切入，具有相当的勇气及战略眼光。通过连续多年高速优质的发展，广汽传祺单车平均售价站稳15万元区间，成为"含金量"最高的中国品牌之一。从SUV领域的一枝独秀，到轿车、SUV、MPV领域的全面开花，广汽传祺实现了快速成长，均衡发展。2019年10月，广汽传祺第200万辆整车正式下线，开启了广汽传祺下一个200万辆的全新征程，展现了广汽传祺在中国汽车品牌向上之路上奋力迈进的坚实步伐。

2016年10月，广汽传祺旗下的"旗舰级豪华大7座SUV"——传祺GS8正式上市，成功突破了中国品牌的"20万元价格天花板"。2017年12月，"全场景奢享大型MPV"——传祺GM8上市，至此，广汽传祺三"8"（GA8、GS8、GM8）战略全面落地，率先成为国内首个完成豪华C级车完整布局的自主品牌，开启了中国汽车自主品牌高端化的全新时代。

2019年8月，广汽传祺新十年首款轿车——"极智魅力中高级轿车"全新一代传祺GA6上市，推动中国中高级轿车实现"智"的飞跃。2019年11月，第二代传祺GS4上市，同时PHEV版、Coupe版车型也随即亮相，承载百万车主口碑与信赖，由全球顶级大师主导，基于广汽全球平台模块化架构GPMA打造，具备"越级智能、越级座舱、越级驾控、越级安全、越级颜值"五大越级优势，将助力广汽传祺在当下存量市场竞争中占据主动位置，开启并引领广汽传祺"新十年"的高质量发展之路。

作为广汽集团大自主战略的实施载体，广汽传祺不断探索未来的发展之道，以适应日新月异的市场环境。广汽传祺积极响应集团号召，苦练内功，构筑"营销金三角"，落实"4×2+1"构想，在技术、品质、渠道、服务四个领域全面升级；实施广汽"e-TIME行动"打造企业的核心竞争力，在顾客体验、科技创新、智能网联、智能制造、电气化等领域持续发力。

广汽传祺以品质为基石，以创新为动力，坚持高质量发展，锻造企业核心竞争力，将中国汽车推往全新高度，其高质量发展道路屡获主流媒体及权威机构的肯定。

福田汽车：与盛世同行，红色巴士"刷屏"首都街头

为庆祝中华人民共和国成立70周年，在天安门、鸟巢、前门、永定门、北京西站等地标建筑流动着一条条红色"风景线"，刷屏了北京街头。车身上展现了福田汽车与祖国盛世同行的历史时刻，与首都地标沿途的风景交相辉映。作为"最美巴士"的设计者，福田汽车又一次用实际行动为祖国献礼，并以此为70周年国庆增添盛世氛围，宣扬福田汽车作为中国商用车领军品牌与祖国盛世同行的决心和态度。

福田欧辉公交车

推进高质量发展，为北京公众出行保驾护航

2019年是新中国成立70周年，也是国内经济进入"新常态"阶段的关键时期，经济发展由高速增长阶段转向高质量发展阶段。而高质量发展的核心是质量第一、效益优先，其背后具有深厚的理论内涵和重大的实践指导意义。

责任与担当
——新中国 70 年汽车工业发展纪实

作为商用车领军品牌，福田汽车积极响应高质量发展号召，并围绕指导思想提升自身品牌的产品力、运营力、营销力。此次以双层献礼巴士为国庆阅兵增添盛世氛围，用实际行动证明福田汽车一直推进高质量发展，持续深化福田汽车自主品牌的影响力。

福田汽车作为绿色出行的倡导者和实践者，通过红色巴士传达了福田汽车追求高质量、与祖国盛世同行的决心。另外，在热烈庆祝中华人民共和国成立 70 周年之际，红色巴士还将为十一期间的北京交通缓解压力，向来自全国乃至全世界的游客展示民族品质，承担质量出行的责任，彰显福田汽车强大企业实力和长远战略目光，展示建设世界标准、中国骄傲品牌的决心。

陪伴祖国共成长，以卓越品质与盛世同行

以开放的眼光看待世界总能观赏到不一样的风景，随着祖国开放的步伐加快，越来越多的来华国际人士见证着中国的发展速度。在商用车领域，福田汽车通过多次成功服务世界级重大活动和赛事，以卓越品质与祖国共腾飞。

回顾祖国的重大历史时刻，福田汽车始终陪伴而行。2009 年，在国庆 60 周年大阅兵中，福田汽车作为阅兵彩车圆满完成保障任务；2015 年，在中国人民抗日战争胜利暨世界反法西斯战争胜利 70 周年纪念活动上，福田汽车以卓越品质成为元首国宾车，接驳护航各国政要……

放眼国际舞台，象征中国力量的福田汽车也不负使命。2008 年北京奥运会期间，福田欧辉氢燃料电池客车承担了马拉松比赛用车服务等工作；2010 年上海世博会期间，福田汽车旗下多款新能源车型成为世博会零碳馆指定用车；2014 年，APEC 时隔 13 年后重回中国，福田保障用车承担了 70% 的人员运输工作；2019 年，福田汽车再次承担北京世园会期间参会人员的出行保障任务。在祖国的腾飞发展中，福田汽车既是陪伴者，也是见证者，始终与祖国携手同行。

截至目前，福田汽车累计向北京公交集团交付车辆超过1.6万辆。对于绿色公共出行，公交司机最有发言权。在北京为市民出行服务十几年的赵师傅聊起近几年福田新能源公交车的变化，仿佛一下打开了话匣子："如今北京街头大多数公交车都是福田欧辉新能源客车，现在开着专属红色巴士载着乘客，既是我的责任也是我的荣幸。同时，双层巴士还为北京市民提供了更加绿色、高效的出行体验，是件非常有意义的事。"

若是不够出色，怎敢与君同行。福田汽车多年以来始终心怀初心，以不畏困苦、砥砺前行的姿态挑战商用车领域一个又一个艰难任务，这种态度与拼劲儿与时代精神相得益彰。在这个千帆竞发、百舸争流的时代，实干精神尤为珍贵。此次"红色巴士"惊艳首都街头，福田汽车再一次用实际行动陪伴着祖国共同成长，一起与全国人民共同见证着盛世年华。

一汽奔腾：开启自主发展新篇章

柳长庆/口述 ‖ 韩冬/采写

说起自主品牌，国人一定会想起"一汽"这两个字。由一汽生产的红旗轿车，是国人心目中当仁不让的自主品牌汽车。多少年来，红旗轿车载着我国历届领导人参加阅兵式，见证着祖国的不断强大和繁荣发展。一汽旗下另一个品牌奔腾，则是一汽人多年心血的结晶，承载着国人振兴自主品牌的理想。

一汽轿车股份有限公司总经理　柳长庆

艰苦创业由弱到强

见证了奔腾品牌的发展历程，曾经被评为一汽劳动模范的柳长庆，和众多老一汽人一样，有着敢打敢拼、勇于创新的性格。奔腾作为一汽集团的年轻品牌，出生在互联网时代，同时也成长在汽车工业智造时代，面对百花齐放的汽车品牌，只有将挑战当作机遇，不断地在征程中前行，才有可能让品牌茁壮成长，不断壮大。

1997年6月10日，一汽轿车股份有限公司成立。6月18日，"一汽轿车"股票在深圳证券交易所挂牌上市。从此，备受瞩目的中国轿车制造业有了首家股份制上市公司——一汽轿车。

奔腾品牌创立于2006年5月18日。从第一款奔腾品牌产品奔腾B70面世，奔腾品牌历经多年发展，旗下已经拥有奔腾T77、T33、B90、B70、B50、B30、X80、X40等多款产品，形成了覆盖中高级轿车、中级轿车和城市SUV的产品矩阵，实现了从无到有、从小到大、从单一到多元的发展进步。

中国一汽与奔腾品牌的血脉关系，为"奔腾"注入了对国家的使命感和对民族的责任感。这份家国情怀驱使着奔腾在任何时期都必须顺应时代前进的潮流。如今，中国经济正从高速增长转向高质量发展，中国自主品牌汽车必须做优、做强！奔腾致力于打造百年汽车品牌，任何时期都有信心、有能力顺应时代前进的潮流。新奔腾的品牌愿景就是：与时代共奔腾。奔腾人有信心把新奔腾品牌打造成为中国一汽继红旗后的又一块金字招牌。

再出发与时代共奔腾

2018年10月17日，一汽奔腾发布"新奔腾"品牌发展战略，并正式启用全新设计的奔腾新标识（LOGO）"世界之窗"。新奔腾品牌发展战略宣告了奔腾品牌的新生，开启了奔腾新进取时代。

2018年，一汽奔腾全面发力，颠覆了大家对这个品牌的以往印象。在许多业内人士看来，2018年，一汽奔腾焕然一新的改变，让人感受到这个品牌所积蓄的强大力量。

一汽奔腾从2006年诞生至今已有13年，曾经的一汽奔腾经历过辉煌，也经历过很多坎坷和挫折，总结下来其中最大的难关应该是研发速度慢，跟不上市场变化的步伐。品质再好的产品不能快速适应市场变化就没有竞争力。

一汽奔腾坚定地按照 2018 年 10 月发布的全新品牌发展战略一路走来，现在已经小有成就，随着奔腾的研发速度不断加快，彻底改变了之前新产品不足、产品更新慢的印象，可以说即将到了奔腾品牌起势的阶段。在深刻总结过往得失后，作为一汽轿车股份有限公司总经理的柳长庆对于一汽奔腾未来的发展表现出十足的信心。

自 2018 年起，一汽奔腾全面发力。在整体车市下滑的大环境下，取得奔腾品牌全年销量 26.8 万辆的稳定销量目标。同时，一汽奔腾乘一汽集团的改革东风，从内到外都打造不一样的奔腾，从而让产品力、品牌力全面提升。

在过去 13 年的发展历程中，创始车型奔腾 B70 等一系列高起点、高品质、高性能的自主品牌中高级轿车，将自主乘用车事业拓展到一个新的高度，并由此开启了一汽奔腾自主发展的新篇章。

从一款车型开始，到一个品牌的全新启动。如今的奔腾可谓完成了一次华丽转身和伟大创举。在 13 年的坚守与成长中，奔腾羽翼日渐丰满，腾空而起时已拥有了雄厚的实力与自信。未来，也必将在"进取不止"精神的指引下，再创辉煌。

在新中国成立 70 周年之际，奔腾将再次站在新时代的历史起点，开启新世界、踏上新征程、重新再出发。

中国重汽：走进新时代，与国同梦

《中国汽车报》 记者 李争光

峥嵘70载，与国同梦。

新中国成立之后，中国重型汽车集团有限公司（以下简称"中国重汽"）的前身济南汽车制造总厂便随之诞生。中国重汽始终与祖国发展风雨同舟。中国重汽经历几代人的建设，如今已长成参天大树，未来还将更加枝繁叶茂。可以说，中国重汽就是中国汽车工业发展的一个缩影、一个代表。

看历史波澜壮阔——
填补多个空白，获誉国产重型车"摇篮"

翻开尘封的历史记忆，中国重汽如歌的岁月浮现眼前。众所周知，济南汽车制造总厂1956年便开始自主研发、设计、制造汽车，参与中国汽车产业建设。

刚进入汽车制造领域，济南汽车制造总厂便决定生产重型车，并从当时的国家汽车局争取到项目。虽然正值经济困难时期，国家没有任何投资，但工厂职工凭着满腔爱国热情和造国产车的志气，仅靠简陋的设备和手工生产出了几千个零件。四年之后，即1960年，中国重汽便生产出中国第一款重型车——黄河牌JN150八吨载货汽车，结束了中国不能生产这类车型的历史。当年5月4日，毛泽东主席视察济南，参观JN150样车并给予高度评价。朱德委员长为之亲笔题写"黄河"二字。在社会主义建设初期，"黄河"汽车

责任与担当
——新中国70年汽车工业发展纪实

享誉全国，为国民经济发展和国防建设做出了重大贡献，成为中华民族自力更生、艰苦奋斗的标志性成果之一。

20世纪70年代末，中国改革开放揭开序幕，百废待兴，无论社会、经济都显示出一片盎然生机。汽车行业也是如此，特别是在生产建设和军队发展中发挥重要作用的商用车，被视为重点发展的对象之一。在改革开放春风的沐浴之下，合资风潮席卷中华。1983年，改革开放的总设计师邓小平特别强调：不但轿车可以，重型汽车也可以搞合资经营。在他的亲自关心下，中国重汽成功引进奥地利斯太尔重型汽车项目，成为国内第一家全面引进国外重型汽车整车制造技术的企业。之后，斯太尔几乎成为中国重型货车（重卡）的"代名词"。

对于中国重汽来说，2001年是具有历史意义的一年。此前，在计划经济向市场经济的转变过程中，原重汽集团由于各种原因，生产经营持续下滑，处于濒临破产的边缘。当年1月18日，中国重型汽车集团有限公司在济南召开成立大会，中国重汽获得"重生"之年。自此以后，经过十多年的发展，中国重汽成为国内外知名的重型汽车研发制造企业集团。

看今朝岁月芳华——
自主创新两不误，国际化卓有成效

回顾一路走来的风风雨雨，中国重汽的发展就是中国国企改革的缩影，跌宕起伏却又生机盎然。在重汽人看来，因为不灭的中国汽车梦在，因为振兴民族重卡的志气在，企业重获新生，从此跨入快速发展的新天地，产销规模跻身世界重卡行业前列。

2002年底，中国重汽凭借斯太尔王车型的成功，一举重新稳定了市场地位。斯太尔王对于新重汽而言是一个新的标志，意味着中国重汽在技术上占领了高地。2004年，中国重汽HOWO重卡下线，代表着中国重汽在复兴之路上稳步向前。2007年，中国重汽产销量首次突破10万辆，位居国内重卡行业第一，进入世界重卡企业排名前五位，并于当年实现香港上市。2009年，中国重汽成功实现了与德国曼公司的战略合作，引进曼公司D08、D20、D26三种型号的发动机、中卡、重卡车桥及相应整车技术，为企业长远发展奠定坚实基础。目前，中国重汽已成为我国最大的重型汽车生产基地，为我国重型汽车工业发展和国家经济建设做出了突出贡献。

从近年来的市场表现看，中国重汽始终保持在前三的位置，特别是在工程车领域一直表现优异。中国重汽方面始终认为，这得益于三大优势：第一，产品本身质量和技术过硬，针对市场需求，及时对产品进行调整，产品型谱齐全，满足各种工况需要；第二，健全和强有力的营销体系的支撑；第三，售后服务网络遍布全国，及时周到的"亲人"服务为产品背书。

始终保持技术领先、坚持自主创新，是中国重汽高速发展的核心竞争力。2015年8月16日，中国重汽科技大厦正式启用，这是我国汽车行业第一家，也是惟一一家国家级重型汽车工程技术研究中心，是山东省第一家以制造业企业为依托组建的国家级工程技术研究中心，实现了济南市组建国家级工程技术研究中心零的突破。截至2018年末，中国重汽拥有授权专利3682项，其中获国家发明专利284项。近年来，中国重汽抓住智能化、信息化发展的历史机遇，充分利用大数据、"互联网＋"等手段，创新商业模式，优化产品升级，主动应对市场形势和用户需求的变化。

在智能网联领域，中国重汽也始终走在前列。2019年4月12日，中国重汽智能网联货车在滨莱高速进行了真实高速公路场景下无人驾驶的高速编队实测。5月7日，在天津举办的推荐性国家标准《智能网联汽车自动驾驶功能测试方法及要求第三部分列队跟驰功能》公开验证试验活动中，中国重汽作为国内智能网联汽车的先行者，派出3辆汕德卡智能网联货车，全程参加列队跟驰公开验证试验，以出色的表现完成了这次公开测试。

对于节能减排的探索，中国重汽把新能源汽车作为技术创新的关键所在。

从开发天然气重卡到成立氢动能汽车创新中心、设立院士工作站，中国重汽在新旧动能转换中步伐超前。迄今为止，中国重汽混合动力客车已批量投放市场，全承载纯电动城市客车成功下线。

看未来信心百倍——
国际化不止步，新时代实现新作为

在国内市场取得优异成绩的同时，中国重汽逐梦国际市场，多年来精心布局，产品销往全球110多个国家和地区，销量连续14年位居中国重卡行业出口首位。目前，中国重汽在全球已累计出口整车超过35万辆，占据中国重卡行业出口总量的近一半，实现了"走出去"国际化战略的阶段性目标。

截至目前，中国重汽共建立了74个海外代表处和办事机构，在90多个国家发展了260多家经销商、近600个服务和配件网点，在13个国家和地区建立了18个境外KD生产工厂，在12个国家和地区建立了16个配件中心库，基本覆盖非洲、中东、中南美、中亚、俄罗斯和东南亚等国家和地区。中国重汽正在走出一条适合自身特色的国际化道路。

如今，中国重汽"SINOTRUK"品牌正以进入高端重卡市场为目标，布局未来发展。值得一提的是，中国重汽在输出产品的同时，还通过投资、合资合作及并购等形式在海外建立生产基地，实现当地化生产和销售，并制定了一系列措施适应当地文化、法制和市场变革。

如今，中国已走进新时代，实现中华民族的伟大复兴成为国人的共同梦想，中国汽车人的梦想也必将照进现实。2018年9月1日，山东重工集团党委书记谭旭光，正式担任中国重汽集团党委书记、董事长。他目标远大，希望带领中国重汽在新时代的号角下，完成新一轮的大发展。

中国重汽集团党委书记、董事长谭旭光

谭旭光不负众望,以"壮士断腕"的勇气进行了全面改革,除疾去疴,目的只有一个,就是让企业走上轻装发展的快行道。在谭旭光和集团公司领导班子带领下,中国重汽从组织架构、人事管理、创新创造等方面花大功夫、下大力气。2019 年伊始,中国重汽启动了中层干部全员公开竞聘工作,全部中层正副职岗位均需竞争上岗。不唯资历、只唯能力,凭本事说话,不拘一格降人才。目前,中国重汽改革初见成效,省市领导和社会各界都给予了积极评价,广大员工也对改革充满期待。在改革全过程中,无一人上访、无一人闹事、无一名优秀干部流失。

中国重汽将继续坚持以改革带动发展,以发展促进改革。只有改革才能解决"止血"的问题,才能打破体制机制的障碍,才能建立适宜创新创业的生态。当前,中国重汽改革成果日益凸显,正以更加坚定的信心、更加有力的措施、更加顽强的精神,向着"打造世界一流的全系列商用车集团"的目标奋勇前进。

宇通汽车:中国制造的"宇通样板"

走过 70 年风雨征程的新中国,国家发生了翻天覆地的变化,与人们息息相关的交通出行,呈现多元、智能、绿色的发展趋势。这其中,作为公共出行的重要组成部分,我国客车工业也谱写了以变革与创新为基调的精彩篇章。

习近平总书记说,新时代是奋斗者的时代。宇通,作为中国客车工业发展的见证者和参与者,在改革开放的浪潮中顺势变革,在科技革命的大势下坚持创新,成就了中国制造的"宇通样板"。

服务"两会"的宇通 T7 客车

变革力 撬动行业发展的车轮

新中国成立之初,百废待兴,特别是落后的交通运输严重阻碍了国家发展。以公路为例,当时全国能通车的公路仅 8 万公里,远不能满足国家经济建设、发展和百姓的出行需求。为改变现状,从 1953 年起,国家开始有计划地进行交通建设。在此背景下，宇通的前身——河南省交通厅郑州客车修配厂（后更名为郑州客车厂）于1963年成立，同年便成功试制了河南省首辆JT660型长途客车，填补了河南多年来不能生产公路长途客车的空白。

计划经济年代，客车企业的购、销全靠国家指标"包办"，直到20世纪80年代，改革转型的阵痛开始在各行各业蔓延，客车行业也不例外。一方面受"断奶"影响和体制制约，企业很难施展拳脚；另一方面交通运输快速发展，市场需求旺盛。矛盾中的客车行业，亟须一场变革来打破沉闷，而宇通正是那个打破者。

20世纪80年代末，宇通抓住国家改革开放的机遇，围绕产品创新和体制转型，开启了大刀阔斧的变革。

第一步是把试制车间分离出去，采用承包方式，开发一片"试验田"。终于，在20世纪90年代初，宇通抓住长途客运需求爆发的机会，推出了我国第一款自主研发的卧铺客车，开启长途客运新时代。一直到卧铺客车退出历史舞台，宇通卧铺车的市场占有率始终保持在50%以上。

对市场需求的洞察和对产品创新的执着，帮助宇通打了一个"翻身仗"，并成为宇通在今后20多年来持续制胜的"法宝"。

然而，当时的宇通并不满足于此。宇通抓住国企股份制改革的机遇，1993年率先在行业进行股份制改革，引入现代化的经营管理理念；1997年A股上市，成为客车行业第一家上市公司，并在1999年进行企业改制。

这两次变革，推动宇通驶入发展快车道。宇通依靠上市融资建成了占地1700亩、亚洲规模最大的新客车生产基地，并于1998年正式启用，当年就将产销量提升至4700辆，迅速成长为国内客车行业领军品牌。

2003年，宇通首次实现销量登顶，并持续至今。而这一成绩的取得，也为宇通走向国际舞台、拓展海外市场积攒了底气和实力。

——新中国 70 年汽车工业发展纪实

走出去，打造"中国制造"的名片

回首新中国 70 年的发展历程，"中国制造"经历了巨大变化。尤其改革开放以来，从"MADE IN CHINA"的中国符号随着商品激荡全球，到以华为、三一重工、宇通等为代表的中国品牌的异军突起，中国制造的形象在悄然改变。近年来，受益于"一带一路"倡议，以装备制造、交通运输为代表的民族制造企业不断加快"走出去"的步伐，实现了产品、技术双输出。在一众"扬帆出海"的中国企业中，宇通的表现尤为亮眼。

早在 2002 年，宇通就实现了客车出口。2006 年，宇通拿到了我国汽车行业第一张进出口免检证书。截至 2018 年，宇通累计出口客车 64287 辆，大中型客车连续 8 年全球销量领先，产品批量远销欧洲、拉美、非洲、俄罗斯、中东等 30 多个国家和地区。

在非洲，宇通已在近 50 个国家建立完善的销售服务网络，累计销量超过 15000 辆，位居中国客车出口行业第一名。除了产品输出，宇通还在当地国家建立 KD（散件组装）工厂，为当地经济多元化发展、汽车工业水平提升提供大量的技术、人才支持。

在古巴，宇通的市场占有率超过 90%，不仅带去产品，还提供涵盖交通规划、服务网络建设、车辆设计、车辆后台监控系统搭建的全套解决方案，并总结出海外拓展的"古巴模式"。而在智利，宇通纯电动客车每年能为当地减少碳排放 9700 多吨。

在环保准入更为严苛的欧洲，宇通也成为采购首选。在法国，宇通是当地最大的纯电动城间车供应商；在英国，宇通累计销售超过 410 辆；在俄罗斯，宇通销量已超 3559 辆；在寒冷北欧的丹麦、冰岛，宇通成为当地首批采购纯电动客车的品牌。一战停战 100 周年纪念日，宇通为 60 多国元首提供用车服务；2018 年俄罗斯世界杯，300 多辆宇通客车承担大部分明星球队的通勤服务；联合国气候大会上，宇通作为惟一的非欧客车品牌进行展示和推广……

宇通靠的是什么？答案是过硬的产品和用心的服务。

据了解，对于海外出口，宇通坚持"一国一策"的个性化战略：每进入一个新的海外国家，宇通都会先派技术团队对实地路况、客户使用习惯、当地法律法规进行全方位调研，以此为依据优化相应的出口车型。另外，宇通还积极通过在境外建立的配件中心、维修站，帮助当地用户及时解决问题，凭借优质的产品和服务，成功开拓海外市场，成为中国品牌一张响当当的名片。

新科技，夯实"中国智造"的底气

创新是一个民族进步的灵魂，是一个国家兴旺发达的不竭动力。新中国成立70年来，以创新为灵魂，以品质为生命，在科技创新的道路上不断追赶，为完成"中国制造"到"中国智造"而努力。而坚持脚踏实地，自主创新，一直是宇通安身立命的根本，也是宇通实现可持续发展的动力。

据了解，宇通长期坚持合理的研发投入，每年的研发费用保持在营业收入的3%～5%，建立了国家电动客车电控与安全工程技术研究中心、国家认定企业技术中心、国家认可实验室、企业博士后科研工作站、客车安全控制技术国家地方联合工程实验室等多个国家级研发创新平台，承担46项国家和省级科研项目，建立了105项国家和行业标准，拥有1927项有效专利。

在长期钻研和前瞻布局的积淀下，宇通客车的技术创新成果始终与行业的发展导向保持一致，在新能源汽车、智能网联汽车、自动驾驶等前沿科技领域，取得了令人瞩目的成就。

在新能源汽车领域，宇通掌握新能源汽车"三电"核心技术，自主研发的睿控技术及产业化项目曾荣获"国家科技进步奖"。2019年8月底，宇通成功交付第12万辆新能源客车，不仅巩固了在新能源客车领域的绝对领导地位，而且标志着中国新能源客车进入更加成熟的"新时代"。

宇通在技术创新上的又一成果是T7的问世。历经11年多轮攻关，宇通T7于2015年正式上市，一举打破了国外品牌对中高端公商务用车的垄断，并凭借高品质和良好口碑，成为全国两会、十九大、G20杭州峰会、"一带一路"高峰论坛、博鳌论坛等国内外重大会议和活动用车。

2019年5月，宇通自主研发的L4级自动驾驶巴士在郑州智慧岛开放公交线路落地试运行，并正式推出5G智能公交系统解决方案，让国人离"未来客车"的梦想更近一步。

除了自身发展，宇通还承载了推动行业升级的使命。落户宇通的国家电动客车电控与安全工程技术研究中心，定位于电动客车"电控""安全"等核心技术研发和产业化，致力于提高电动客车经济性、可靠性和安全性，助力我国汽车产业的技术升级。

事实证明，核心技术的研发和应用，有效提升了我国汽车产品的附加值，对实现汽车产业结构和产品结构的优化具有深远的意义，也是铸就中国汽车品牌的根基。而宇通身上的科技烙印和自主创新底色，更值得被铭记，这才是我国客车行业发展壮大、走向更广阔舞台的原动力。

风雨兼程70载，中国在未来的全球化浪潮中将会走得更远，以汽车工业为代表的制造业也将扮演着重要角色。以宇通为代表的中国客车品牌，亦将敏锐把握政策和行业趋势，积极投身科技创新浪潮，为打造更多享誉全球的中国品牌，戮力前行。

红岩汽车：厚重红岩，薪火相传

《中国汽车报》 记者 姚会法

我国重型载货汽车（重卡）行业曾涌现出很多品质卓越的品牌，上汽依维柯红岩商用车有限公司（以下简称"上汽红岩"）及其前身所承载的"红岩汽车"更是经久不衰。

作为有着50多年历史的民族重卡品牌，上汽红岩肩负重任，经历了艰苦创业、军民并重、跨越发展、合资壮大的发展之路，是重卡行业惟一仅存的民族重卡汽车品牌，为我国汽车工业发展、改变"缺重"局面做出了独特贡献。

2019年是新中国成立70周年。上汽红岩牢记使命、不忘初心，让人们见证了一个民族汽车品牌的崛起，也将继续秉承做大、做强民族汽车产业的历史重任。

从建厂之初到现在，上汽红岩已经历了半个多世纪的风雨历程。从专为部队生产单一军车到现在经营多个品牌商用车型，上汽红岩不忘初心，把匠心精神融入每一辆车中，以高品质重卡服务用户，才换来今天众多用户对上汽红岩的信赖。

1964年，我国第一颗原子弹爆炸成功，向世界庄严宣告：中国人民依靠自己的力量，掌握了原子弹技术，打破了超级大国的核垄断。刚刚起步的中国汽车工业，无国产重型军用汽车，炮兵部队所需牵引车、重型越野车几乎是一片空白。

面临着"有炮无车"的困境，为了国防建设的需要，中国人民解放军总参谋部提出设计、制造重型越野汽车的要求。1965年,在周恩来总理关心下,我国第一个重型军用越野汽车生产基地四川汽车制造厂(上汽红岩前身)破土动工。1966年2月,西南三线建设指挥部副主任彭德怀来厂视察,为产品品牌命名"红岩"。

红岩CQ260越野车样车

1966年,依照引进的法国贝利埃GCH重型军用越野车技术生产的两辆CQ260越野车样车在綦江汽配厂试制装配下线,标志着我国重型越野车从此诞生。

1968年10月,在极端困难的情况下,四川汽车制造厂完成了国家下达的试制三辆红岩CQ362P型导弹装配车底盘任务,为国防建设做出了贡献。

1975年1月,上汽红岩成功制造CQ372型25吨矿用自卸车。1977年,四川汽车制造厂又试制出两辆红岩CQ470型25吨矿用井下铰接车。

在1965年至1978年期间,四川汽车制造厂在引进、消化、吸收法国贝利埃军车技术的基础上,先后试制出6种车型,红岩CQ260、红岩CQ261汽车相继实现批量生产,主要用于军用装备,之后又相继试制出导弹装配车底盘、自卸车、65吨汽车吊底盘等国防和经济建设急需车辆,构成了我国第一代重型军用装备主力,为我国国防事业做出不可抹灭的贡献。

尤为值得一提的是,在对越自卫反击战中,红岩军车立下了汗马功劳,红岩CQ261更是获得了"红岩神炮"的赞誉，彰显了红岩军车在战场上的赫赫威名。

从1965年建厂至今，上汽红岩铸就了卓越品质。

2019年8月，上汽红岩护航的"2019时光博物馆"巡展活动在全国各地举行，上汽红岩以两辆特型改装大篷车为主体形态，双层双扩容结构搭配馆内陈列，结合"时光走廊""时光照相馆""岁月供销社""音乐年代秀"等趣味互动形式，为人们打造了一条充满回忆的"时光之路"。

上汽红岩为"时光博物馆"护航，传承着发展民族重卡的重任。

南京依维柯：敬畏市场，进中求稳，用企业文化铸造铁军

《中国汽车报》 记者 马 鑫

在南京依维柯桥林基地的办公室，记者见到了南京依维柯汽车有限公司党委书记季国荣。在受访时，他沉着，颇有儒将之风。行业销量数据下滑，反映市场需求发生变化。和销量相比，谁能够准确把握未来的方向，谁才能胜出。

南京依维柯汽车有限公司党委书记 季国荣

在发展中解决问题

"市场上各方喜欢用'稳中求进'来描述应对行业下行的方案。但是，我们认为，越是在行业环境艰难的时候，越要重视发展，应在不断前进中实现'稳'，一味求稳是稳不住的。"季国荣表示，"'进'就是要求发展，从商业逻辑来讲，发展归根结底还是要体现在对客户与市场需求更准确的把握，对客户更加尊重，对市场更加敬畏。"然而，立足现实发掘需求，谈何容易。

"从用户需求这个基本点出发，我们要深耕细作现有市场，解决用户痛

点、增加用户的兴奋点，建立南京依维柯的核心竞争优势。"季国荣解释道，"解决好痛点，我们既要围绕前代产品来挖掘，还要倾听用户对于竞品的评论，这些都是我们改进产品的有效办法。"

带着这样的观点对行业进行判断，南京依维柯的解读有自己独到之处。"我们认为，宽体轻客这样的专业商用车市场呈现了两极分化的趋势。"季国荣告诉记者，"部分消费者的需求愈发专业，向高端化发展；部分零售用户对性价比的追求更极端。"

企业文化与市场紧密结合

"企业文化理念体系是中国优秀传统文化与现代企业管理的结合，符合新发展理念。我们的企业文化一定是与业务、市场紧密结合的。"季国荣非常自豪，"对外，企业文化是我们公司品牌和产品品牌的展示，展现南京依维柯'负责任、受尊敬、有活力、开拓创新'的公司形象，展现依维柯'底蕴深厚、值得信赖、持续创新'的专业化国际品牌形象。对内，我们把文化作为引领，打造一支'具有共同价值观、奋斗精神、工匠精神和专业能力'的团队，整体形成全员营销的概念。"

顾客导向、勇于担当、挑战卓越、协同高效、崇尚人本、开放共赢是南京依维柯的企业价值观。季国荣说："六大价值观，既是企业文化，又是我们业务工作的抓手。我们一直强调战略、组织、体系、流程和文化的'五位一体'，不断实践。"

铁军与企业同频共振

南京依维柯有"创业、创新、创优、创名牌"的优秀基因。"四创"精神支撑鼓舞着这支队伍走过了引进合作、合资共赢两个重要历史阶段。伴随着桥林基地建成投产,南京依维柯又进入转型升级阶段,新时代也对队伍有了全新要求。

基于企业文化的价值观团队培育创建,成为新时代建设过硬团队的有效途径。"和以往简单的年底评优不同,我们认为,'价值观之星''价值观团队'的荣誉不应该是最后的呈现,培育、争创、评选才是完整链条,才能创造和发挥其最大价值。各部门每个月都会基于培育进行评选部门级的价值观之星,年底进行公司级评选。这是非常激烈的竞争。"

南京依维柯内部的最美工匠、创新工作室等培育、争创、评选同样基于类似的逻辑。"任何企业文化,都要围绕企业员工,要落实到组织、流程,落实到员工身上。员工有成长,企业有希望。"季国荣表示。在这样的背景下,以全国劳动模范、全国技术能手雍宁为代表的大批专业人才为企业攻坚破难,省级技能大师工作室更是协同四大工艺整体创新,横向整合。壮大的人才队伍成为企业在行业逆境中不断突围的核心力量。老"四创"精神与全新企业文化激荡砥砺,形成了南京依维柯新的文化基因,也成为这支铁军新的精神内核。

北京越野：引领"硬核国潮"

张国富/口述 ‖ 韩冬/采写

70年前，刚刚诞生的新中国百废待兴，在军用越野车领域还只能依赖进口车满足军队装备建设需求，生产自己的军用越野车迫在眉睫。北汽制造厂从零开始，担负起了制造部队装备用车的重任，先后试制BJ210、BJ211、BJ212型越野车。从那时起，这种精神和经历就奠定了北汽越野车敢想、敢拼、敢突破的"初始设定"。

60多年来，北京越野始终践行"打造中国越野车第一品牌"的品牌愿景。截至目前，北京越野已连续25个月蝉联中国越野车细分市场销量冠军，以"专业越野车制造工厂"铸就的军工品质与强大越野产品力，为新中国成立70周年献礼。

北汽集团越野车有限公司常务副总经理　张国富

责任与担当
——新中国 70 年汽车工业发展纪实

60 年恢宏底蕴

中国汽车市场从无到有，到如今的不断创新，已经成为世界汽车制造大国。北汽越野车作为中国汽车工业发展的参与者与见证者，从 1960 年首款北京 BJ210 亮相，到 1966 年第一辆北京 BJ212 正式投产，再到如今的北京 BJ40、北京 BJ80 等民用车型，北京越野凭借其背后的厚重历史、强悍性能，不断吸引着越来越多的消费者。对于中国人来说，北京越野是一种情怀、信仰和骄傲。

北汽越野车从担纲国家级重大阅兵，到环塔拉力赛夺冠，再到参与维和任务，北汽集团越野车有限公司常务副总经理张国富认为，北京越野之所以能够扛起自主硬派越野车的大旗，其军工品质的历史传承与口碑是最关键因素。为做好军用、民用越野车产品，北汽 2013 年开始建设越野车基地，2015 年开始投入运营，生产军用、民用越野车。

一体化运营开启新篇章

2019 年伊始，北汽集团越野车有限公司正式揭牌成立，以一体化运营全面开启了"北京越野"全新的时代征程。在张国富看来，北汽越野车以世家级研发积淀、世家级制造实力、世家级品牌坚守，凭借智能化的工厂和高质量的管理体系，打造出一系列明星级产品。主力车型北京 BJ40 系列长期雄踞中国品牌越野车细分市场销量榜首，市场占有率已达 60%，可以说北京品牌越野车已经成长为细分市场自主品牌排名第一、知名度和口碑第一的品牌，具备独立运营的发展条件。

正是出于对产品力的自信，促使北汽提出要强化越野车这一战略构想，让北汽越野车实现了一体化运营的调整。如今，完成一体化运营改造的北汽越野车，打通了研发、采购、制造、品牌、销售全价值链体系，保证了从上端策略到终端策略到终端执行的整齐划一,保证了"北京越野"品牌各节点的有力整合,开启了北京越野发展的新篇章。

打造越野车第一品牌

一体化运营让北汽越野车更具活力、更有效率,决策链更短,在听到市场一线的声音后能快速做出反应,以便更加贴近消费者。北汽越野车独立运营半年多来,提升效果显著。

北汽越野车还将一步一个脚印地稳步前行,未来还将继续基于平台化开发,持续完善包含北京 BJ40 系列以及北京 BJ80 系列在内的"2-4-6-8"硬派纯越野产品序列,和强调车辆的城市使用价值和舒适性的"3-5-7-9""泛越野"产品序列,同时开辟越野皮卡新产品,推出全新 F 系列专业越野皮卡车型。

此外,我们将依托国内首个越野车研究院,北京越野将围绕全球顶尖、前沿专业化科技开展创新突破。未来北京越野将继续巩固已有的发展优势,并结合客户需求和越野文化的发展,以全新的品牌形象、全新的产品阵容、全新的营销理念,打造"中国越野车第一品牌",以全新的"硬核国潮"形象,进入北京越野发展新阶段。

金龙客车：以变革促发展，国内海外花开并蒂

《中国汽车报》记者 马 鑫

2019年8月初，金龙汽车发布的产销数据快报显示，7月，集团产量同比增长16.2%，销量却有所下滑。前7个月累计产销量同比均有所下滑。据中国汽车工业协会提供的数据，2019年前7个月，我国客车累计产销量同比下降7%、3.9%，金龙汽车面临的状况颇具行业代表性。作为金龙系的长子，金龙客车早已意识到这种下行格局，并且已经拿出了应对方案。

改变自己，适应市场

"如果我们从行业整体角度判断，1998年前后开启了中国客车行业黄金十年，2008年前后能称之为'白银十年'，那么，我们现在所处的行业完全不同了。从2018年开始，行业出现了非常明显的转向趋势。"作为金龙客车国内市场的掌门人，国内营销总监谭鸿迅对行业整体的判断客观、冷静。他直言："我们改变不了市场，就要改变自己！"

舟山金龙公交客车

谭鸿迅的态度实际上是金龙客车对行业变化的积极应对之道。现阶段的客车行业所受冲击来自多方面，无论是高铁、航空给传统客运带来的业态冲击，还是新兴企业的冲击，压力已经传导给各个企业。怨天尤人无助发展，惟有变革，方能笑傲下一场竞争。对内，抓好自己产品品质，提升产品开拓能力，从多角度深化内功。对外，清晰认识市场，包括积极回应最后一公里通勤需要或应对城乡客运公交化的增量需求。金龙客车销售变化异常迅速。在应对市场环境变化中，团队改造也很受人关注。

"技术研发团队前置，是我们在营销领域的重要变化。"谭鸿迅说，"客车行业以往的营销手法相对比较简单。随着客户需求的专业化、个性化增强，未来的发展方向一定是营销人员向专业化、专家化方向发展。在现实中，把营销团队的成员全部变成技术专家并不现实，我们就把技术研发团队向前推，直接推到售前的需求沟通环节。"舟山公交是谭鸿迅比较满意的一个案例。舟山公交对车辆运营管理方面有一定难处。捕捉到这一需求后，技术团队从售前就深度融合到舟山公交的运营团队中进行细致了解，利用金龙客车的云智慧管理平台，为舟山公交开发了运营管理调度系统，满足了客户需求。这就帮助金龙客车实现产品销售，提升产品附加值，也为日后的销售成功埋下了伏笔。

"这样的例子还有不少。"谭鸿迅讲起来非常自豪。

既要市场化，又要前瞻性

舟山公交的成功也让金龙客车的技术团队有自己的感慨。"金龙客车有很多自己非常有优势的技术领域。比如，我们在造型能力方面，龙威两代产品成功非常显著。比如，我们对于轻量化技术的积累，在被动安全技术方面的引领，对 CAE 团队、NVH 领域的投入，在汽车电子领域的开发。这些都是支撑我们既有产品成功的重要因素。"金龙客车工程研究院院长苏亮告诉记者，技术是更好的服务客户的手段，金龙客车意识到了技术的先驱和领导，一定和客户的需求结合起来，才能有强大生命力，"与舟山公交的合作正是如此。我们从自己构建的系统中逐渐衍生出车联网的生态，通过产品协同，满足了客户的能耗考核、司机调度、故障报修、维修保养、配件储备等一系列需求，形成了一整套解决方案。这在整个行业都是首创。"

让苏亮底气十足的是金龙客车对技术研发的一种态度，领先务实，既没有那种近乎癫狂的偏执，又不吝惜在前沿方向重金投入。

"在智能驾驶领域，L4级别的阿波龙已经量产一周年了。我们一直在沿着智能化、网联化并驾齐驱的路线探索前进，在重庆、上海等地拿到了测试牌照，在我们自己搭建的测试平台上也进行了几十万公里的测试。比如，在氢燃料电池方面，作为加拿大巴拉德的国内首个签约专项，我们已经合作展开了三代产品的装车试验，并在福州开始了商业示范应用。"对于新技术，金龙客车丝毫不保守，苏亮所代表的金龙客车技术团队也极为务实，"对于新技术的探索，我们还是更多着力于安全性和给客户带来运营效率的提升。"

"厦门公交的BRT项目刚好是一例。虽然5G的商用尚未铺开，国家在智能网联汽车方面的标准并未完善，但是，我们已经对现有成果进行转化，让用户感受到实实在在的提升。"苏亮表示，"利用在车联网方面的前期积累，我们开始沿公交线路进行基站和传感设备的布局，延伸了单车智能化，实现一定程度上的车路协同。"

"车辆与信号灯之间的调度衔接提升了通行效率。停靠站台时，车门与站台屏蔽门的自动驳接，降低了司机的劳动强度。这些都让客户真正感受到技术进步带来的成果。"谭鸿迅认为，"我们与客户共同建立起的这种基于技术领先的智能交通范例，具有极大的示范效应，厦门公交智能网联BRT还在进行调试运行的时候，就有贵阳、沈阳等各地的客户来咨询、观摩。"

国内开花香全球

如果说深入发掘客户需求、及时适应行业变化、利用先进技术提升客户体验，成就了金龙客车的国内市场，那么，作为中国客车业开拓海外市场的先驱，金龙客车在客车行业出海逐渐热闹的今天，更是把自己的海外战略打造出特色。2019年前7个月，金龙客车完成大中型客车出口1958辆，占国内同类车型整体出口的12.59%；轻型客车产品出口5078辆，占比达到19.7%。

"保存量，争增量。这是我们的基本策略。"海外营销副总监丁明彬直率地告诉记者。在国内行业环境逐渐趋冷的今天，越来越多的企业关注海外市场。海外市场竞争，通常在国内企业之间进行。如何保住自己的优势市场？

"7月15日，170辆天然气公交车启程奔赴墨西哥。这是2019年以来中国客车向拉美地区出口的最大批量订单，也是金龙客车首次向墨西哥出口车辆，到达当地后投入墨西哥克雷塔罗市运行，提升当地绿色交通水平。我们的出口产品，往往考虑到当地的风俗习惯、气候、地形等，做出诸多特别设计。比如在非洲市场，我们为适应当地颠簸不平的路况而提高客车底盘等。"丁明彬说。

"以前，很大一部分海外市场由国内成熟的原型车进行开发。这样的做法已经明显不能适应海外客户需求，海外客户对我们的期望值更高了。"丁明彬认为，金龙客车出海，从走出去到走进去非常重要，"所以，我们推进了几个系统性的变革。首先，成立了专门面向海外市场的产品企划机构。这一机构专门根据海外市场的需求进行市场分析，而且是以公司层面的资源量级来进行投入。其次，技术团队长时间深入客户进行前期调研与反馈收集工作，比如，去年我们涵盖各专业领域的技术团队，在沙特市场整整用了20天来做相关工作。我们还推出了保姆式售后服务，彻底解决客户的后顾之忧。"

面对来自国内同行的竞争，金龙客车没有以价换量，反倒是在提升议价能力上做起了文章。从给海外客户做机务解决方案到在优势市场上帮助客户建立培训学校、成立合资配件公司。金龙客车守住了沙特等优势市场，更开拓了墨西哥等美洲、非洲新兴海外市场。

"当前，我们海外市场的贡献率已超过40%，希望在未来能实现更大突破。"丁明彬告诉记者，"这样，我们的海外市场与国内市场将会达到一个健康、均衡的状态。"

一汽－大众：二十八载初心不改，再启新篇

《中国汽车报》 记者　施芸芸

2019年是新中国成立70周年，作为我国第一家按经济规模起步建设的现代化乘用车企业，一汽－大众也迎来了28岁的生日。自1991年成立以来，乘着中国汽车市场发展的巨浪，沐浴着我国改革开放的春风，一汽－大众始终以领跑者的姿态，站在汽车行业发展的最前列。2019年上半年，一汽－大众以96.25万辆（包含奥迪进口车）的销售成绩，稳稳坐在了乘用车企的首位。在这个全球竞争最激烈、发展日新月异、变化超乎想象的市场中，一汽－大众是如何打造出这辆攻无不克、战无不胜的"实力战车"？

首先是产品序列的不断完善。从建厂当初的一个品牌一款产品，发展到现在的大众、奥迪、捷达三大品牌覆盖A、B、C级的全系列产品，一汽－大众始终坚持将"创·享高品质"作为企业的核心品牌发展理念，提升全价值链用户体验，致力于为每一位用户提供值得信赖的高品质汽车。在最新公布的2019年中国汽车用户满意度测评（CACSI）结果中，一汽－大众一举揽获八项冠军。

其次是领先的生产制造体系。自1996年长春轿车一厂正式投产以来,一汽-大众以开放的格局、态度和行动,实现了从引进合资到战略合作布局的步步深入,目前已经形成东北长春、西南成都、华南佛山、华东青岛和华北天津这五大基地全国战略布局。

最重要的是,一汽-大众立足中国、扎根中国,在实现自身快速发展的同时,成功地带动了上下游产业链共同发展,培养了一批包括济南第二机床集团、福耀集团以及中信戴卡轮毂公司在内的符合国际级标准的供应商;在自主研发和创新能力方面,一汽-大众建立了造型试验车间、台架试验中心、造型与虚拟现实中心、车辆安全中心试制中心及多个功能试验室,不断引领国内汽车产业的技术发展和进步;一汽-大众还为汽车行业培养输送了一批批活跃在汽车产业发展舞台上的骨干人才,其中不乏零部件企业和整车企业的掌门人。一汽-大众的探索和实践,为中国汽车产业从小到大、从弱到强的成长,提供了宝贵经验。

28年风雨兼程、28年砥砺前行。站在中华人民共和国成立70周年的新起点上,一汽-大众必将继续坚持"创·享高品质"的品牌理念,肩负"造价值经典汽车,促人、车、社会和谐"的品牌使命,继续书写新的绚丽篇章。

上汽大众：35 年砥砺奋进，与中国现代汽车工业共同前行

2019 年，新中国迎来成立 70 周年的重要时刻。70 年来，中国实现了从"赶上时代"到"引领时代"的跨越。70 年来，中国汽车产业也从白手起家，发展为如今全球产销量第一的汽车市场。上汽大众作为国内历史最悠久的汽车合资企业，35 年来与中国现代汽车工业共同前行，成为中国改革开放、接轨世界、合作共赢的成功典范。

35 年来，上汽大众乘着改革开放的春风，在探索合资经营的道路上，迎难而上，走出了一条独特的利用外资、引进技术、滚动发展的道路，为中国汽车工业在 20 世纪 90 年代中后期的快速发展，提供了崭新的发展理念和成功的实践模式。在扩大自身生产规模的同时，上汽大众开展了振兴中国轿车零部件工业的桑塔纳轿车国产化工作。

上汽大众系列车型

持续进化升级，树立高品质口碑

在产品布局方面，上汽大众深入调研用户需求，在各个时代推出满足消费者用车需求的产品。20世纪90年代，桑塔纳成为第一代"国民家轿"；2005年，帕萨特·领驭推出，将德国大众设计理念与中国市场需求相结合；2008年，朗逸问世，为中国消费者带来首款"量身打造"的德系高品质轿车，累计销量已突破435万辆；2010年，途观上市，引领国内SUV市场的德系风潮；2016年，辉昂上市，成为大众品牌继辉腾之后全新旗舰车型。此外，Polo、凌渡、途安，以及斯柯达品牌明锐、速派等都成为市场主力产品。

在技术研发方面，上汽大众已经具备了内外造型、前期开发、车身开发、发动机、底盘和电子电气集成开发，及整车试制试验的自主开发能力，将德系品质与中国消费需求充分结合，打造一款款领先时代的高价值产品。

在营销服务方面，经过35年的积淀，上汽大众建立了超过2000家大众品牌和斯柯达品牌营销服务网点，覆盖全国320多个城市，为全国各地消费者提供专业、便捷的服务。在国内汽车行业市场下行与产业转型的双重压力下，用户满意度成为产品及服务口碑的试金石，也是车企保持高质量发展的最好例证。

深化"共创2025"战略，引领未来出行

当前，电动化、智能网联化成为汽车产业发展的必然趋势，个人出行正处于变革之际。作为国内历史最悠久的汽车合资企业之一，上汽大众正积极参与到这一变革中，依托股东双方的优势资源，在新业务领域持续开展探索和实践。

新能源市场，基于口碑产品打造的"混动+纯电"组合，推出后迅速占领合资新能源市场销量榜首，为上汽大众在新能源产品导入阶段积累了市场

高度认可。2018年上市的途观 L 插电式混合动力版和帕萨特插电式混合动力版领跑合资 PHEV（插电式混合动力汽车）市场。2019年，首款纯电动产品朗逸纯电上市，以领先的"德系三电技术"为新能源汽车市场树立了安全新标杆。

与此同时，上汽大众聚焦消费者不断升级的数字化生活方式，持续探索建立面向未来的销售和售后服务网络，引领中国汽车新零售领域的发展潮流。上汽大众致力于对智能网联、自动驾驶领域开展新技术探索。2019年6月，上汽大众正式获得上海市智能网联汽车道路测试牌照。

中国汽车产业由弱至强的发展历程是新中国成立70年来历经风雨、走向复兴的一个缩影。上汽大众作为中德精诚合作的典范，见证了中国改革开放的历史进程，推动了国内汽车产业的进一步发展，也陪伴中国消费者走过了35个年头。未来，上汽大众将以打造"值得信赖、最具价值、富有创新精神"的汽车合资企业为愿景，继续为中国消费者提供富有情感、高价值、操作便捷的产品和服务，为消费者绘制属于未来的出行蓝图。

华晨宝马：与时偕行，践行本土化战略

自2003年成立至今，华晨宝马一直坚持本土化战略，与众多本土供应商建立了互信、共赢的伙伴关系，推动了中国汽车产业的发展，对于振兴东北老工业基地做出了巨大贡献。华晨宝马汽车有限公司总裁兼首席执行官魏岚德博士在新中国成立70周年获得中国政府友谊奖，表明了中国政府对魏岚德博士及其所代表的华晨宝马有限公司的高度认可与褒奖。

深耕中国市场，践行本土化承诺

出于对中国市场的充分信心与持续承诺，华晨宝马在华的本土化足迹越来越深，走得越来越稳。华晨宝马汽车有限公司成立于2003年5月，是宝马集团和华晨汽车集团控股有限公司共同设立的合资企业，业务涵盖宝马（BMW）品牌汽车在中国的生产、销售和售后服务。

2018年，在华晨宝马成立15周年之际，宝马集团和华晨汽车集团联合宣布，股东双方将延长华晨宝马的合资协议至2040年（从2018年至2040年），进一步深化双方的成功合作。与此同时，对华晨宝马的投资将增加30亿欧元，用于未来几年沈阳生产基地的改扩建项目。

华晨宝马汽车有限公司正全面践行本地化承诺，迎来公司历史上新一轮发展。4月26日，华晨宝马产品升级项目（大东厂区）奠基仪式在沈阳顺利举行，全面开启企业面向未来高质量发展的全新篇章。通过此次升级，华晨

宝马将实现大东工厂生产设施的升级改造和沈阳生产基地制造能力的进一步提升。项目计划于2022年完成并实现投产。从2020年开始，华晨宝马将生产宝马iX3——宝马首款纯电动核心车型。它将只在沈阳生产，并出口到全球市场。

华晨宝马授予5家优秀供应商质量卓越奖

华晨宝马的成立和快速发展为沈阳乃至辽宁地区经济振兴发展做出巨大贡献。目前，华晨宝马在沈阳拥有铁西和大东两座整车工厂，一家动力总成工厂和一家发动机工厂，是宝马目前全球规模最大的生产基地。2018年，华晨宝马纳税总额310亿元，连续13年成为沈阳最大纳税企业，并为当地提供了1.9万个优质岗位，大力推动沈阳经济发展。

携手本土供应商，推动中国汽车产业链发展

近年来，中国汽车产业链迎来深刻变革，垂直整合进程加速，研发能力日趋增强。与此同时，宏观经济承压、汽车行业失速、大国贸易摩擦等负面因素层出不穷。在此背景下，本土供应商唯有不断提升产品质量，增强生产实力才能在激烈竞争中争得一席之地。

在与本土供应商合作时，华晨宝马坚持"引进来"与"走出去"并举。一方面，华晨宝马吸引全球领先的汽车零部件供应商来华投资建厂。这些企

业在扩大中国生产基地规模，提供新就业机会的同事，引入世界先进技术，推动中国汽车制造水平的全面提升。另一方面，华晨宝马乐于将优秀的中国本土供应商，例如宁德时代，引入宝马集团全球供应商网络，帮助供应商实现在全球市场的稳健布局。

截至2018年，华晨宝马在中国有378家本土零部件供应商，其中88家位于辽宁省，68家位于沈阳市，仅沈阳一地的采购额即达到259亿元，占企业采购总额的60%。2019年6月，在华晨宝马建议下，沈阳市政府还成立了中德（沈阳）高端装备制造创新委员会，进一步推动中国制造业的高质量发展，促进中国老工业基地特别是东北地区的转型升级。

作为中国先进的高档汽车制造商之一，华晨宝马未来将继续坚持高质量发展。当前，华晨宝马已经将愿景扩大为"在中国、为中国、为世界"，力图为消费者提供更多技术先进的产品。作为负责任的企业公民，华晨宝马致力于人才培养、创造就业，促进沈阳、辽宁乃至中国东北的经济繁荣。

北京现代：磨砺与挑战中成长的十七载

新中国的汽车工业与共和国共命运，从无到有、从小到大，从诞生、成长到成熟，历经半个多世纪的风雨兼程，中国人的汽车梦一步步成为现实。2002 年进入中国市场的北京现代，紧跟时代步伐、牢抓发展机遇，用执着与梦想、果敢与智慧在中国汽车工业发展的画卷上留下了浓墨重彩的一笔。

十七年砥砺前行，与中国汽车工业共成长

作为中国加入世界贸易组织（WTO）后首个获批成立的合资车企，北京现代一直与中国汽车工业同风雨、共成长。从单一工厂生产运营，到如今形成京、冀、渝三地生产布局；从最初的单一车型，到现在包括各级别轿车、SUV，以及多动力类型新能源产品的完善产品矩阵；用户数量从 1 位，倍增至如今突破 1000 万。十七年的时间，北京现代已经发展成为当今中国乘用车市场中的一家"现象级"合资车企。

十七年的成长中，挑战与压力始终伴随北京现代。在成立不到两年时间之际，北京现代就遭遇了 2004 年的国内车市寒流，但北京现代没有因此惶恐不安，较早经历磨难和考验，反而让北京现代在后续发展中对市场更具敬畏心。2008 年金融危机肆虐全球，在一片唱衰声中，北京现代逆势保持强劲的高速增长，一跃成为国内合资车企阵营中的佼佼者。来到 2017 年，受市场、政策、竞争等因素的影响，北京现代在中国市场出现了首次销量滑坡，面对

困局,北京现代步步为营、低调有序地进行了产品和技术焕新,按计划顺利完成第 1000 万辆产品下线,达成了北京现代发展历程中的又一重大里程碑。

紧随国家战略步伐,助力京津冀协同发展

响应国家号召,乘着政策东风,作为首都高端制造业的代表,北京现代将自身转型发展战略与"京津冀协同发展"国家战略相结合,于 2015 年 4 月在河北沧州开工建设北京现代第四座工厂,率先扛起了京津冀产业协同的大旗。

2016 年 10 月,仅仅经过 18.5 个月的建设,投资 120 亿元的北京现代沧州工厂正式竣工量产,因其投资规模、产业带动作用、智能化程度被誉为"京津冀协同发展国家战略提出以来,河北省引进的规模最大、质量最高的制造业项目"。

沧州工厂投产三年来,产销规模和纳税额实现了三级跳。2016—2018 年,沧州工厂年产销量分别为 4.15 万辆、9.8 万辆、17.4 万辆;而同期纳税额涨幅更加可观,分别为 1.4 亿元、2.7 亿元、8.3 亿元。2017－2018 年,沧州市汽车及相关产业实现增加值分别增长 21%、44.5%。从数据来看,沧州工厂不仅在产销上对北京现代发展提供了有力支撑,更为沧州当地经济振兴输入了强劲动力,成为京津冀协同发展产业典范项目之一。

以技术为核心驱动力,续写时代新篇章

面对 2019 年持续低迷的市场环境,北京现代集中推出第四代胜达、领动插电混动、新一代 ix25、昂希诺纯电动等 6 款新品,丰富产品矩阵;同时,依托现代汽车强大的技术背书在智能、网联等领域全面布局,指纹识别技术、L2 自动驾驶技术、百度智能网联 3.0 系统等领先科技相继搭载。在品牌建设

方面,北京现代尝试了"现代嘉年华""悦享出行"等互动式体验营销,实现与用户的场景化沟通。另外,广州车展期间,北京现代发布了全新的技术品牌"SMART+战略",旨在为用户打造更清洁、更智慧、更便捷的出行解决方案。通过多维度积极有效的战略调整,北京现代在车市寒冬中,靠实力赢得了用户口碑,获得了稳定的市场表现。

站在"千万+"时代的新起点展望未来,北京现代将继续依托现代汽车在新能源、智能化、无人驾驶等领域的前瞻优势,加速新技术的导入和应用,围绕产品、技术、品牌三层架构全面发力,在汽车产业新四化浪潮风起云涌的市场格局下,为北京现代描绘技术底色,为消费者创造前沿体验,重塑北京现代的新价值、新形象、新实力。

上汽通用：连续 15 年"中国最受尊敬企业"获得者

上汽通用汽车成立于 1997 年，是国内最早的汽车合资企业之一。22 年来，上汽通用汽车坚持经济效益与社会效益并重，在发展经济效益的同时，积极践行企业社会责任。在为消费者带来创新的产品与服务的同时，全力支持文化、教育、环保、人才培养、体育事业，并参与赈灾、扶贫、助残项目，不断完善公益慈善管理体系，成功打造了包括"绿动未来"环保公益平台、"雪佛兰红粉笔教育计划"、"ASEP 汽车维修服务技能校企合作项目"、凯迪拉克"小胡杨计划"等多个公益平台和项目，赢得了社会各界的广泛认可和高度肯定。

2019 年，上汽通用汽车前瞻消费升级和产业升级趋势，全面聚焦"电动化、智能化、网联化、共享化"，坚持高质量发展。在产品技术方面，上汽通用汽车坚持不断提升传统内燃机效率与大力发展新能源技术"两条腿走路"。加速推进 Smart Propulsion 智驱科技，别克、雪佛兰和凯迪拉克三大品牌大规模引入通用汽车全新一代驱动系统。该系统包括拥有 2.0T、1.3T 及 1.0T 多款衍生排量的第八代 Ecotec 发动机系列，以及全新 CVT 无级变速器和新一代 9 速/10 速智能变速器，全面满足国六 b 排放标准，燃油经济性大幅提升并拥有全工况下的高效动力输出，为消费者带来"更性能、更智能、更节能、更环保"的用车新体验。在新能源汽车技术领域，上汽通用汽车不断深化布局。2020 年至 2024 年，在电气化领域的投入预计高达 300 亿元，并将推出 9 款以上插电/纯电动车以及多款强混车型，覆盖轿车、SUV 和豪华 SUV 等多个细分市场。与此同时，上汽通用汽车聚焦用户体验，不断刷新行业服务标准。

作为绿色科技的先行者，上汽通用汽车以"发展绿色产品"为核心、以"打造绿色体系"为基础、以"承揽绿色责任"为社会实践，积极推进企业绿色发展战略。通过在新能源汽车及绿色节能技术上的不断创新突破，引领绿色智慧制造，持续降低单车能耗、水耗及废水排放，并充分发挥龙头企业的榜样和辐射作用，积极带动产业链全面"绿化"，通过节能减排、降耗增效，共同推动中国汽车工业实现高质量、可持续发展。

成立22年以来，上汽通用汽车始终秉承"诚信正直、回报社会"的企业文化和价值观，追求经济效益与社会效益的均衡发展，全力支持各项文化、教育、环保、人才培养、体育事业，并参与赈灾、扶贫、助残项目。

截至目前，上汽通用汽车已连续15年荣获"中国最受尊敬企业"殊荣、连续11次荣登"中国企业社会责任榜"、连续10年捧获"中国杰出雇主"奖项，充分彰显了上汽通用汽车积极承揽企业社会责任，坚持人、车、社会和谐发展，努力实现社会价值最大化的优秀企业公民形象。

第五部分

数说《中国汽车报》社 35 年发展历程

《中国汽车报》发展历程简述

张健 / 文 || 陈文 张强 / 数据支持

伴随着祖国 70 年的成长，《中国汽车报》也经历了 35 年的风风雨雨，在这历经坎坷又砥砺奋进的 35 年里，《中国汽车报》的报道一直追随着祖国的发展脚步，为中国汽车行业的发展记下了一笔又一笔的"浓墨重彩"，为中国人走上汽车大国乃至汽车强国的道路"奋笔疾书"。通过对《中国汽车报》35 年报道的大数据追踪，可以见到《中国汽车报》的一个个"深深的足迹"。

1983—1989 汽车报初创

1983 年是《中国汽车报》孕育的一年，从批准发行到发行试刊，《中国汽车报》的雏形"呱呱坠地"，当年共有 5 期试刊发行。

终于，在建国 35 周年来临的这一年，《中国汽车报》于 1984 年 1 月 7 日在长春正式出版发行，当时为旬刊，对开 4 版，黑白印刷。

《中国汽车报》的出版发行恰好同步了中国汽车工业改革开放的步伐，是中国汽车工业进一步发展的"同路人"。

从 1985 年开始，《中国汽车报》改为每周一期，进一步加快了汽车行业报道的频率和密度。

1990—1999 变化中成长

这段时间内,《中国汽车报》迎来了改革开放的新机遇,国内国际汽车行业飞速发展,尤其是随着苏联解体东欧剧变,国际形势为汽车工业的跨越式发展提供了良好的环境,《中国汽车报》顺应时代发展,进一步加大了对汽车行业报道的力度。

1991 年开始,发行密度加大到每周两期,周三、周六出版;1993 年开始,进一步加大发行力度,每周三期,周一、周三、周五出版;1995 年开始,又进一步加大发行力度,每周四期,周一、周三、周五、周日出版;到 1997 年,再一次加大发行力度,每周五期,从周一到周五,每天一期,达到了发行密度的最高峰;同时每期的版面也随着内容的不同,在四版、八版、十二版之间变化。

2000—2009 改革与快速发展

进入 21 世纪,中国面临着进入 WTO 的考验,同样汽车工业的发展也在面临着巨大的机遇和挑战,缩短世界汽车行业差距,建设汽车大国、汽车强国的步伐不断加快。

《中国汽车报》为了"与时俱进",同样进行了改革。2003 年,《中国汽车报》由每周五期,每期版面视内容变化(四、八、二十四版),统一更改为每周一期,每周二出版,每期 36 个版,报纸规格变为当时流行的财经类报纸的瘦报型,彩色印刷。从 2004 年 9 月 13 日开始,《中国汽车报》出版日期为满足读者需求,由原来的周二出版改为周一出版,并一直延续至今。2007 年,《中国汽车报》再一次进行了大改版,由原来的 36 版瘦型大报改为四开、全轻涂纸彩色印刷,每周一期,周一出版,每期 64 个版的小报版本。

2010—2019 逐步成熟与创新

2010年至今，《中国汽车报》顺应时代的发展，报社转企改制完成，报网融合及全媒体改革逐步深入，《中国汽车报》的报道版面和报道文字量稳定上升，展现了日趋成熟的发展现状和日益创新的发展前景。

为了适应新时代全媒体报道的变化，从2017年2月13日起，《中国汽车报》报道版面变为每期56版，出版周期未变；报道内容得到了浓缩和提炼，同时在全媒体报道方面有了长足的进步。

35 年报道发展"大数记"

张健/文 ‖ 陈文 张强/数据支持

《中国汽车报》随着国家和时代的发展，35 年来也经历了各个发展阶段，版面及出版周期都发生了巨大的变化，前期的积极探索造就了之后的蓬勃发展。

汽车报报道各阶段发展

报道版面在 1983—1989 年，处于稳定积累阶段，期间经历了从长春到天津、从天津到北京的两次搬迁，仍旧保持了每年 200 版以上的版面数量，整个阶段总版面数达到了 1346 版，为之后的发展奠定了坚实的基础。

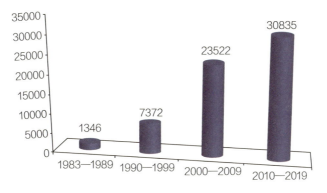

报道版面

报道版面在 1990—1999 年是不断发展、变化求新的阶段，历经了 1991 年、1993 年、1995 年、1997 年四次版面和出版周期的调整，版面数不断增加，内容报道更加广泛和专业化，报道版面数随着调整逐步从每年 400 版以上提高到 600 版以上，再提高到 800 版以上，1999 年更是达到了 1200 版之多，这个阶段报纸版面总数达到了 7372 版。

报道版面在 2000—2009 年，经历了两次重大的版面变化，2003 年更改为每周一期，每周二出版，每期 36 个版；2007 年，更改为每周一期，周一出版，每期 64 个版。这两次调整逐步确立了《中国汽车报》现有的版面体系，成为《中国汽车报》快速发展的奠基石。2007 年前，报纸版面每年都保持在 1800 版以上，2007 年之后更是提高到每年 3300 版以上的高水平。改革造就了版面数量的大增长，这个阶段总版面数达到了 23522 版。

报道版面在 2010－2019 年，是成熟和继续再发展的阶段，随着报社推进报网融合和融媒体报道的发展，2017 年报道版面变为每期 56 版；改版前报道版面维持在每年 3200 版以上，2017 年后每年报道版面稳定在 2800 版以上，最后这个阶段，版面数稳定增长到 30835 版，创历史新高。

《中国汽车报》版面和出版周期的不断调整，正是汽车报人不断改革求新里程的体现，版面数量的发展从一个侧面很好地佐证了《中国汽车报》的不断提升。在这四个发展阶段中，1990—1999 年是增长最快的阶段，相对上一阶段，版面数增长了将近 5 倍；而从现今阶段总版面数看，已经是初创阶段的 23 倍之多，取得的成就不可同日而语。

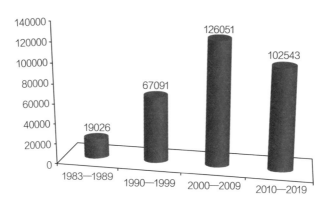

报道篇数

报道篇数在 1983—1989 年，随报道版面的稳定发展，保持在每年 2200～3200 篇的数量，根据每年把报道的重点和策划内容的不同有所起伏，整个阶段总篇数达到了19026篇。

报道篇数在1990—1999年，同样随版面和出版周期的调整，篇数随之增加，报道篇数逐步从每年4000篇以上提高到6000篇以上，再提高到8000篇以上，1999年对应版面发展报道篇数达到了9800篇以上之多；这一阶段总报道篇数快速上升到67091篇。

报道篇数在2000—2009年，虽然经历了两次重大的版面变化，报道篇数增长较快，每年11000～14000篇之间变化，这一阶段的总报道篇数为历史最高，达到了126051篇。

报道篇数在2010—2019年逐步稳定，报道篇数稳定在每年11000～12000篇之间，2017年缩版后，每年报道篇数在9000篇左右，这一阶段报道总篇数有所下降，为102543篇。

报道篇数对应这版面的变化，也体现了每次改版后不同时代的需求，1990－1999年同样是增长最快的阶段，但增长幅度不如版面变化大，究其原因，图片、广告的增多首当其冲；2000－2009年报道篇数达到历史顶峰，对应着这十年是中国汽车工业接轨世界、扩大开放、自主品牌大发展的历史时刻。

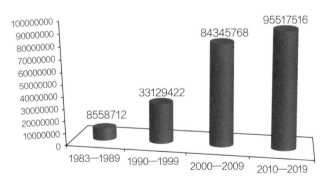

报道字数

报道字数是行业信息的体现，在1983－1989年，每年报道字数都在100万字以上，整个阶段总报道字数达到了855多万字。

在1990－1999年，报道字数随着出版版面的增加和出版周期的日渐频繁，报道字数从每年100万字以上逐阶段提升，到1999年达到500万字以上，这个阶段报道字数总量达到3300多万字。

责任与担当
——新中国 70 年汽车工业发展纪实

在 2000－2009 年，报道字数随两次版面变化，每年报道字数都保持在 700 万字以上，2009 年更是首次达到了 1000 万字以上，这个阶段总报道字数达到了 8434 多万字。

在 2010－2019 年，2017 年报道版面更改以前，每年报道字数都在 1000 万字以上；2017 年改版后，报道字数维持在每年 900 万字左右的水平上。这一阶段报道总字数达到了历史最高峰，为 9551 多万字。

报道字数的增长说明了报道内容的丰富，整体增长趋势和报道版面的增加基本同步，2010－2019 年阶段相比 1983－1989 年阶段，总字数提高了 11 倍。

汽车报报道逐年变化

从历年报道版面数变化可以看出，1990 年以前报道版面数稳定少变，从 1991 年开始，随着出版周期和版面数调整，报道版面数呈快速上升趋势，2002 年达到了 2258 版之多，创造了报纸版面大改版之前的顶峰。2003 年到 2006 年，报道版面稳定，2007 年版面第二次大改，报道版面数与当年创下历史最高纪录，一年 3480 版。

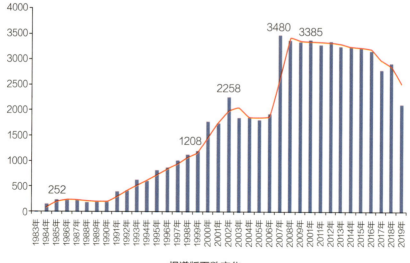

报道版面数变化

从历年报道篇数变化上来看，在2002年以前和报道版面数保持了基本一致的变化趋势，2000年报道篇数就创造了历年报道篇数的最高值，共14061篇。这之后虽然报纸版面几经改版，但报道篇数基本上维持在较高水平，保持每年10000篇以上的报道量。

报道篇数变化

通过报道字数的历年变化记录可以看出，报道字数同样是从1991年开始快速增长，并且持续时间较长，除了个别特殊年份，报道字数直到2011年才达到了最高峰，当年报道字数达到了1076多万字，之后报道字数依旧保持了较高水准。

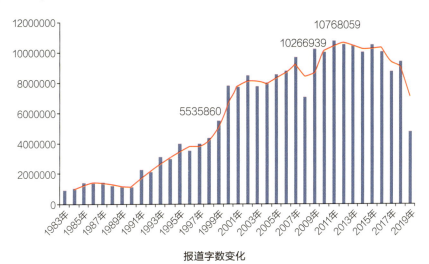

报道字数变化

报道中的企业——乘用车企

在《中国汽车报》历年的报道中，乘用车企报道占据了重要的地位，重点乘用车车企报道篇数逐年增加，成为我国汽车工业改革开放、扩大合资、努力发展自主品牌的时代写照。

重点乘用车车企报道篇数从 1989 年开始快速提升，从当年的 80 篇报道发展到 1999 年的 749 篇报道，而后报道篇数一路飙升，到 2013 年达到 4054 篇，为历年最高。

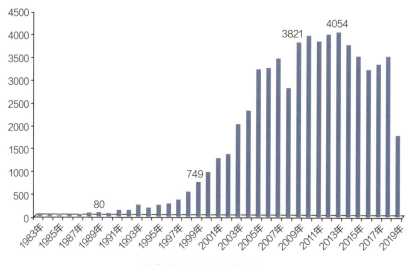

重点乘用车企报道篇数变化

重点乘用车车企报道字数也随着报道篇数的增加同步增长，从 1991 年当年的 14 万多字报道量，快速发展到 1999 年的 123 万多字，进而逐步增长，2015 年取得了一年 960 多万字的报道字数，达到了重点乘用车企报道的字数巅峰。

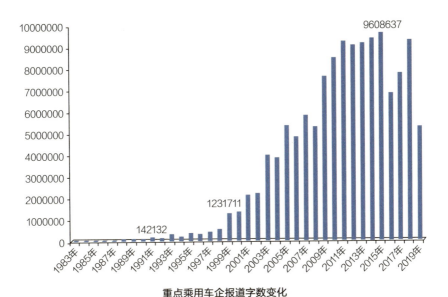

重点乘用车企报道字数变化

报道中的企业——商用车企

重点商用车车企同样是《中国汽车报》报道的重点，从1991年起，报道篇数快速增长，从当年的37篇发展到2000年的626篇，进而几年一个台阶，于2005年突破一年1000篇报道，在这之后，年报道篇数一直维持较高且稳定的水平，并在2011年达到年报道篇数的最高峰1663篇。

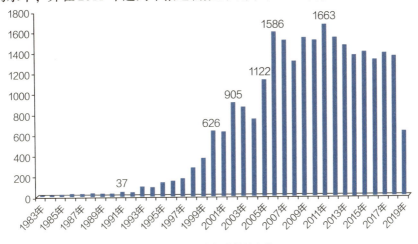

重点商用车企报道篇数变化

重点商用车车企报道字数的增长也是有目共睹的，增长时段虽然稍微滞后于报道篇数的增长，但增长速度也是令人瞩目的，从 1993 年到 2003 年，报道字数从 9 万多字一举增长到 175 万多字，增长了 18 倍之多，而到了 2011 年，随着报道篇数达到顶峰，报道字数也与之同步，达到了历史最高峰，为 379 万多字。

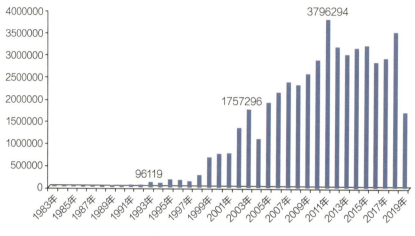

重点商用车企报道字数变化

| 报道中的企业——零部件企业

重点零部件企业的报道同样是《中国汽车报》报道的重要内容，报道篇数于 1993 年开始有了一个明显而平稳的增长，到了 2000 年，则是有了跨越式的增长，从 1993 年的 88 篇发展到 2000 年的 337 篇，而后一步一个台阶，于 2003 年跨过年 500 篇大关，进而在 2010 年取得一年报道 827 篇的最高报道篇数年度纪录。

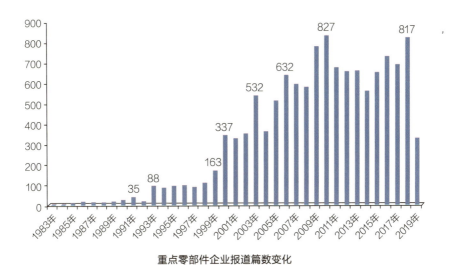

重点零部件企业报道篇数变化

重点零部件企业的报道字数同样是随着报道量"水涨船高",同时出现了几个"极值",2003 年对应报道篇数首次突破 500 篇,报道字数"井喷",达到 104 万多字,而达到报道篇数最高峰的 2010 年,报道字数同样达到了 182 万多字,为报道字数的历史第二高点,报道字数的最高点出现在 2018 年,为 216 万多字,当年报道篇数 817 篇,位列报道篇数历史第二位。

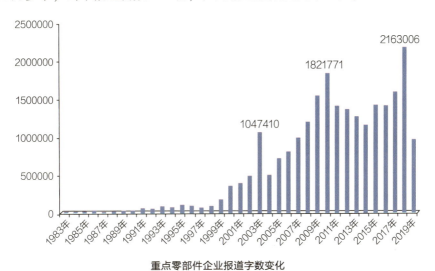

重点零部件企业报道字数变化

报道数据中的热点

新能源汽车作为中国汽车发展的新方向，《中国汽车报》对其的关注由来已久。在 2001 年新能源汽车被列入国家"863"计划前，就对新能源汽车发展有了一定的报道；而从 2001 年起，对新能源汽车的报道开始逐步提升，到 2009 年各种相关政策出台，新能源汽车报道篇数迅速增加达到 1046 篇，报道篇数增加迅猛；然而各种政策推出也导致了一些弊端，"骗补"事件 2016 年遭到曝光，更是是关注度进一步上升，首次突破 2000 篇，当年报道篇数达到了 2210 篇；而在 2018 年新的国家汽车发展政策推出，对新能源汽车报道篇数达到了最高峰，为 2569 篇。

新能源报道篇数变化

无人驾驶汽车的发展信息最近几年成为关注的热点，对其的报道量也是"水涨船高"，报道篇数由 2011 年前的每年不足 10 篇，迅速增长到几十甚至上百篇，2016 年百度与芜湖市打造无人车运营区域的热点事件，更是使无人驾驶汽车的相关报道篇数飙升到 219 篇的报道高峰。

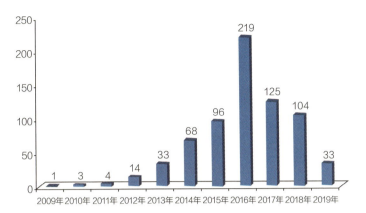

无人驾驶汽车报道篇数变化

智能网联汽车作为近几年备受推崇的"概念"型汽车，对其的报道可谓"井喷式爆发"，随着"智能网联汽车产业技术创新战略联盟"的建立，2016年相关报道篇数达到了342篇之多，而随着2018年各地方开放智能网联测试道路及发放相应号牌，对智能网联汽车的报道量更是飞速增长到869篇，创历史新高。

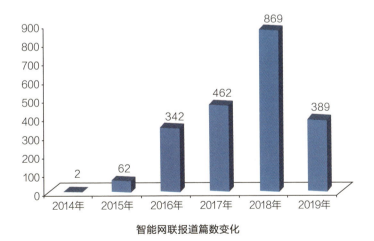

智能网联报道篇数变化

伴随着新中国的成长，《中国汽车报》也走过了35年风雨历程，报道形式和报道数量都发生了"天翻地覆"式的变化。

从每期4版，扩展到最多每期64版，版面数扩大了16倍；出版周期做多

责任与担当
——新中国 70 年汽车工业发展纪实

时达到过每周五刊；年版面数从 1984 年的 168 版发展到 2007 年最多的 3480 版，增长了 20 倍还多；报道篇数从 1984 年的 2256 篇增长到 200 最高的 14061 篇，提高了 6 倍还多；报道字数从 1984 年的 106 万多字提高到 2011 年最多时的 1076 多万字，增长了 10 倍有余。

这些数字的无不"有型有质"地记录着《中国汽车报》不断地成长与变化，更将记录《中国汽车报》走向光明的未来。

说明：数据截至 2019 年 9 月

附　录

"第一"汽车影像

《中国汽车报》记者　万莹/整理

70年来，新中国实现了由弱到强的历史跨越。70年岁月，既是新中国砥砺前行的奋斗史，也是汽车工业的崛起史。祖国日益强大，国民生活蒸蒸日上，中国汽车工业亦经历了"从无到有，从有到强"的巨变，从零基础发展至每年产销近3000万辆，连续10年蝉联全球产销量第一，并在电动化、网联化、智能化、共享化的"新四化"时代发挥引领作用。14~15版，以影像记录新中国成立70年来具有代表性的汽车行业"第一"，见证中国汽车业的沧桑巨变。

第一块基石
1953年7月

第一汽车制造厂（"一汽集团"前身）当月15日破土动工，毛主席为工厂奠基题词，这块纪念石碑之后放在厂门前的广场中央，成为新中国汽车工业的第一块基石。

毛泽东题"第一汽车制造厂奠基纪念"

责任与担当
——新中国 70 年汽车工业发展纪实

第一辆汽车
1956 年 7 月

新中国第一辆汽车——解放牌 CA10 当月 13 日成功下线，结束了中国不能造汽车的历史，成为新中国汽车工业乃至机械工业的一个重大里程碑。这款型号为 CA10 的载货汽车生产了 30 余年，解放牌汽车也成为国人心中的国产汽车鼻祖。

第一辆自主研发大客车
1957 年

北京、上海两地客车修造厂采用国产解放牌载重汽车总成件试制出全金属整体结构的"五七型"大客车，即新中国第一代国产大型客车。"五七型"客车是我国第一代完全自主生产的大客车，填补了我国客车工业空白。

解放牌 CA10

"五七型"客车

第一辆重型汽车
1960 年 4 月

济南汽车制造总厂（现"重汽集团"）试制出我国第一辆重型汽车——黄河牌 JN150 型 8 吨重型车，结束了中国不能生产重型汽车的历史。几十年来，共生产重型汽车数十万辆，为国民经济的发展和国防建设做出重大贡献。

附 录
APPENDIX

第一辆 8 驱军用越野卡车
1971 年

济南汽车制造总厂（现"重汽集团"）研制并生产我国军用卡车历史上首款 8 驱多功能军用越野卡车——JN252，为军队现代化建设做出重要贡献。1984 年，JN252 型越野汽车被国家科学技术进步评审委员会评为特等奖，重汽成为中国汽车业迄今惟一获得中国国家科技最高奖的企业。图为 1984 年建国 35 周年国庆阅兵仪式上，JN252 牵引东风系列导弹驶过天安门广场。

黄河牌 JN150

黄河 JN252

第一辆合资轿车
1983 年 4 月

新中国第一款合资引进生产的国产桑塔纳轿车当月 11 日组装成功。桑塔纳是新中国汽车工业的又一个起点，也是轿车工业发展的基石，它见证了中国轿车业从无到有，打开了中国汽车业利用外资、引进技术、加速发展的全新格局，同时见证了改革开放以来中国社会经济的日益繁荣。

第一家合资车企
1983 年 5 月

北京吉普汽车有限公司合资合作协议当月 5 日签署，由此拉开中国汽车业合资的帷幕。此后，上海大众（后更名为"上汽大众"）、广州标致、一汽–大众、三江雷诺、长安铃木、东风神龙、上海通用（后更名为"上汽通用"）先后成立，成为我国汽车市场第一批合资车企。在合资企业架构下，我国汽车业迅速引进流水线作业的现代化生产方式，整车产量得到迅速提升。在这一阶段，合资造车较快提升了我国汽车制造业水平。

第一次引进国外重型整车制造技术
1983年12月

重型汽车制造技术转让合同签字仪式当月17日在人民大会堂举行。当时的中国重型汽车工业联营公司（现"重汽集团"）成功引进奥地利斯太尔重型汽车项目，是国内第一家全面引进国外重型汽车整车制造技术的企业，改变了我国重型汽车制造业相对薄弱的局面。

第一个汽车有形市场
1993年

上海联合汽车交易市场成立，它被业内视为上海汽车经销商的孵化器，也是孕育中国汽车市场化的基地。作为我国第一家以汽车大卖场形式出现的上海联合汽车交易市场，从成立至今，见证了中国汽车消费市场的兴起。两年后，北京亚运村汽车交易市场（现"北辰亚运村汽车交易市场"）开业，逐渐构建起汽车厂家、商家与消费者之间的桥梁，成为引领全国汽车消费市场的排头兵。"亚市"成为全国汽车消费者都熟悉的一个具有时代象征性的有形汽车交易市场，曾被称作"中国汽车市场晴雨表"。

第一部汽车产业政策
1994 年 7 月

国务院当月 3 日正式颁布《汽车工业产业政策》，这是新中国第一部汽车产业政策，明确了以轿车为主的发展方向，首次提出鼓励汽车消费，允许私人购车，对合资产品有了明确的国产化要求。该政策的出台，无疑是我国汽车产业发展的标志性事件，对汽车消费市场起到巨大助推作用，也对汽车产业的走向产生了深远影响。

第一家民营汽车企业
1997 年

吉利集团进军汽车业，成为我国第一个民营汽车制造商。图为吉利生产的第一辆汽车——"吉利汽车"。在李书福带领下，吉利从一个籍籍无名的小公司快速发展成为国内数一数二的自主品牌车企，到今天成为全球化汽车集团。几乎在同一时期，奇瑞、长城汽车等自主品牌车企纷纷崛起。

第一家 4S 店
1999 年 3 月

第一家广汽本田特约销售服务店——广汽本田第一特约销售服务店当月 26 日开业，这就是后来被称为"国内第一家汽车 4S 店"的广本汽车销售服务店。上世纪末，汽车开始逐渐走入寻常百姓家，但我国汽车市场尚处于大卖场卖车、路边修理厂修车的无序状态。随着"4S 店模式"的导入及其优势逐步显现，各汽车企业纷纷效仿，直到现在依然是我国汽车销售服务市场的主流模式。

第一次提出"鼓励轿车进入家庭"
2000年10月

十五届五中全会提出鼓励轿车进入家庭，从此私人消费逐渐成为汽车消费主流。私家车消费的动力是巨大的，不仅推动了汽车业的发展，同时拉动相关产业发展，有力扩大了内需，为房地产业、金融业、保险业、旅游业、石油业、城市基础设施的建设和发展注入强大动力。

第一款正向研发重型柴油发动机
2003年12月

国内第一台拥有自主知识产权的CA6DL奥威4气门大功率重型柴油机当月20日在锡柴下线，成为我国首款正向开发的高端重型车用发动机。奥威成功下线，令国内汽车内燃机开发水平实现大跨越。

国内第一个产品召回制度
2004年3月

《缺陷汽车产品召回管理规定》当月15日正式颁布，中国第一个产品召回制度诞生。此后，我国在多项产品安全和公共健康的立法中引入了缺陷产品召回制度。召回制度是产品质量和消费者权益的有力保证，实施召回制度有利于提高生产商和销售商的产品质量意识，有利于企业关注技术改造和环保问题，有利于规范市场竞争秩序。召回制度也是我国汽车市场走向成熟的标志之一。

附 录
APPENDIX

第一次大规模国际并购
2005 年 7 月

中国南汽当月 22 日以 5000 万英镑收购罗孚、MG 以及其发动机供应商 Powertrain，是我国汽车制造业史上第一次大规模国际并购，为我国车企通过跨国并购、整合全球资源，提高国际竞争力积累了宝贵经验。

第一个乘用车发动机品牌
2005 年 10 月

奇瑞同步引进欧洲领先技术生产的新一代发动机正式定名为 ACTECO，标志着第一个属于中国的发动机品牌诞生，中国汽车自主品牌在新一代高性能发动机领域实现零的突破。

第一个破百万辆的自主品牌
2007 年 8 月

奇瑞第一百万辆汽车下线，成为第一个产量突破百万辆的自主品牌。

奇瑞第一百万辆车下线

责任与担当
——新中国 70 年汽车工业发展纪实

国内汽车产销第一次破千万辆
2009 年 10 月

随着 1 辆一汽解放 J6 当月 20 日驶下生产线，我国汽车年产量首次达到 1000 万辆。到 2009 年 10 月底，我国汽车产销量均首次突破 1000 万辆大关，迈进千万辆级汽车产销大国行列。

第一次成为世界汽车产销量第一
2009 年

当年我国汽车产销量分别达到 1379.1 万辆和 1364.48 万辆，同比增长 48.30% 和 46.15%。中国首次超过美国，成为全球汽车产销量第一的国家，比预计提前了 5~6 年。由此，我国汽车产销量连续 10 年蝉联全球第一，中国汽车业走上由大到强的发展之路。

第一次收购外资高端品牌
2010 年 8 月

吉利当月 2 日正式完成对当时福特旗下沃尔沃轿车公司的全部股权收购。这不仅是中国车企第一次全资收购海外车企，也是中国自主品牌企业第一次收购高端品牌车企。

第一个新能源汽车发展规划
2012 年 7 月

国务院当月 9 日正式发布《节能与新能源汽车产业发展规划》，要求坚持产业转型与技术进步相结合,加快培育和发展节能与新能源汽车产业。同时,确定重点推进纯电动汽车和插电式混合动力汽车产业化,推广普及非插电式混合动力汽车、节能内燃机汽车,提升我国汽车产业整体技术水平。

第一次战略性入股世界著名汽车集团
2014 年 3 月

东风汽车集团当月 26 日入股 PSA 集团,持有 14% 的股份,成为 PSA 并列第一大股东。这是中国汽车企业首次战略性入股世界著名汽车集团。

东风 PSA 战略结盟

成为全球第一新能源车市
2016 年

当年我国新能源汽车产销量分别达到 51.7 万辆和 50.7 万辆,比上年同期分别增长 51.7% 和 53%。我国新能源汽车产销量首次超过美国,成为全球第一。之后,我国新能源汽车产销量连续 2 年蝉联全球第一。当前,随着我国新能源汽车补贴正式退坡,新能源汽车产业正全面向市场化转型,行业亦面临新一轮整合洗牌。

乘用车销售模式演变大事记

《中国汽车报》记者　焦　玥/整理

1979 年

国家经贸委、财政部等 6 个部门选择多家企业进行扩大企业自主权改革试点，汽车在其中之列。

1983 年 7 月 1 日

中国汽车工业进出口公司在北京成立。

1984 年 5 月

国务院颁发了《关于进一步扩大国营工业企业自主权的暂行办法》，提出国企可以拥有生产经营计划权等 10 项自主权，对企业的产品自销权和自销产品的价格进一步放开，汽车进入了"多渠道"开放式流通的新局面。

1985 年 2 月

各汽车生产厂都可在上海、北京、沈阳、西安、武汉、重庆 6 个汽车贸易中心销售汽车和零部件，允许企业自定价格，自主销售。9 月，国家工商行政管理局制定了《关于汽车交易市场管理的暂行规定》，规定只有"物资部门设立的汽车贸易中心和中国汽车工业销售服务公司设立的汽车工业贸易公司，才可以从事汽车销售和组织汽车的交易活动"。

1986 年 6 月

上海、北京、沈阳、西安、武汉、重庆 6 个汽车贸易中心改建为中国机电设备公司直属的华北、华东、东北、中南、西南、西北汽车贸易中心。

1988 年

按照国务院《关于深化物资体制改革的方案》的规定，汽车仍属国家指令性计划分配物资，由物资部管理。

1989 年 3 月

国家计委会同有关部门印发《关于加强小轿车销售管理的实施办法》的通知，对小轿车出厂价、统一销售作出规定。同月，中国汽车贸易总公司成立，主要任务是开展汽车、摩托车及其零配件和相关产品的经营业务。

1994 年

中国颁布了第一部汽车产业政策——《汽车工业产业政策》，明确了以轿车为主的汽车发展方向，首次提出鼓励汽车消费，允许私人购车。国家工商行政管理局、国家计划委员会联合发出《关于公布小轿车生产企业销售网点的通知》，批准了 341 家企业为小轿车经营单位。

1995 年 12 月

为适应汽车进入家庭的市场需求，经北京市政府批准，北辰集团投资兴建的北京亚运村汽车交易市场正式开业。

1999 年 3 月 26 日

当广汽本田第一辆车下线的时候，第一家广汽本田汽车特约销售服务店——广汽本田汽车第一特约销售服务店在广州市黄石路正式开业，这也是国内首家"四位一体"汽车销售服务店。

2005 年 2 月 21 日

商务部、国家发展改革委、国家工商总局联合发布了《汽车品牌销售管理实施办法》，要求汽车生产企业必须建立完善的汽车品牌销售服务体系。

2017 年 2 月 20 日

《汽车销售管理办法》经 2017 年商务部第 92 次部务会议审议通过，自 2017 年 7 月 1 日起施行。新的《汽车销售管理办法》打破了汽车销售品牌授权单一体制，销售汽车不再以获得品牌授权为前提。11 月 25 日，位于北京东长安街 1 号东方广场的全球首家 NIOHouse（蔚来中心）正式开业，为用户营造一个属于自己的生活方式社区。

2017 年 7 月 15 日

苏宁首家"汽车超市"在南京正式运营。

2018 年 3 月 26 日

宣称"让买车就像买可乐一样"的天猫汽车无人贩卖机在广州对外开放。

2019 年 1 月 8 日

神州优车联合宝沃汽车推出神州宝沃汽车新零售平台。

二手车行业发展大事记

《中国汽车报》记者　陈　萌/整理

1998 年

《旧机动车交易管理办法》颁布,规范了旧机动车的交易行为,对买卖双方的合法权益提供了保障,二手车交易正式成为汽车流通领域的一部分。

1999 年

全国第一家有交易主体的旧车交易市场中联交易市场成立。

2002 年

别克成立了诚新二手车业务,在北京、上海、广州、深圳等多个城市试点,之后品牌变更为"上海通用汽车诚新二手车",这是第一家涉足二手车市场的厂家。

2003 年

北京旧机动车交易市场搬迁至北京丰台区花乡桥,"花乡二手车市场"闻名全国。

2005 年

由商务部、公安部等主管部门联合发布了《二手车流通管理办法》,该办法的颁布代表我国二手车行业进入了全新时代。同年,世界最大的 B2B 二手车拍卖公司——美国美翰公司进入中国,后因为"水土不服"退出中国。

2006 年

经有关部门批准后,首家中外合资机动车拍卖企业在上海成立。

2008 年

为解决环境污染,北京对外地迁入的二手车设置了严格的环保标准,随后全国多个省市纷纷设置二手车迁入门槛。

2011 年

《机动车拍卖规程》发布,准确定了机动车拍卖的基本原则、主要程序和基本要求。

2016 年

国务院出台《关于促进二手车便利交易的若干意见》,对促进二手车便利交易、繁荣二手车市场做出相关部署。随后商务部等 11 部门联合发布《关于促进二手车便利交易加快活跃二手车市场的通知》,通知要求各地商务、公安、税务、工商等部门不得违反《二手车流通管理办法》,违规增加限制二手车办理交易的条件。同年,全国二手车交易量首次突破千万辆,达到 1039.07 万辆,同比增长 10.33%。

2018 年

"全面取消二手车限迁"被写入政府工作报告。同年,优信集团在美国纳斯达克上市。

2019 年

商务部、公安部、海关总署三部门联合下发《关于支持在条件成熟地区开展二手车出口业务的通知》,明确二手车出口的有关要求和工作任务,为二手车"走出去"打开了通道。

后 记

奋进勇担当　聚力启新程

2019年是新中国成立70周年。70年风雨兼程，70年砥砺前行。70年来，我国发生了翻天覆地的变化。与新中国共同成长的中国汽车业，也经历了从无到有再到腾飞巨变的发展历程。

70年岁月如歌，70年沧海桑田；70年波澜壮阔，70年继往开来。

回首新中国成立的70年，在历尽艰辛的探索和努力中，中国经济实现了从"站起来"到"富起来"再到"强起来"的历史性飞跃。历经70年的锤炼、成长和崛起，今天的中国，已经成为举足轻重的全球第二大经济体和全球第一大工业产品制造国。

实业兴则经济兴，制造强则国力强。作为集中代表国家工业制造综合能力和水平的中国汽车工业，在新中国成立的70年中，一路蓬勃发展尽显担当。经历了从无到有、从小到大的蜕变，如今中国已成为连续10年蝉联全球新车产销量第一、当之无愧的汽车生产和消费大国。

制造立国、"质造"兴邦、"智造"领先，今天的中国汽车工业，正与全球汽车产业同频共振，迎来由大到强的变革与转型；今天的中国汽车工业，正以史无前例的速度、广度和深度，参与到全球汽车产业链的竞争与合作；今天的中国汽车工业，正以更开放的格局，不负使命、踏上崛起之路。

70年　艰辛创业　从无到有

新中国成立之初，汽车工业发展的基础薄弱。而国力的增强需要汽车工

责任与担当
——新中国 70 年汽车工业发展纪实

业来支撑。

今天的中国汽车工业，已经具备了年产销量接近 3000 万辆的水平和能力。回首从无到有的创业历程，中国汽车工业则是实打实的"从零起步"。

1953 年 7 月 15 日，长春第一汽车制造厂的破土动工，打破了中国汽车工业"一穷二白"的局面。自一汽之后，在湖北、上海、北京、南京等地陆续成立了二汽（后更名东风）、上汽、北汽、南汽，全国的汽车工业布局初现。

从中国汽车工业诞生的那一天起，中国汽车人自主创新、打造自主品牌的初心一直未变。自主造车的梦想在一代代中国汽车人中传承、发扬、践行、成真。无论是第一辆汽车解放牌货车的下线，还是第一辆东风轿车的量产；无论是井冈山牌轿车的诞生，还是凤凰牌轿车的成功试制；无论是在新中国成立 10 周年大庆现场亮相的红旗牌轿车，还是中国第一辆轻型载货车（轻卡）——跃进 NJ130 的问世……都凝聚着中国汽车人的智慧、汗水，以及对自主创新的坚定执着、一往情深。

在新中国成立的第一个 10 年里，中国汽车工业不仅完成了最初的产业布局，中国汽车人秉持着那份自主创新的初心，也实现了从重卡到轻卡，从轿车到越野车的产品布局。

客观而言，即便是解决了中国汽车工业"有没有"的问题，但一直到改革开放之前，中国汽车工业、汽车市场以及整个汽车产业链的基础、综合实力和活跃度，远不及世界水平。中国汽车工业这头"睡狮"尚未完全觉醒。

70 年　脱胎换骨　腾飞巨变

中国汽车工业在对外开放的大潮中脱胎换骨、腾飞巨变。

36 年前，第一家中外合资车企诞生；36 年间，全球几乎所有主流跨国车企都在中国成立了合资公司，有的甚至不止一家。对外开放，使中国汽车工业受益匪浅；合资合作，使中国汽车工业收获颇丰。对外开放，为中国汽车工业打开了一扇窗，在合资合作不断深入的推进过程中，中国的合资车企也从最初的"加工车间"逐渐向"全球研发中心""全球标杆工厂"的角色切换。越来越多的"中国方案"和"中国智慧"被合资车企采纳并推广至全球各个工厂。"在中国、为全球"也正在成为越来越多合资车企的战略定调。

在开放中，中国汽车市场迎来了前所未有的黄金时代。1978 年，中国汽车的年产量还不足 15 万辆；1992 年，中国汽车年产量首次突破 100 万辆；2000 年突破 200 万辆，2002 年突破 300 万辆，2003 年突破 400 万辆，2004 年突破 500 万辆，2006 年突破 700 万辆大关，2007 年突破 800 万辆、2008 年突破 900 万辆，2009 年中国汽车产销首次突破 1000 万辆，并首次问鼎全球第一。2013 年，我国汽车产销继续迅速攀升，年产销量首次突破 2000 万辆；2018 年，尽管经历阶段性的下滑，但全年汽车产销量仍达到 2700 万～2800 万辆的规模，并连续 10 年蝉联全球新车产销量第一。产销规模的迅速扩大、产销量的高速增长，使中国汽车产业逐渐成为全球的焦点和重心，"世界向东"已在全球汽车产业达成共识。在国内，汽车产业对整个国民经济的支柱和拉动作用举足轻重；从全球范围看，面对潜力可期的中国市场，几乎没有哪家跨国车企敢轻易忽视中国市场、中国合作伙伴和中国消费者的需求，专为中国市场和消费者量身打造、具备全球水准的产品和服务层出不穷。

在开放中，自主品牌汽车不断茁壮成长。吉利、长城、比亚迪、宇通、福田等中国自主品牌汽车的领军者，如今正愈加深度地参与到开放的全球化合作竞争中，彰显"中国制造"的活力和潜力。与此同时，包括福耀玻璃、宁德时代等本土汽车零部件供应商中的佼佼者，也在开放中走出了一条有特色的全球化之路，向全球汽车产业链展示"中国制造""中国研发""中国创新"的力量。

在开放中，中国汽车工业收获的不仅仅是简单的市场销量数字，更是从整车到零部件，中国企业、中国品牌与世界汽车产业链的加速接轨和融合。随着汽车行业外资股比的进一步放开，中国汽车产业正步入开放的新时代，与此同时，"中国制造"也成为活跃在全球汽车产业链中颇具创新力和成长性的新兴力量。

责任与担当

——新中国 70 年汽车工业发展纪实

70 年　接力前行　不忘初心

中国汽车工业的腾飞巨变，向世界证明了中国已跃升为当之无愧的汽车生产和消费大国。当中国汽车工业以实际行动完美回答了"有没有""大不大"的问题之后，从汽车大国向汽车强国的转型已成大势所趋。

通往汽车强国的路上布满荆棘，并非坦途。在全球汽车产业加速重构、市场连续下挫的多重压力下，全球汽车工业陷入低迷。中国汽车市场也结束了连续 28 年的高速增长，呈现暂时性下滑状态，自主品牌汽车市场份额下降、新能源汽车产销增幅下滑……在转型与升级、融合与颠覆交织并存的今天，中国汽车强国梦的实现，更加需要不忘初心的战略定力。

在压力和挑战面前，我们必须正视，中国汽车业正在逐步摆脱简单化的规模扩张和数量叠加，取而代之的是更具含金量的高质量增长。市场销量增速放缓、企业竞争加剧、消费升级加快等迹象预示着中国汽车产业已经进入到降速调整、动能转换的新时期，行业的结构调整和优胜劣汰在提速。这种调整是实现由大到强转型的必经阶段，在调整期内，销量下滑和更加残酷的竞争淘汰将成为常态。

在压力和挑战面前，必须找到亟待解决的痛点。

比如，在市场从以总体规模快速扩张为主向结构优化和质量提升为重的阶段，需要准确把握电动化、智能化、网联化、共享化的转型趋势，同时向产业上下游延伸探索和拓展多元化增长模式。对行业和企业而言，包括精准化创新、定制化生产、体验化营销、在线化服务为核心的商业模式，在化解压力和促进实现转型升级的过程中将更具备价值和实际意义。

比如，进一步完善产业政策环境，摆脱行业对政策的过度依赖、加速产业结构调整和优胜劣汰。中国汽车工业的成长和崛起离不开政策的支持，持续完善的产业政策也为汽车产业的快速、健康、有序发展营造了良好的氛围。但一些仍然制约整个产业发展的"非理性"扶持和限制政策，以及"一刀切"的"懒政"需要破除，同时涉及多部门管理的问题，如何真正做到简政

后　记
奋进勇担当　聚力启新程

放权、放管结合则是对政府管理部门的考验。政策不该是阻碍行业转型升级的绊脚石；政策也不该是"无原则"庇护行业的保护伞；政策应该是行业企业实现可持续发展的"引路人"。

通往汽车强国的路，一定是在处理行业问题的过程中，淡化过浓的行政色彩，采用更加适度、合理的政策引导，为企业主体营造更有序的竞争环境，让市场在资源配置中真正地发挥决定作用。在这种政策环境和氛围成长起来的汽车工业和市场，才更符合客观规律，也更具备全球化竞争力。

好在在中国汽车发展历程中，一代又一代的汽车人从没有畏惧过压力和挑战，他们接力前行，化解了一个又一个前行道路上的难题。如在"一穷二白"的初始阶段，饶斌、郭力等老汽车人硬是克服重重困难，在一片片荒野上搭建起一座座汽车城；郭孔辉、欧阳明高等汽车院士攻坚克难，实现了中国汽车业一个又一个技术领域零的突破。时代的脚步从未停歇，如今的汽车业正处在转型调整的关键时期，中国汽车人也将肩负起产业转型升级的重任。在徐留平、李书福等新一代汽车人的带领下，中国汽车转型成效初显，自主高端化产品不断问世，新造车势力等新生力量的加入也为产业的转型发展注入新的活力。通往汽车强国的路，虽不平坦，但经历过重重困难的中国汽车人也必将会不忘初心，坚定行业发展方向，为产业新一阶段的发展扫清障碍。

70 年　创新不止　永立潮头

面对颇具挑战的未来，中国汽车工业唯有创新与突破，方能永立潮头，成就转型蜕变，屹立于世界汽车强国之列。

围绕电动化、智能化、网联化以及共享化的转型大势，已在全球汽车产业界达成共识。中国汽车产业则成为这一轮全球汽车产业颠覆性变革的弄潮儿。在电动化方面，目前，我国新能源汽车已经连续数年年产销突破 100 万辆，成为全球第一大新能源汽车市场；在智能化、网联化、共享化方面，中国车企的研发积极性和研发能力水平、中国用户和市场对智能化和网联化的诉求都很高。随着 5G 商用牌照的发布，全球首个 5G 汽车生产基地也已落地中国。自动驾驶路测牌照的发放，也使自动驾驶的商业化之路似乎渐行渐近。基于电动化、智能化、网联化、共享化的各种车企联盟、跨界组合屡见不鲜。

传统车企在这样的新形势下，竞争格局正在持续发生新的变化。跨国车企纷纷将各自的"新四化"全球战略中心移至中国，中国汽车产业的转型魄力、产业氛围和市场潜力是他们执着于中国市场的关键理由。而自主品牌车企也在"新四化"的转型中跃跃欲试、蓄力向前。与此同时，针对新能源、共享出行等领域，跨国车企与中国车企也展开了广泛的合作，这种竞合关系，在中国汽车产业的发展史上是前所未有、史无前例的。无论是中国企业参与并购还是与跨国车企成立合资公司，在基于"新四化"的竞争与合作中，中方车企的话语权、主动权明显强了。在科技和创新领域，中国所展现出的活力全球有目共睹，未来在包括新能源、智能化以及互联科技领域，更多的"中国灵感"将会被采纳。

但自主品牌车企仍然不能盲目乐观。在中国汽车产业进一步扩大开放的"后合资时代"，对自主品牌车企而言，不仅要应对传统的竞争格局，同时还要应对合资企业及强势的外商独资企业的竞争。严峻的形势会给多数自主品牌车企带来生存危机和压力，但这将促使企业的两极分化更加明显，从而加速全行业的融合与重组，从而促进产业形态变革。因而，坚定自主创新不动摇，构建足以应对国际竞争的创新体系才能确保中国自主品牌车企在新的竞争时代争取到更多主动。坚持自主创新是中国汽车人的情结，更是使命和责任。

另一方面，造车新势力层出不穷，成为中国汽车工业加速转型中一道独特风景。无论是传统车企还是造车新势力，都投身于"集体电动化，无处不AI"的潮流中。从某种意义上讲，这是对传统汽车制造业颠覆和重构的践行，无论把这轮竞争视为对抗也好、融合也罢，至少可以肯定的是，这个全球汽车产业"百年不遇"的大变革已不可抗拒地到来，而机会总是留给有准备的人。

《中国汽车报》编辑部